杨继 / 著

经济理论视角下的区块链作用机理与发展逻辑研究

上海社会科学院出版社
SHANGHAI ACADEMY OF SOCIAL SCIENCES PRESS

目　　录

第一章　绪论 …………………………………………………… 1

第二章　经济学视角下的区块链基础框架研究 ………………… 23
　　第一节　经济学视角下的区块链基本内涵和技术原理 ……… 23
　　第二节　区块链研究的文献综述 ……………………………… 52

第三章　区块链作用机理的微观研究 …………………………… 75
　　第一节　基于交易成本的区块链作用研究 …………………… 75
　　第二节　区块链对市场失灵的矫正研究 ……………………… 103
　　第三节　区块链对价值分配的作用研究
　　　　　　——以互联网经济为例 ……………………………… 122

第四章　区块链作用机理的宏观研究 …………………………… 141
　　第一节　基于区块链技术的数字货币对宏观政策的影响
　　　　　　研究 ……………………………………………………… 141
　　第二节　区块链推动社会基本矛盾变化的机理研究 ………… 170
　　第三节　区块链与社会治理现代化 …………………………… 179

    第四节　区块链与社会正义及诚信体系建设研究 ············· 208

第五章　产业变迁视角下的区块链发展展望 ················ 235
　　第一节　产业变迁视角下的区块链发展逻辑 ················ 235
　　第二节　区块链发展过程中存在的问题与风险探析 ············ 260

第六章　基于数字经济发展逻辑的区块链发展展望 ············ 274

参考文献 ··· 287

第一章 绪 论

一、研究背景

自2008年诞生之日起,区块链(Block Chain)在10多年的发展过程中,从默默无闻的小众"炒币"使用的技术,变为家喻户晓并应用广泛的高新技术代表,逐步从"投机""炒作""非法"等公众所熟知的印象变为众所周知的推动经济发展与社会进步的重要技术。总体上,区块链是一种分布式数据库,它把密码学、密钥学、分布式记账、点对点传输等已经存在的技术进行重新组合并进行了一定的技术创新,形成一套安全可靠的数据确认、存储、共享的处理方案,并在其中形成节点达成共识、相互信任、智能履约的交易体系。

当前,区块链越来越受到各方的瞩目并得到各方的高度评价,世界经济论坛创始人兼执行主席施瓦布认为区块链是"第四次工业革命"的关键技术之一,[①]《经济学人》曾撰文《信任的机器》介绍区块链——"比特币背后的技术有可能改变经济运行的方式"。[②] 2016年Gartner公司发布年度新兴技术的成熟曲线,区块链技术与4D打印等其他15项新兴技术首次被收入曲线中,同时它还预测区块链技术将在5—10年内逐渐成熟。[③]

[①] 施瓦布.第四次工业革命:转型的力量[M].李菁译,北京:中信出版社,2016:4.
[②] 区块链,信任的机器[EB/OL]. https://www.sohu.com/a/220214782_453997,2016.
[③] Gartner: 2016 Hype cycle fot emerging technologies identifies three key trends that organizations must track to gain competitive advantage[EB/OL]. http://www.gartner.com/newsroom/id/3412017,2017.

OECD 发布的《科技创新展望 2016》也将区块链列为十大未来技术发展趋势之一。① 以"区块之链 智能之芯"为主题的 2018 区块链+人工智能高峰论坛中认为,"现实(原子)世界和数字(比特)世界日益交汇融合,人类也在一直致力于探索现实世界与数字世界的结合与边界。在由算法驱动的数字世界中,区块链以加密算法为基石,人工智能则以深度学习、自然语言的算法为引擎,两种技术都将是我们打通原子世界与比特世界的重要桥梁"。② 与此同时,随着各国政府的高度关注和政策出台,区块链逐渐成为各国政府争夺的自主创新技术与决定未来经济社会发展制高点的重要一环,这必然会对区块链的理论研究形成深远的影响。

在我国,2016 年国务院发布的《"十三五"国家信息化规划》把区块链纳入重点发展技术系列。2019 年 10 月 24 日,随着中央政治局集中学习和习近平总书记对区块链"在新的技术革新和产业变革中起着重要作用"③的评价,区块链迅速成为国家级战略型技术。主要表现为以下几个方面:

(一)区块链技术是新技术革新、产业革命及国际竞争的必争技术

从区块链技术本身来看,它会重塑一些产业的架构体系,推动各国产业的颠覆性变革。在此基础上,区块链与大数据、云服务、人工智能、5G、物联网等技术的融合还会带来效应加成。可以说,区块链已经成为新技术革新、产业革命及国际竞争的必争技术。

(二)区块链企业与技术飞速发展,与产业融合提速,是拉动经济增长的新因素

从区块链领域企业数来看,2012 年,国内区块链相关公司数 282

---

① OECD: Science, technology and innovation outlook 2016[EB/OL]. http://www.ewiwlaanderen.be/sites/default/files/bestanden/oecd-science-technology-and-onnovation-outlook-2016.pdf, 2017.
② "区块之链 智能之芯"区块链+人工智能高峰论坛 27 日召开[EB/OL].https://www.sohu.com/a/228993806_664663, 2018。
③ 习近平.把区块链作为核心技术自主创新重要突破口[N].人民日报,2019-10-26.

家;2018年,中国区块链相关企业数量与增速分别为286家与243%;而到2019年10月,国内区块链相关公司已经增长至3.1万家左右,复合增长率接近100%。最新数据表明,截至2021年9月1日,全国注册从事区块链的相关企业已经达到9.7万家[1],比前一年继续猛增300%。

从投融资看,区块链领域的投资开始走向一条理性投资之路,2016—2018年对区块链公司和项目的融资不断上升。2018年,我国区块链投资达到峰值,当年我国发生397起区块链领域的投资事件,投资金额超过1 306亿元。随着政府对"炒币"的管制加强,区块链投资回归理性,融资笔数与金额开始回落。最新统计数据显示,2020年,区块链领域发生81笔投资,投资金额与数量与前几年相比明显下降。在这些投资项目中,战略投资项目和前期项目占比较大,且比例不断上升,区块链战略投资从2016年不足3%上升至2020年的占比近57%,A轮以前的项目占比40%以上[2],显示出区块链发展的巨大潜力,但也在一定程度上说明区块链产业发展仍处于初期。

在专利上,区块链相关企业越发重视技术的研发和布局,中国区块链技术的全球影响力也在不断提升。"2020年全球区块链企业发明专利排行榜(TOP 100)"数据显示,入榜前100名企业主要来自13个国家、组织或地区,中国占比46%,美国占比24%,日本占比8%。该领域专利件数在1 000件以上有3家企业,其中阿里巴巴(含支付宝)以2 542件专利位列第一,腾讯科技以1 273件专利排名第二,中国平安以1 128件专利排名第三[3]。

---

[1] 中国区块链发展报告2021[M].北京:社会科学文献出版社,2021.
[2] 中国区块链产业投融资图谱[EB/OL]. https://www.sohu.com/a/446152725_100217347.
[3] 2020年全球区块链企业发明专利排行榜(TOP100)[EB/OL]. https://www.sohu.com/a/430353748_100046295.

由此显示,区块链与产业融合已经在提速,它带动的产业数量之广、对产业影响程度之深,将会较房地产业有过之而无不及,必将成为拉动经济增长的新龙头。

(三) 区块链重塑政务及公共服务、监管架构体系

民生、政务体系的区块链应用是区块链领域发展的重点,给民生、政务、监管等领域带来的是思维和架构的转变,因而各级政府都高度重视。区块链技术针对公共服务与政府治理领域有如下突出优势:提升信息质量,保障监管数据安全透明;智能合约能创新共享机制;分布式自治促进简政放权;可追溯性、难篡改助力建设廉洁高效政府;点对点传输促进上下级政府部门信息的有效传递,实现精准治理。

(四) 数字货币成为全球竞争新赛道,我国央行的数字货币 DC/EP 有望引领全球

区块链技术的发展让数字货币成为全球竞争的新赛道,在这个赛道上,中国极具优势。1. 中国的移动支付、网络支付普及程度冠绝全球,具有发展数字货币的优良基础;2. 中国将区块链技术视为国家战略技术,区块链基础研究、应用研究与实践拥有更好的政策环境;3. 作为私人加密数字货币的 Facebook 试图推出的 Libra 一直受到各种争议与质疑。在这种情况下,加速研发和推进央行法定数字货币将赢得先机,2020 年,我国数字货币率先在深圳、苏州、雄安、成都和冬奥会场景进行成功试点,2021 年,上海、海南、长沙、青岛、大连、西安成为第二批数字货币试点,我国在数字货币领域的发展位于世界前列。

二、项目研究的学术价值与必要性

(一) 填补区块链研究领域的空白

区块链作为一种诞生不到 20 年的新生技术,在技术层面的理论研

究,国内外几乎同步前进,国外研究并没有更多的先发优势。而不像之前传统经济学领域,在西方经济学已经发展几百年并形成庞大而严密的体系之后,国内才开始接触经济学理论并与中国经济发展密切结合,其理论成果出现井喷式增长。

当前,国内外对区块链领域的研究大多集中于技术和应用两个方面,重点探讨的是新的算法和新的共识机制如何能够更好地应用于区块链技术,以提高算力或进行扩容,探讨区块链技术在数字货币、支付登记结算、股权登记与交易等金融领域的具体应用,探讨区块链在供应链、企业治理、版权、能源等实业领域的模型搭建,探讨区块链对政务、民生、慈善等公共事务领域的作用发挥等。由于区块链本身过强的专业性和技术的复杂性,导致区块链从业者和熟知区块链的人多为计算机类技术人员和对"挖币"具有浓厚兴趣的人群,他们对区块链作用机理背后所隐藏的深刻的经济理论并不熟知,多数是靠直觉判断,缺乏经济学的系统性、专业性研究背景支持,不仅造成了研究的空白,不利于拓展和提升区块链的作用领域、效果和长远发展。例如,加密数字货币是区块链应用的重点领域之一,由于货币、支付和底层技术分属于不同领域,相互独立,相互割裂,利用区块链设计和监管数字货币迫切需要跨界知识,如果从业人员缺乏相关的经济概念,无疑会影响到区块链与实体经济的深度结合。

此外,从经济学的角度看,对区块链的理解并不仅仅限于它是一种对人类社会发展起到重大推动作用的创新技术,或者说它是一种分布式的数据库这样纯粹技术色彩的概念,而应当把它作为一项有助于提高社会治理水平和降低交易成本的制度设计,甚至当成一种新经济范式,一种思维创新。这种经济学视角有助于更加深刻地理解区块链背后的经济内涵和经济价值,有助于拓展它的应用空间,把握它对经济社会发展的重大意义。

因此,对区块链作用机制与发展逻辑进行系统而专业的经济理论阐析,有助于填补区块链在经济理论和社会科学领域的研究空白,有助于加强区块链行业从业人员对区块链的深度理解,由此有助于推动区块链在经济社会发展中发挥更大的作用,特别是对经济职能方面的作用。

(二) 通过区块链作用机理研究为经济学理论研究提供有效补充

经济学理论的发展过程,从《国民财富的性质和原因的研究》开始进行的自由竞争的市场经济研究,到凯恩斯《就业、利息和货币通论》主张的政府干预,再到哈耶克的《自由秩序原理》对自发秩序的推崇等,经过经济学家们的发展、补充与完善,形成了从微观资源配置到宏观经济政策,从自由竞争到市场失灵再到政府干预,从短期干预到长期增长,从经济学到经济伦理的一整套理论体系,经济学也逐步从纯理论研究变得能够有效指导现实世界。

其中,很多脱胎于现实问题的经济学理论,例如博弈论中的"囚徒困境"、信息经济学中的"柠檬市场"、公共品领域的"公地悲剧"等,基于当时的技术条件所得出的结论或者所归纳的难题,尤其在不确定性方面存在大量难题而应对无策的问题,在当下随着技术的发展已经能够得到较好的解决,然而经济学理论并未随之进行改变或者补充完善。区块链的出现与作用发挥,既能够有效地解决一些经济学的经典难题,也有助于丰富和完善经济理论,甚至改变一些经济学说的结论,例如互联网经济下信息无限免费复制的可能导致资源稀缺性的假设前提遭受严峻挑战,运用区块链予以经济学解释与解决,将会弥补经济学研究的空白。再如区块链对公共品领域提供了不同于政府承担费用的自组织解决方案,也对经济理论的发展具有积极的贡献。

经济学研究不可能脱离社会学、政治学、法学等与人际关系密切相关的学说领域,也不应该孤立于包括互联网、人工智能等新技术在内的自然科学的发展之外,特别是本身更着重于技术化解决人际关系若干问题的区块链,更应当作为经济学研究的一个重要专题。把区块链引入经济学研究的范围,有助于更加完善经济学研究内容,改变部分研究路径和传统思路,以自然技术作用发挥阐析经济学现象与问题,丰富经济学理论研究的内涵与拓展研究外延,对经济学的发展不无裨益,甚至有可能最终成为经济学研究的一个分支——区块链经济学。

(三) 有助于去伪存真正本清源,科学把握区块链背后的思想意识形态

著名经济学家阿罗所言:"每一个经济模型后面,都有一个社会立场。"当前,很多互联网领域的意见领袖带动了对区块链的理论讨论,并把区块链与社会治理模式、货币发行等重大经济社会现象密切结合,对区块链知识与理念的普及做出了很大贡献。然而,还有部分观点存在一定的思想意识形态风险。比如区块链原教主义所坚持的发行去中心化私人加密数字货币,其背后存在着一定的"金融脱媒"风险,以及更深层的无政府主义或其他倾向。这些都会以区块链布道的形式,产生不利于社会稳定发展的思想意识形态。因此,有必要运用经济学,尤其是经济伦理的研究方法对区块链进行专业研究,不仅认清它的本质,而且有助于掌握各类思潮的内涵,把握其背后的思想意识形态趋势,为全社会提供对区块链的科学客观的定性定量分析与结论,从思路与伦理的角度去伪存真,正本清源。

（四）为决策层提供理论借鉴，帮助区块链发挥更大的作用

重大制度与政策的出台，背后离不开深层次的理论支撑。每一个经济理论的提出，都有其对应的时代和实践，也会对当时的经济社会发展提供相应的理论支撑和实践试点。当前，经济社会的发展已经进入信息时代和互联网经济时代，并处在向数字经济时代逐步转型的过程中。而区块链已经成为我国一项关系到国家治理体系和治理能力现代化水平的核心技术和一项重大的发展战略。它应当与重大发展政策制定与执行密切相关，而不仅仅只是停留在技术创新层面来发挥作用。提前深度研究与区块链相关的经济、政治、社会领域的理论问题，有助于帮助政府管理决策层更深入了解区块链的经济内涵和本质，了解区块链发挥作用的内在机理，从而更系统地掌握区块链背后隐藏的经济本质以及与政策实施相结合的深层理论支撑与深刻理论内涵，有助于推动区块链在重大政策制定实施上起到更加突出的作用。

三、区块链经济理论研究的可行性

（一）区块链技术特别是平台类底层链技术得到了充分发展

区块链作为比特币的底层技术，在比特币网络稳定运行几年后开始逐渐被人们所关注。而区块链的技术发展，也主要是围绕底层平台搭建而展开。2013年，维塔利克·布特林（Vatalik Buterin）提出了以太坊（Ethereum）的项目计划。以太坊是一个基于账户模型的区块链系统，脚本语言具有图灵完备性，目标是实现1994年绍博（Szabo）所提出的智能合约（smart contract）理念并作为一个去中心化应用（decentralized application）的平台。IBM在2014—1015年推动Linux基金会推出Hyperledger以及其创始项目之一的Fabric平台，针对的是企业级区块

链解决方案；美国 R3 公司联合几十家金融机构推出了面向银行业的区块链联盟项目 Corda 等，都是在不同领域具有巨大影响力的区块链平台，并有望成为下一个互联网 10 年的互联网平台"独角兽"。

我国科技巨头也纷纷将目光投向区块链平台的研发，且侧重于不同的应用领域，其中有一些类似于以太坊的开源平台，也有一些是供企业直接使用的云平台。例如阿里云着手建立的阿里云区块链 BaaS 主要面向企业级客户，为客户搭建商品溯源、数据资产交易等 14 个应用场景中的信任基础设施，从而推动开发者生态的发展。腾讯推出的区块链 BaaS 平台功能与之相类似，既有基础的开源底层技术，也有典型的可供选择的应用模板。京东结合自己的供应链优势，更偏重物流溯源方面的开发利用。

（二）政策与监管措施纷纷出台

在近几年的发展中，涉及支持区块链发展与监管的各项政策纷纷出台，为区块链经济理论研究提供了坚实的现实基础。从全球角度看，各国都在出台区块链的相关政策，而我国是其中最为积极的。从公开媒体统计，截至 2020 年底，我国从国家层面到地方政府所发布的与区块链相关的政策累计超过 600 部，其中国家层面出台区块链相关政策 62 部，较 2019 年增长近 4 倍。前几年很多政府出台有关区块链监管方面的法规政策，而近些年中则以支持区块链技术与扶持区块链产业的政策出台为主。

我国在区块链领域出台过相当数量的政策，总体上看走过了一条从严监管发币到支持区块链技术发展的币链分离之路。早在 2013 年，央行、工信部、银监会联合下发《关于防范比特币风险的通知》。明确比特币为网络虚拟商品，而不属于货币。随着区块链技术的发展,2016年,工业和信息化部发布《中国区块链技术和应用发展白皮书》,首次提出我国区块链标准化路线。自此之后区块链领域又出现了ICO这一数字代币发行模式,发行白皮书和空气币蔚然成风,区块链成为投机、诈骗的代名词。2017年9月,央行联合七部委联合发布《关于防范代币发行融资风险的公告》,禁止代币融资与交易,对各类发行的代币予以限制与清退。至此,国内对区块链领域的监管状态达到当年高点。

随着"币圈"在国内的逐渐萎缩,以及运用区块链技术服务于金融、政务、民生、供应链等领域的项目纷纷落地,区块链迎来了与实体经济密切结合的良性发展期,也越来越受到国家和地方政府的高度重视。2019年10月24日,中共中央政治局进行第十八次集体学习,其主题为"区块链技术发展现状和趋势"。习近平总书记强调,"要加快推动区块链技术和产业创新发展,积极推进区块链和经济社会融合发展",区块链受到前所未有的高度关注。2020年,区块链被首次写入中央一号文件,在《关于抓好"三农"领域重点工作确保如期实现全面小康的意见》中提出要"依托现有资源建设农业农村大数据中心,加快物联网、大数据、区块链、人工智能、第五代移动通信网络、智慧气象等现代信息技术在农业领域的应用"。当前,从国家级的政策看,主要是以鼓励发展区块链技术、促进区块链与行业融合为主,但依然缺乏专项扶持政策。

从地方政府的角度看,与区块链相关的政策非常频繁而且积极,而且多为扶持性政策。2016年起,地方政府已经开始关注和提及区块链。2019年仅有3个省区市在政府工作报告中提及区块链,2020年则有25个省级政府把区块链列入政府工作报告,20个省区市将区块链写入地方"十四五"规划。经过梳理,我们发现,地方政府出台政策表现出以下特点：1. 地方政府区块链扶持政策较多，仅2019年上半年，各地方政府至少发布了88则与区块链相关的扶持政策，同期发布监管政策约24则。2. 2016年开始已经有省市出台区块链专项扶持政策，但专项扶持政策的出台相对集中在2018年、2019年。截至2019年10月，已经有10多个省市地区出台区块链专项政策。3. 就政策内容而言，地方扶持政策主要分为三类，(1) 肯定、促进发展区块链技术研究和应用；(2) 鼓励区块链与行业融合；(3) 设立产业/扶持基金、专项补贴、政策补助、人才建设等区块链专项政策。(4) 广东、浙江、福建等省市重在扶持，而北京则更关注监管。

(三) 大量的场景应用为区块链作用机理研究提供了现实印证

区块链应用场景的落地对区块链作用机理解释探析和发展路径研究格外重要。一方面，可以把已经成型的理论分析与结论应用于现实场景，对理论进行真伪验证，用实践检验真理；另一方面，随着应用场景的丰富化，需要理论解释与指导的场景日益增多，又为理论探讨提供了启发和思路，开拓了研究的空间，拓展了思维的深度与广度。

随着区块链技术水平的提高和各方的重视与支持，当前已经有大量的应用场景成功落地。自中央政治局集中学习以来，区块链频繁落地于金融、物流、社会事务、慈善、农业、税务、药品与医疗、能源等多个场景与产业领域。统计数据显示，2019年上半年，全球共披露区块链应用项目408个，其中中国有184个，占比约45%。这184个应用分布在38个城市，涵盖了金融、政务、溯源、医疗等在内的40多个应用领域。在我国区块链应用排名前十的城市中，深圳、北京、杭州和上海四城位居前四。从领域分布来看，十大区块链应用城市的应用项目主要分布在政务、金融、溯源、公益和医疗这几大领域。

四、研究内容与脉络

本书主要对区块链的作用机理与发展逻辑进行经济理论方面的研究,研究思路是遵循从微观到宏观、从作用机理到发展路径这样的脉络而展开,探讨区块链对经济社会发挥作用的内在经济机理以及在符合经济规律的前提下区块链的发展逻辑与发展路径,最终落脚于区块链如何能够走上更加良性的发展路径这一主要研究目的上。因此,本书的研究内容通过六章来展现。

第一章是绪论,主要内容包括本书的研究背景、研究区块链的必要性与可行性、研究方法、研究脉络、研究内容以及研究的创新点与难点等方面。

第二章是搭建本书的基础性研究框架,首先分析了区块链在经济学视角下的基本内涵、特征与本质,介绍与分析了与经济理论有关的基本技术原理,并区分了不同的区块链所适用的场景要求,介绍了当前主要的区块链底层技术平台。其次,对迄今为止的区块链研究文献进行了梳理,分类概述与点评了区块链研究各个领域最新进展以及对经济学研究的借鉴意义,主要包括对区块链定义的探讨、共识机制的研究、区块链安全性与扩展性的探讨,特别是对区块链经济学和数字货币的研究进行了综述,并介绍了主要的区块链应用研究内容。

第三章从微观经济学领域出发,集中研究区块链的作用机理,主要包括3个方面的内容:一是针对不同角度研究区块链对交易成本的降低和实现对企业与政府治理的一定替代。运用交易成本理论,研究区块链如何通过消除资产专用性和不确定性下的机会主义来降低交易成本;如何通过交易成本优势实现对中心化模式和经济发展中的主要记账技术的替代,运用博弈论方法分析了在市场机制失效时区块链如何

第一章 绪 论

能以更低的交易成本实现对企业和政府两种治理方式的替代,强化市场机制的作用,并用纳什均衡收益矩阵分析了相比较于政府监管和市场监督,区块链对"作恶"行为具有成本更低、效果更好的监督制止作用。二是探讨区块链对市场失灵的修正。主要运用福利经济学、博弈论与信息经济学的方法,通过需求-供给进行模型分析,探讨区块链如何对包括垄断、逆向选择、道德风险和公地悲剧等在内的市场机制失灵进行修正,同时探讨在区块链的作用下如何实现资源的帕累托改进,区块链如何解决囚徒困境并提高社会福利水平。三是研究区块链如何改进与优化互联网经济时代价值分配,特别是对信息与数据这类新型的关键生产要素如何进行确权,协调所有权与收益权的关系,推动数据要素市场的建立,并研究资本对数字劳动的剥削和对剩余价值的占有,探析如何通过区块链优化生产资料占有方式,改善互联网经济的价值分配制度。

第四章则从宏观领域出发,研究区块链对经济社会发展的作用机理。一是研究运用了区块链技术的数字货币发行对宏观经济的影响。主要以凯恩斯宏观经济学为基础,区分了两种类型的数字货币,运用IS-LM模型,分别探讨法定数字货币和私人加密数字货币的发行对货币供应量、货币乘数、货币政策、财政政策以及包括外向型经济在内的整个经济发展的影响。二是从政治经济学角度研究区块链在经济与社会领域的作用,主要集中于分析区块链引发生产关系的变革与趋势,以及在生产关系变革中区块链发挥作用的机理,即区块链推动了生产力与生产关系这一对社会基本矛盾变化,也使生产关系更适应于生产力的发展变为可能。三是把区块链的研究拓展到经济社会领域,对区块链最重要的社会职能之一——社会治理进行理论探析,从社会治理理论出发研究引入区块链后社会治理模式的调整。以公共卫生危机为例,探析危机"社会性"特征和与之密切相关的对社会治理现代化的推动。四是以社会正义、社会信用等为主要研究对象,运用罗尔斯正义论与公共选择学派等相关理论,论证区块链是不是一种符合社会正义原则的制度,研究其通过共识机制和最长链原则等实现程序与结果两种正义;解析互联网时代信任遭到破坏后区块链如何以"算法信任"来实现社会信用再造并推动商业伦理与社会文化等方面重塑。

第五章从产业变迁理论出发,探讨区块链出现的必然逻辑和应当遵循的发展轨迹。首先从产业变迁的角度研究人类社会产业发展的几个阶段,探析从农业社会到以区块链为核心之一的工业 4.0 阶段的这一发展历程的内在规律;从互联网的发展探讨区块链出现的必然逻辑和在互联网经济中承载的角色与作用;从区块链发展的 3 个阶段探析它从边缘化的游戏和投资炒作,逐步变成多场景广泛应用,并将成为主流的经济发展与社会治理的技术基础设施这一过程。其次,探析区块链发展过程中存在的微观与宏观领域风险,以及出现这些风险的深层次的思潮倾向和引发风险而出现的内在逻辑。

第六章,将结合数字经济时代的特征与当前元宇宙发展的最新情况,依据经济发展的内在规律,对区块链的发展趋势和在未来数字经济时代的定位进行展望。

本书的研究内容如表 1-2 所示,研究脉络如图 1-4 所示。

表 1-2 本书研究内容

第一章	绪论	
第二章	经济学视角下的区块链基础框架研究	经济学视角下的区块链基本内涵和技术原理
		区块链研究的文献综述

续　表

第三章	区块链作用机理的微观研究	基于交易成本的区块链作用研究
		区块链对市场失灵的矫正研究
		区块链对价值分配的作用研究——以互联网经济为例
第四章	区块链作用机理的宏观研究	基于区块链技术的数字货币对宏观政策的影响研究
		区块链推动社会基本矛盾变化的机理研究
		区块链与社会治理现代化
		区块链与社会正义及诚信体系建设研究
第五章	产业变迁视角下的区块链发展展望	产业变迁视角下的区块链发展逻辑
		区块链发展过程中存在的问题与风险探析
第六章	基于数字经济发展逻辑的区块链发展展望	

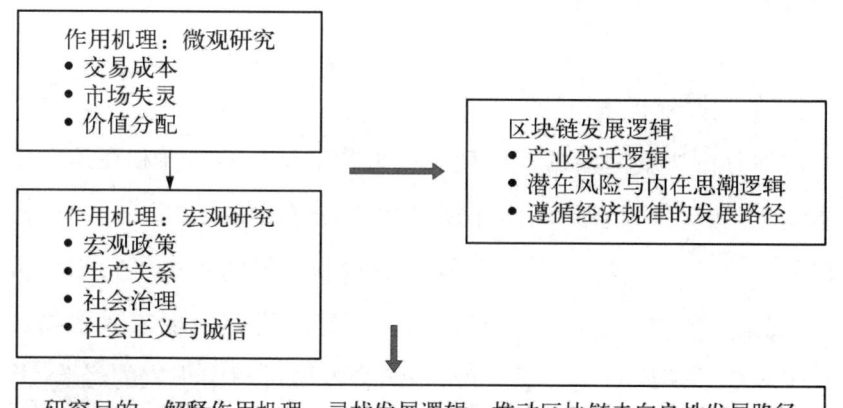

图 1-3　本书的研究脉络

五、研究方法

(一)文献研究法

通过对研究文献的检索与整理,并提炼其中的主要研究方向、研究内容与主要观点的一种方法。文献研究法是一种间接的、非介入性调查,非常方便、自由、安全,同时省时、省钱、效率高。本书广泛搜集区块链研究的国内外文献资料,以资研究。特别重视三类文献:1. 国外经济学家对区块链经济学研究的文献;2. 区块链应用场景的研究;3. 交叉学科,例如产业经济学发展史、经济伦理学、社会治理等相关研究成果。

(二)历史研究法

历史研究法是通过对人类历史上发生过的历史现象进行分析研究,探索与提炼其中的发展规律,吸取精华,总结经验与教训,用于指导与预测当前与未来的发展。本书总结了人类社会产业发展的重要阶段、互联网时代的发展过程与区块链的发展历程,找出其中的发展脉络与演进逻辑,并据此对未来发展进行合理预测。

(三)定性分析法

定性分析法就是根据社会现象或事物所具有的属性和在运动中的矛盾变化,从现象或事物的内在规定性来研究现象或事物的一种方法。它以普遍承认的公理、一整套的演绎逻辑和大量的历史事实为分析基础,从现象或事物的矛盾性出发,描述、阐释所研究的现象或事物。本书基于经济学理论与交叉学科理论,结合发展过程中积累的经验,并与现实发展的问题紧密联系,直接抓住现象或事物特征的主要方面进行定性分析,得出一定的具有探索性、诊断性和预测性的观点与结论。

（四）比较研究法

本书把区块链作为一种重要的制度安排和组织管理模式,与同类制度和模式进行了横向比较,把区块链的发展过程进行了纵向比较,寻找异同,总结概括区块链的优势与劣势,把握区块链发展的规律与脉络。

（五）均衡分析法

经济学中的均衡分析主要是研究当变量发生某些变化时所导致的经济体达到新的平衡的状态。本书把区块链纳入经济学研究模型当中,使用供求分析、宏观分析和博弈论分析,得出不同模型下的均衡解,用以解释区块链对宏微观市场均衡的作用。

（六）政治经济学的研究方法

政治经济学以生产力与生产关系作为研究的出发点,通过唯物辩证法研究社会基本矛盾,以劳动价值论为判断依据,研究资本的积累、价值的分配等问题。本书使用劳动价值论等研究内容与唯物辩证法和历史辩证法,对区块链如何推动生产关系的变革、如何优化价值分配进行了研究。

六、创新点、主要观点与下一步研究方向

（一）本书研究的创新点

1. 视角题材的创新

本书把自然科学领域的区块链技术与社会科学领域的经济学理论进行深度结合,搭建科学的分析体系,进行系统的论述来探析区块链的作用机理和发展逻辑。本书完整而系统地运用经济学理论研究

方法，探析区块链对经济社会的微观与宏观作用以及发展变迁的规律性。同时也运用了区块链技术原理与内在特征对经典经济学理论进行解释、补充与创新。这种跨学科的选题具有一定的创新性与超前性。

2. 方法选择的创新

本书运用了大量的经济学经典研究方法，包括新制度经济学的历史变迁分析、交易成本分析、博弈论分析、IS-LM 模型分析、辩证唯物主义方法等，从不同角度并具有深度地对区块链作用机理进行经济理论分析，试图以经济学基础理论解释区块链的本质与内涵、其作用的发挥、独特的优势和发展的内在逻辑。与区块链领域专注于技术或者应用场景的研究相比，这种大规模应用经济学分析方法分析框架的研究，在区块链研究领域尚属首次。

3. 架构体系的创新

本书搭建了一个较为系统与科学的研究体系，对区块链作用机理的研究遵循了从微观领域深入宏观领域、从经济领域深入社会领域的研究思路，并在探析其作用机理的基础上继续研究它的发展路径、隐含风险以及背后所隐藏的内在思潮与经济规律，从而对区块链的作用与发展进行了较为完整与深入的阐析。探讨区块链的作用最终落脚于推动一种有益于经济社会的新生事物得到更好的发展，并沿着经济发展规律走上良性的发展之路。本书所搭建的这种研究体系，有助于后续的研究者在此框架下继续深入对区块链具体功能的分点研究和进行整体性研究。

4. 理论观点的创新

随着互联网技术的深入发展，改变了信息等资源的稀缺性，由此改变经济学理论的假设前提，可能会使一些经济理论的结论发生变化；区块链对信息不对称的解决,也会改变信息经济学的一些结论;而区块链创新式地应用于不同领域也会促使该领域的发展路径与模式做出相应的改变,从而改变原有的路径依赖与趋势预测。因而,本书的研究会出现一些不同于传统的、普遍流行的研究结论和经济理论观点等,既有理论研究的创新,也有部分观点上的创新,对经济理论研究具有创新性的启示作用。

(二)本书的主要观点

1. 不同于其他新技术对生产力的促进作用,区块链不仅是一种分布式记账技术,还是一种更专注于生产关系变革的制度创新,一种对经济社会发展产生重大变革的算法型经济体范式。

2. 以区块链搭建的经济体通过消除和减弱不确定性和资产专用性带来的机会主义行为降低了交易成本,因而能够成为新型的基于算法的信任维系制度、新一代记账技术以及企业管理与政府干预的有效替代。

3. 区块链通过解决信息不对称、打破垄断和实施"自治管理",有效解决了逆向选择、道德风险、外部性和"公地的悲剧"等市场失灵现象。

4. 区块链通过确权功能,改善互联网经济的价值分配现状,帮助数据要素市场形成,并推动数据这一生产要素的分配偏重于数字劳动者,改善数字劳动异化与互联网异化的现象。

5. 以区块链为底层技术的数字货币将通过改变货币供应量与货币乘数影响货币政策与财政政策的实施效果。

6. 区块链有助于优化社会治理模式,探索形成多中心治理新方式,提高社会治理的现代化水平。

7. 区块链在改善囚徒困境、维系社会正义和重塑社会信用方面具有经济伦理方面的重要意义。

8. 区块链是产业变迁过程中所必然出现的技术与制度创新,其发展路径、潜在风险都有内在逻辑可循,也必将在遵循经济运行规律的前提下成为数字经济时代的技术基础设施。

由于区块链的出现不过 10 余年,而且大多数情况下对它的研究集中于自然科学领域,本书的研究能够借鉴参考的有关区块链的经济学资料与稍微成熟完善的经济学理论研究成果寥寥无几,因而研究面临着较大的难度,只能以当前区块链的发展水平与状态为依据,以现有经济学理论指导来填补对区块链作用机理研究的空白。随着区块链技术的不断成熟、应用场景的不断落地和经济理论研究成果的不断丰富,将会给本书以新的启示和更深入的研究指导,下一步可能的研究方向主要包括:1. 区块链对经济增长与产业变迁作用机理的模型搭建;2. 区块链对经济增长与产业变迁作用的实证研究;3. 区块链推动生产关系变革的模型与实证分析;4. 数字货币对宏观经济政策影响的模型与实证分析等。

此外,互联网经济以及未来的数字经济时代,有可能改变部分资源的稀缺性程度,甚至使之从稀缺变为富裕,这在一定程度上改变了传统经济学的假设前提,因而有可能改变经济学的研究范式与研究结论。以区块链为重要组成部分的新技术到底对传统经济学理论与结论有多少冲击与挑战,目前尚未有定论,这也将是本书未来关注与研究的重要方向。

第二章 经济学视角下的区块链基础框架研究

第一节 经济学视角下的区块链基本内涵和技术原理

一、区块链的定义和经济本质

区块链是一个经常与比特币一起出现的技术,而且经常会出现两者被混淆的情况,甚至也有把两者画等号的观点。事实上,比特币不等于区块链,它是区块链技术的一个具体应用,是一种区块链技术应用的场景,同时也是一种特殊的非法定加密数字货币。而区块链是一种基础性技术,既有可能应用于与货币和金融相关的领域,更有可能应用于与货币完全无关的领域,特别是数字化的领域,比如政府政务、电子病历、版权保护等。

区块链脱胎于比特币,最早应用于比特币,比特币是第一个采用区块链技术作为底层技术构建的系统,也是迄今为止区块链应用最成功的大规模应用项目之一,上线已经超过10年,参与人数稳步上升,然而至今没有任何组织进行管理,没有任何第三方中介机构对其挖矿(记账)和交易行为进行背书,虽然出现过好几次较大风波,但依然自发稳定运行至今。

2008年,一个化名为中本聪的作者在论坛发表论文《区块链:一种点对点的电子现金系统》("Bitcion：A Peer-to-Peer Electronic Cash System"），首次提出区块链技术，在文中提到区块链技术是构建比特币系统的基础技术。通过区块链能够记录所有元数据和加密交易信息，并通过全网节点不断验证信息的有效性和分布式存储全部信息，帮助实现一个完全点对点的电子现金系统。在这样的技术基础上，双方在线资金支付可以直接点对点进行，而不需通过银行等资金结算机构。

从定义上看，区块链目前还没有标准定义，常用的定义之一是，区块链是一种全新的数据结构，一种按照时间顺序将数据区块以链表的方式组合成特定数据结构，并以密码学方式保证的不可篡改和不可伪造的去中心化共享总账，能够安全存储简单的、有先后关系的、能在系统内验证的数据。也就是说，区块链是一个去中心化的分布式账本数据库，是一个由多个节点共同维护、能够系统运转的数据库储存系统。如表2-1所示，与传统数据库的集中化存储相比，区块链是分布式存储，因而安全性与透明性更高。与此同时，区块链还是一种技术的多项合成，是把许多已有的跨领域学科整合在一起，包括去中心化技术（P2P网络技术和分布式存储）、信息加密技术（密码学哈希函数和非对称加密技术）、共识机制（拜占庭容错算法、工作量证明机制、权益证明机制）等，涉及数学、密码学、计算机科学、金融学等领域。

表2-1 传统数据库与区块链的对比

	传统数据库	区 块 链
数据存储	集中化存储	分布式存储
安全性	较为容易篡改	难以篡改
数据透明性	数据不透明	对于节点数据透明，可溯源

从信任维护的角度看,区块链是在共识机制的推动下,各个参与节点共同形成与维护可靠数据库的生态系统。在这个生态系统下,参与节点通过验证确认的方式把系统中形成的数据信息形成区块(block),进行链接(chain)下一个区块,通过区块链形成一套全系统所有节点共同认可的可信数据库。

从区块链的定义看,它含有以下的经济特性:

(一)开放平等性

从技术角度分析,区块链不是一个依靠中心化进行存储和指挥的系统,而是分布式存储,并依靠算力竞争来确定记账权,这意味着在信息存储和系统运行方面,区块链具有开放性的特征,任何节点都有机会参与记账,任何节点都能参与信息验证。从经济学的角度看,这是一种节点地位平等的体现,也是一种对抗过度集中的去中心化思维。中心化集中形成了层次清晰的组织结构和秩序,但同时也容易带来寻租和腐败,而区块链的发展促使系统走向分散化,使系统更加强大、灵活和高效,这对于组织管理结构、社会公正与正义、社会治理等方面均具有重要的启示。

(二)信息透明性

在区块链上任何节点加入,都必须下载之前全部信息,所有信息公开透明,全网广播,随时可以查询,确保信息能够及时掌握,任何节点都能够低成本地获取信息。在经济学中这一特性意味着,经济学理论有关信息不对称出现的市场失灵、囚徒困境等难题,在区块链的机制下将会得到有效的解决和改善。

(三)安全可靠性

一方面,区块链的分布式设计,使整个系统抵御风险的能力增强,单个节点遭到攻击或者信息被篡改,不会影响整个系统的运行;另一方面,区块链链状结构有助于保障数据准确而不被篡改。只要篡改一个数据就意味着要对所有区块都要修改,不仅对算力要求高,而且涉及的区块越多,耗费的成本越高。在经济学中,这一特性意味着商业信用的非人格化重塑。经济学中一直在探讨社会信用问题,探讨信任的维系方式和制度变迁的力量,而区块链的这一特性,必将对如何形成与再造互联网经济时代社会信用和人际信任予以重要启发。这对于区块链的经济学研究和商业化运用具有很强的理论与现实意义。

由此,我们可以总结区块链的经济学本质:

(一)在本质上,区块链是一套非中心化、扁平式的经济运行系统,其中的信息发现、确认、存储与传递机制基于算法自动形成与维护,是一种高效透明、合作共赢的经济运作机制。

(二)区块链为参与者提供了一种非中心的、依靠算法自动形成的信任建立范式,数据区块的分布式存储以及在运输中依靠全部节点的零成本验证来证明自己的真实性,打破了传统意义上信息证明和信用担保的模式。这种点对点验证的新模式,不仅有可能改变互联网TCP/IP基础协议,形成新的信用建立模式,还有可能被广泛应用,成为互联网后半场的新基础协议。

(三)与当前互联网的信息传递与共享不同,区块链在本质上是一种价值互联网,能够实现以价值为载体的人际交往和网络数字化交易,这使得技术本身有了丰富的经济价值,将有助于推动技术成为经济学研究的一个内生变量。

(四)在数字货币领域,区块链是发行加密数字货币的底层技术,在区块链技术下的法定数字货币能够实现货币的3种基本职能:价值度量、交换和价值储存,体现区块链在金融学中的存在意义。

二、区块链的构成与数据结构

(一) 区块的组成

从形式上看,区块链是一种按照时间顺序将数据区块以顺序相连的方式组合成的一种链式数据结构。区块链数据在运行时,会以块链式数据结构存储,最终会以区块的方式永久存储到数据库中。区块由区块头和区块体组成(如图2-1、图2-2所示)。区块头中包含了前一个区块的哈希值、当前区块的哈希值和时间戳。其中前一个区块的哈希值用于链接到前一个区块并且通过时间戳特性保证历史数据的完整性;区块体则包含了所有交易信息,且这些交易信息已经通过验证,例如,在比特币系统中区块头的数据信息要求包括付款人、收款人、币量一些交易信息。这种结构保证了区块内数据的真实性、完整性、时间顺序性和不可篡改性。各个区块通过哈希指针把区块一个个链接,按照一定的结构构成一条狭义上的"区块链"。

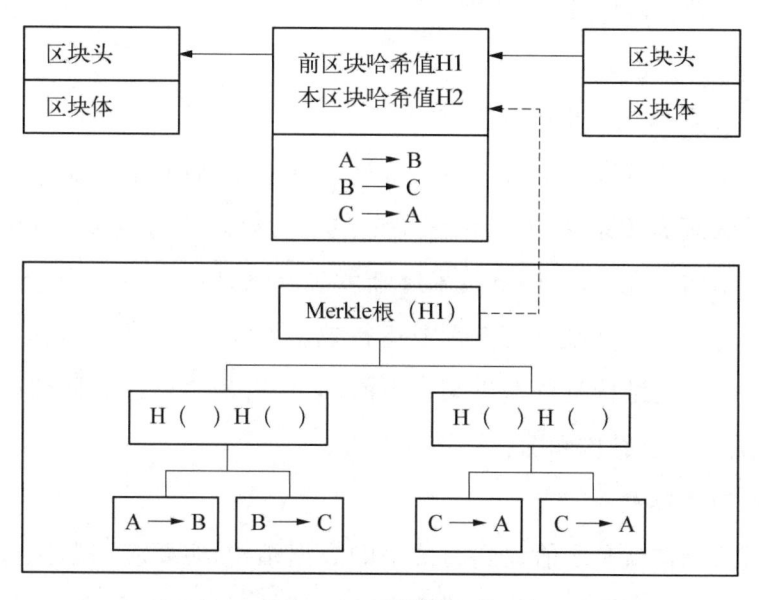

图2-1 区块的组成

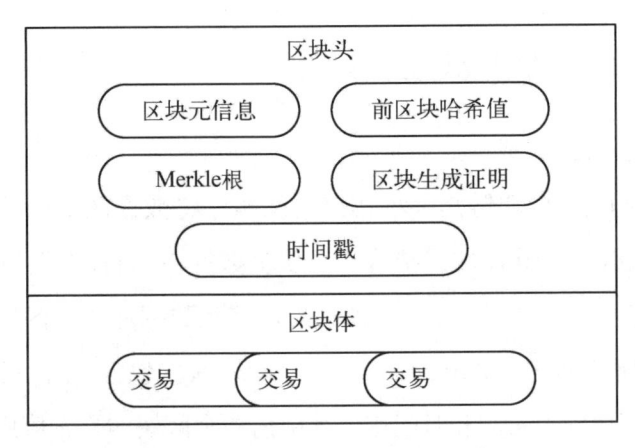

图 2-2 区块包括的内容

由于分布式存储的能耗较高，效率较低，区块链数据库一般不作为海量大数据存储工具，而是通过一些字符串、json 对象等可以通过对账本结构的拓展来完成链上存储。在占用内存较大的文件，例如图片、视频的处理上，经常会使用摘要（例如用哈希值）的方式放在区块链上，原始文件存储在链外其他文件系统。

(二) 区块链的核心数据结构

由于区块链最开始的应用项目是比特币，之后的很多项目与比特币的构成理念关系密切，所以区块链最早的数据结构多为比特币使用的链式结构。之后，区块链技术逐渐发展起来，应用场景开始丰富，出现了对进一步提高系统安全性或运行效率的需求。除了链式结构外，一些新的数据结构被创造出来。当前，区块链最主要的数据结构包括链式结构、树状结构和图状结构等三类。

1. 链式结构

链式结构就是之前提到的最早的数据结构，主要应用于比特币以及后续的一系列非法定加密货币。传统的链式结构分层来看，包括一条数据记录、包含 N 条记录的区块和各个区块链接起来形成的链条,如图 2-3 所示。链式结构容易出现分叉现象,亦即不同的节点(矿工)在同一父区块上挖出不同区块,形成不同的链条,然而最后只有最长的链条得到认可,最长链上的区块和工作量也能得到相应的确认。

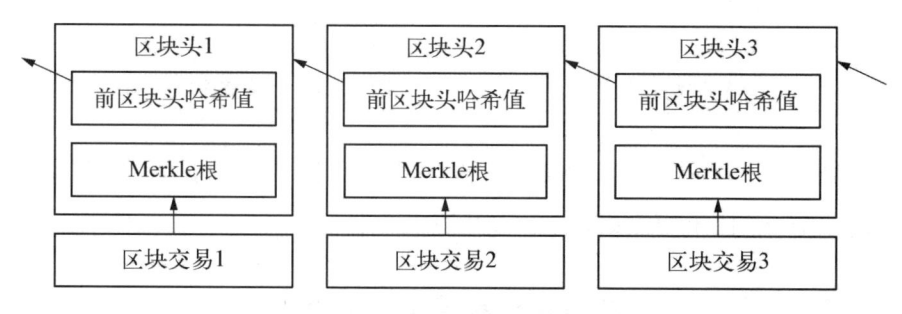

图 2-3 区块链链式结构

2. 树状结构

树状结构与链状结构的区块内容比较相似,都包括元数据、哈希值、Merkle 根、时间戳等。它们的区别在于区块的组织形式不同。在树状结构中,可能会存在多个后续子块,类似于上面所提到的分叉,亦即树状结构对区块分叉在一定程度上是认可的,因而有助于降低孤块率,提高系统的容量。然而,树状结构对共识机制的设计要复杂得多,恶意分叉将会是其遇到的最主要风险。图 2-4 显示了某一树状结构。创世区块为 G,A_1、A_2、A_3 均为 G 的子区块,B_1 为 A_2 的子区块,A_2 是 B_1 的父前驱,A_1、A_3 为 B_1 的叔前驱。

3. 图状结构

在图状结构中,每一笔交易都类似一个区块,直接参与全网排序,由交易组成一个有向无环图网络,[①]如图 2-5 所示。图状结构有助于

---

① 如果一个有向图从任意顶点出发无法经过若干条边回到该点,则这个图是一个有向无环图。

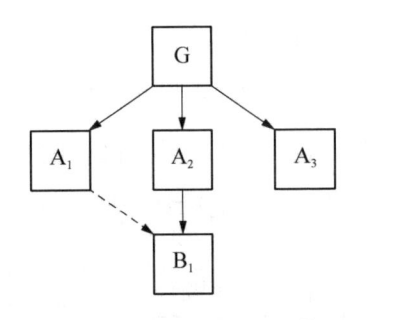

图 2-4　区块链树状结构　　　　图 2-5　区块链图状结构

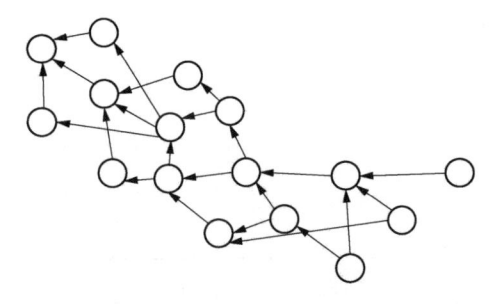

提高区块链的效率,对区块链扩容要求不高。但是,图状结构的数据结构较为复杂,技术要求较高,对负载要求也较高。

三、区块链系统的运转机制与基础框架

区块链运作机制包括以下几个步骤:

(一)某节点发起交易的同时,把交易广播到相邻节点。

(二)其他节点接收到广播,会对交易进行一系列验证,以此确定是否接受并转发该笔交易。当交易通过验证后,将会被节点转发。

(三)通过区块链共识机制确定记账权以及产生新的区块。算力最强的节点最终拥有记账权,该节点会把打包交易的区块广播出去。

(四)节点对新接收到的新区块进行验证,以此确定是否接受并转发。各个节点依照共识机制验证并生成新区块后进行全网广播。新区块生成后连接前一区块,区块链进行一次更新。

(五)由于区块链中各个节点争夺记账权形成新区块的时间和带宽网速不同,可能存在着节点之间的时差和时延,导致同时出现不同路径的新区块都得到验证通过,形成了不同的区块链视图。这一情况被称为区块链的分叉。区块链使用最长链原则解决分叉,总会选择最终最长的那条链当成唯一的区块链。所谓最长不仅指长度和区块数目,

而且也指计算难度累计最大。最长链上的区块的记账权才会被确认，(难度和长度)都较短的链被放弃。

新交易创建	交易通过P2P网络传播	交易验证	验证结果通过P2P网络传播	交易写入账本
交易的生成	交易的传播	工作量证明	整个网络节点的验证	记录到区块链
当前所有者利用私钥对前一次交易和下一位所有者签署一个数字签名，并将这个签名附加在这枚货币的末尾，制作成交易单	当前所有者将交易单广播至全网，每个节点都将收到的交易纳入一个区块中	每个节点通过相当于解一道数学题的工作量证明机制，从而获得创建新区块的权利，并争取得到数字货币的奖励	当一个节点找到解时，它就向全网广播该区块记录的所有盖时间戳的交易，并由全网其他节点核对	全网其他节点核对该区块记账的正确性，没有错误后它们将在该合法区块之后竞争下一个区块，这样就形成了一个合法记账的区块链

图 2-6 区块链的交易流程

区块链被认为会对互联网协议进行重大重组，由此被分为数据层、网络层、共识层、激励层、合约层和应用层等 6 个层次，构成区块链的基本框架，如图 2-7 所示。其中，数据层、网络层、共识层被认为是区块链的基础层次，类似于区块链 1.0 的发展状态。而智能合约和其他的场景应用，比如可编程社会的产生，则被认为是与区块链 2.0 和 3.0 发展阶段相适应的架构。

具体而言，第一个层次数据层主要包括区块、非对称加密、时间戳、Merkle 树等底层技术，实现去中心化存储、验证数据真实性和安全性的基础性目的；第二个层次是网络层，网络层最重要的组成内容是点对点传播机制和数据验证机制。通过网络层建立了数据传输通道、交易确认通道等区块链的网络运行环境。第三个层次是共识层，包括各类

应用层		
可编程货币	可编程金融	可编程社会

合约层		
脚本代码	算法机制	智能合约

激励层	
发行机制	分配机制

共识层		
PoW	PoS	DPoW

网络层		
P2P网络	验证机制	传播机制

数据层		
数据区块	链式结构	时间戳
哈希函数	Merkle树	非对称加密

图 2-7 区块链的结构

共识算法。共识层是实现区块链自动运行形成自发秩序的核心，也是去中心化功能的体现，更是后续激励层的实施基础。第四个层次是激励层，主要包括记账奖励、提供信息的奖励等。有些区块链只使用了分布式技术，而没有设计激励层，但这不影响区块链的存在。第五个层面是合约层，主要包括各种算法和智能合约，帮助实现区块链应用场景纵深化。特别是智能合约的存在，有助于区块链建立商业逻辑，构建灵活编程推动下的区块链世界自发秩序的形成与完善。第六个层面应用层则是在底层技术之上的区块链大规模应用。

四、区块链的核心技术

(一) 哈希算法

Hash,一般翻译作"散列",直接音译即为"哈希"。它是把任意长度的输入(又叫作预映射,pre-image)通过散列算法变换成较短的固定长度的二进制值的一种输出。这个二进制值被称为哈希值。

哈希能够实现数据从一个维度向另一个维度的映射,实现映射的算法叫哈希算法,用 $y=\mathrm{hash}(x)$ 表示,也叫"安全散列函数"。哈希算法很特别的一点在于它有加密过程的不可逆性,即给定输入很容易得到输出,然而从输出结果倒推计算输入却不可行,因而成为现代密码学的重要构成。

此外,哈希算法是一种快速收敛的算法,从输入到输出的计算非常快,因而成为区块链经常使用的算法。作为一种有效的加密方式,哈希能够隐藏原始信息,在区块链的分布式数据库中,通常不需保留原始数据,而只保留该数据的哈希值,节点对交易的验证以及交易数据的传输,都不需要使用原始数据,只需哈希即可。

(二) Merkle 树

Merkle 树也可以称作哈希树,是一种基于数据哈希构建的树,叶子节点为数据记录的哈希值,非叶子节点是其所有子节点的哈希值。Merkle 的数据结构是一棵树,一般为二叉树,也可以为多叉树。交易记录中哪怕只有一点细微的改变,Merkle 树根就会发生改变,由此常被使用在数据验证、文件比对中。

在区块链的应用中,Merkle 树能够迅速实现数据快速查询,对交易数据进行归纳,并生成交易集的数字签名,由此验证区块数据的完整性。它具有减少数据的传输量和计算的复杂度、提高区块链运行效率和提高可扩展性的优势。

(三) 时间戳

时间戳是一个能表示一份数据在某个特定时间之前已经存在的、完整的、可验证的数据,通常是一个字符序列,能唯一地标识某一刻的时间。时间戳有助于减少造假行为,同时也有助于明确权利归属。区块链使用时间戳,能够实现区块的形成在时间上的有序性,每一个新区块生成时,都会被打上时间戳,最终依照区块生成时间的先后顺序相连而成区块链。

时间戳、哈希算法和 Merkle 树结合起来应用,进一步加大了区块链下篡改记录的困难程度。如果想篡改某区块里的一条记录,意味着该区块原来的 Merkle 树值失效。由此,区块头就会改变,数字签名随之失效。连带着,哈希指针带动着旁边的区块进行改动。如此不断改动,直至最新的区块。只想修改一条记录,造成的结果是区块的全部改变以及该区块后面所有区块的改变,且时间越久篡改的难度越大,其难度以时间的指数倍增。改动一个区块已经需要消耗大量算力,而随着后续形成的区块越多,改动的难度会越来越大。通过时间戳的参与,进一步保障了区块链数据的安全性。

(四) 点对点技术

点对点(Peer-to-peer)是区块链实现去中心化的基础性条件,点对点技术则是依靠点对点网络,不通过中心化的服务器,实现节点之间的直接传输的一种技术。在点对点技术下的网络条件,没有中心化服务网络,传递速度依赖于各个节点的计算能力和带宽,各个节点地位平等,服务器分布在各个节点。点对点网络由于不需要中心化的审核即可传输信息数据,与分布式存储配合起来,具有很强的抗攻击能力,部分节点遭到攻击或者宕机时对整个系统运行与储存影响微乎其微。

与点对点技术相关的一个概念是分布式存储,两者都是去中心化的核心技术。点对点技术主要解决的是各个地位平等的节点之间的数据传输问题,不需要经过中心化服务器的审核验证和互联网的 http 协议。分布式存储则是解决传输并被确认后的数据如何存储的问题,这些数据不是存储在一个或几个中心化的服务器中,而是存储在多个计算机节点(甚至所有节点)上。两种技术是密切相关的,在区块链里每个节点进行信息传输时,都会把该信息在全网进行广播,而收到信息的节点则都会存储信息。

(五) 加密算法

加密是确保区块链发挥点对点传输的重要技术,所谓加密是通过一种算法将原始信息进行转换,接收者能够通过密钥对密文进行解密还原成原文的过程。加密一般包括:加解密算法、加密密钥和解密密钥。根据加解密的密钥是否相同,算法可以分为对称加密(symmetric cryptography,又称公共密钥加密,common-key cryptography)和非对称加密(asymmetric cryptography,又称公钥加密,public-key cryptography)。两种模式适用于不同的需求,成为互补,很多时候也可以组合使用,形成混合加密机制。

对称加密是指加密和解密的密钥都是相同的,也被叫作单钥密码算法。其优点是由于加解密相对简单,速度快、效率高,能耗和存储空间都较小,需要的加密强度较高。其缺点在于,参与各方都有密码,泄露风险比非对称加密要高,信息发送方必须和每一接收方都约定好密钥,密钥分发有泄露和被攻击的风险。如果在不安全的环境下对密钥进行大规模的分发,很容易出现风险事件。

非对称加密是针对开放系统中密钥大规模分发的难题而出现的解决方案。在非对称加密中,加密密钥和解密密钥不同,前者被称为公钥,后者被称为私钥。公钥一般是公开的,人人可获取的,私钥一般是保密的,不能被他人所获取。公钥和私钥之间的推导不可逆,公钥加密的信息必须通过对应的私钥才能解密,公钥由私钥生成,公钥加密,私钥解密。私钥可以推导出公钥,公钥无法推导出私钥,私钥签名,公钥验证。那么,如果私钥解开加密信息,区块链上的节点就会认可解密人为正确的私钥拥有者,其交易和价值转移才能得到全网的确认与传播。非对称加密的优点是可以在不安全的情况下分发使用确保不被泄露。缺点在于加解密速度慢,效率低,加密强度相比对称加密要差。

(六) 智能合约

智能合约是区块链 2.0 阶段后广泛应用的技术,这一理念最早出现于 1994 年,几乎和互联网同时出现。智能合约由密码学家尼克·萨博 (Nick Szabo) 提出,指的是一种计算机协议,它促进、验证或者执行合约的协商和履行,或使合约条款变得不必要。从本质来看,智能合约的编码思路和逻辑性类似于所有的计算机编程语言,都是以 if-then 为依据,设定不同的路径和触发条件。在计算机自动运行时,每当节点发出的指令满足某一事先确定好的条件后,就会走到该条件下的运行路径,触发智能合约,自动执行相应的条款。区块链上的智能合约对推动区块链应用于非加密数字货币领域非常重要,它丰富了区块链的内涵,拓展了其能够实现的功能范畴。区块链领域的智能合约更加关注于事件和场景的驱动,关注于交易的状态,并和最终结果——记账密切相关,智能合约被视为一截嵌入区块链上的能够自动运行的程序,因而涉及交易、契约和资产等领域时，往往都会用到智能合约技术。当前，一些与资产相关的领域已经开始探索智能合约的应用，例如股权交易领域，通过智能合约记录股权的所有权和交易过程，可以用来进行股权登记与清算等。

五、区块链的共识算法

在计算机中的共识问题，首先源自"拜占庭将军问题"，它表明在一个不可靠的通信链路上试图通过通信而达成一致共识是不可能的，这被认为是计算机通信中第一个被证明无解的问题，由此推动了互联网TCP/IP协议中"三次握手"（即信息连通与确认）过程。之后，在分布式计算和点对点传播的领域，"拜占庭将军问题"成为研究非故障节点如何达成一致的重要问题。"拜占庭将军问题"由莱斯利·兰波特（Leslie Lamport）等科学家提出，以拜占庭帝国军队攻城为例，探讨如果出现信息传递有误时的一致性问题。假设拜占庭帝国的所有军队都分别驻扎在相隔很远的营地，因而无法通过共同开会进行集体沟通，主要是依靠信使传递消息。在进攻拜占庭帝国时需要至少一半以上军队同时进攻才能取胜，所谓的同时进攻意味着各个军队的将军必须就"进攻"或"撤退"以及发动时间达成共识。假设有11名将军，其中有1名是叛徒。由于信息不通畅，叛徒可能会故意传递错误信息或者变更进攻还是撤退的意图，或者改变进攻时间，以此破坏将军之间的共识。如果此时叛徒发布错误消息，使5名将军得到"撤退"的消息，战争的结果必然是失败的。解决方案是按照少数服从多数的原则来决定消息的一致性，然而类似于上面那样5∶5的情况意味着共识是无法实现的。

转换到分布式存储中，可以把节点等同于在不同地方驻扎的军队，由此把军队关于"进攻"还是"撤退"以及发动时间的共识转换为节点之间对某一信息的共识。共识的实现是通过向其他节点传送自己记录的信息,达到半数以上认可的信息即可认为形成了共识。在中心化存储系统中,数据存储以及数据的准确性和完整性都是由中心机构直接发出,因此不会存在传播过程中出现叛徒导致信息错误从而破坏共识的问题。而分布式存储系统的存储与传播中会明显存在一致性可能被破坏的问题:数据在记录和存储时被恶意篡改;因为网络故障等问题而导致数据丢失或损坏;信息出现延迟不是同时传递给所有节点等。这些问题,会导致各个节点的信息记录和存储无法达成一致,共识难以实现。如果中间再存在一些类似于叛徒的恶意节点,比如某节点向网络中一半节点发送"是"的信息而向另外一半节点发送"否"的信息,系统将永远无法实现共识。由此,需要一种机制或者算法,保证即便存在恶意节点,其他节点依然能够达成共识。

计算机领域的共识(Consensus),是指在分布式系统中节点对某个数据或单个信息达成一致意见的过程。区块链是一种分布式存储数据库,由此,共识机制对其运行格外重要,因为在没有中心化的系统中,实现共识才能作为交易的强有力保障,保证交易的顺利进行。共识的定义有3点内容需要深度掌握:(一)共识存在的前提是分布式系统,因为中心化系统是中心统一发布信息和指挥,中心发布的内容就是共识,不存在一致性问题。(二)共识的参与主体是各个地位平等的节点,每一个节点相当于一个计算机,或者一个服务器,或者云存储器等,用以存储信息。(三)共识结果是形成一致性意见在全网各个节点进行存储。

当前,共识算法主要包括拜占庭容错算法、工作量证明、权益证明算法。

(一)拜占庭容错算法(PBFT)

拜占庭容错算法(Practical Byzantine Fault Tolerance,PBFT),是

一种采用许可投票、少数服从多数来选举领导者进行记账的共识机制。是分布式系统中各个节点在收到其他节点发送的信息后,并不立即按照多数原则作出判断,而是把收到的信息再传给其他节点,不断进行信息交换得出共识。只要系统中的恶意节点不超过1/3,就能够解决"拜占庭将军问题",达成系统共识。反过来说,也就是超过2/3的系统节点得到的信息一致时,就成为系统共识。

PBFT在每轮记账都会由全网节点共同选举领导者,并允许强监管节点参与,具备权限分级能力,能耗比后面提到的PoW低,处理效率要更高,但并不能完全去中心化。

(二) 工作量证明(PoW)

工作量证明(Proof of Work,PoW)是一种简单有效的且真正实现完全去中心化的共识机制。它最早使用于比特币,是目前非法定加密数字货币最常用的算法之一。工作量证明,顾名思义,是节点在找到区块哈希值的过程中付出了大量的算力,按照共识机制,认为找到哈希值的节点即被认为的确经过了大量的计算过程。一般来说,找到该哈希值的节点会按照PoW共识下的事先约定,获得一定的奖励。工作量证明下的哈希值验证过程比较简单,是一种验证方式比较易行、效率较高的共识算法。PoW的优势在于防篡改能力突出,由于篡改信息数据的成本很高,而且需要51%的全网算力,因而很难被黑客攻击,然而,在另一方面由于区块形成存在着重复劳动,所有节点都必须参与运算才能形成哈希值,存在着算力与存储的浪费,PoW的能耗较高,验证生成区块的时间较长,适合对交易频率与效率要求不高的交易活动。

(三) 权益证明算法(PoS)

权益证明算法(Proof of Stake,PoS),是为解决PoW存在的大量耗能和浪费问题而提出的替代方案。不同于PoW,它是以节点持有的权益(如代币数量,或存储容量等指标)而不是最高算力为权重来获取区块的记账权。PoS共识下的记账节点是从所有的持有权益的节点中随机选择一定权益代表作为产出区块的角色。一般来说,如果节点持有较多的权益,就更容易获取记账权来产生区块。这种共识算法类似于股东投票,节点持有的权益越多,获取记账权的难度越小,争取有利于自身利益的机会越多。

与PoW相比,PoS仅需要少量的计算就能维持区块链的正常运转,一定程度减少了共识算力浪费的问题,且计算效率较高,降低计算难度,能在一定程度上缩短达成共识的时间。但在这种区块链模式下对应的私人加密货币币值确定会存在争议,不如PoW下对币值来源的认定取决于算力耗费那样直观。

(四)委任权益证明算法(DPoS)

委托权益证明算法(Delegated Proof of Stake,DPoS)又称为受托人机制,它的运行机制一般是先由每一个持有权益的节点进行投票,选取产生101个超级节点,这101个超级节点彼此的权利是完全相等的。它类似于代理人机制,选举产生的超级节点相当于决策代表人,代表所有节点形成区块。当这些代理人不能尽心履行职责产生区块时,就会被除名,再由节点投票选出新的超级节点作为新的代表。

DPoS是PoS基础上的一种演化,通过减少投票节点的数量以减少对带宽和服务器的压力,它的主要特点是:不是所有节点都能参与投票,有权益的节点只负责投票选出代理人而不直接对区块验证确认,代理人负责验证区块和进行记账。该机制能够在不增加计算资源的前提下有效减少网络压力、提升性能,但同时,"代理人"机制的安全性和公正性也容易受到质疑。

表 2-2 常见共识机制对比

共识机制	适用场景	性能效率	资源消耗	优势	劣势
PoW	公有链	低	高	简单可靠,可扩展性强	对计算资源消耗大,效率低,交易吞吐量小
PoS	公有链	中	低	缩短了共识达成的时间,降低算力浪费,扩展性强	吞吐量小,网络被攻击的风险与代币价格相关,对作恶记账无惩罚,导致分叉多
DPoS	公有链	中高	中	共识节点数量少,区块确认时间短,能耗降低,高吞吐量	同PoS,超级节点不利于普通节点参与,固定数量超级节点的选举规则有隐患
PBFT	联盟链/私有链	高	低	容错性好,共识一致性确认快,正确性程度高	算法复杂度较高,参与共识的节点数量不宜过多,会影响共识实现的效率

六、区块链的分类与主要优缺点

从开放程度上和记账权限的归属来分,区块链可以分为公有链（Public Blockchain）、联盟链（Consortium Blockchain）和私有链（Private Blockchain）。

公有链是指任何个人或团体都共用一条区块链,所有节点都能自由地加入或退出,没有进出的门槛,没有对节点的特殊要求,也没有一些特别的认证和限制。在公有链上的节点都可以发布广播信息和进行交易,而且在链上的交易在全网验证后能得到该区块链的有效确认和记账。公有链一般被认为是完全中心化的区块链。

联盟链指的是共识的形成过程会受到某些预选节点控制的区块链。在联盟链中记账节点不是所有节点，而是在联盟链当中事先确定的某些节点。这些节点负责区块的验证生成，其他节点只参与交易而不参与区块的确认过程。联盟链是半开放的，其信息数据并不面向全网，只会通过 API 对公众进行有限开放。由于联盟链的节点对于维护数据库方面不如公有链那样完全信任，需要采取类似于拜占庭容错等共识算法进行投票，才能形成对区块的验证与确认。联盟链通常被认为不是完全去中心化的模式，是一种部分中心化的区块链。

私有链大多是私人公司或者个人的内部操作系统，主要起到记账作用，链内主体才能形成和确认区块，不向外界开放，或者外界只有一定的读取权限，但没有录入、验证和确认的权限。私有链常用于大型企业内部，能够具有区块链的优势特性，实现对系统维护和数据隐私保护的安全可靠性，又能够防止机构内部机密信息对外泄露。

在节点权限上，公有链可以由任何节点参与记录维护，联盟链则由预先确定的节点参与记录维护，私有链由单一的节点参与记录维护。这些链的访问权由区块链的维护者决定，公有链是完全对外开放的链，私有链不对外开放，联盟链属于半开放状态，通过特定的接口实现访问。用户是否能访问联盟链由链中参与节点所决定，具有公有链的开放性和私有链的私密性。私有链因其不对外开放和对录入权限的限制，有助于保护链内信息和个人隐私状况。3 种链适合不同的经济社会应用场景，其选择与每个场景内在的经济社会诉求及经济伦理观密切相连。

表2-3 三种不同的区块链对比

	公有链	联盟链	私有链
特性	向所有节点公开,所有节点都参与区块验证与确认	事先确定的某些节点负责区块的验证生成,其他节点只参与交易不参与区块的确认过程。其信息数据并不面向全网,只会通过API对公众进行有限开放	私人公司或者个人的内部操作系统,主要起到记账作用,链内主体才能形成和确认区块,不向外界开放
访问权限	公开读写	受限读写(预先定义节点)	受限读写(通常为单一节点)
性能	慢	快	快
共识算法	证明类共识算法(PoW/PoS等)	传统拜占庭类共识算法(Raft/PBFT等)	传统拜占庭类共识算法(Raft/PBFT等)
身份	匿名、假名	已知身份	已知身份
举例	比特币、以太坊	Fabric	R3 Corda

区块链作为分布式数据库,与传统技术相比具有部分不可替代的优势。

(一)去中心化(Decentralized)打破垄断

区块链要求规则一致,每个节点上的参与人都按照统一规则记录交易,这一规则是基于算法而不是参与者是否遵守信用;每一节点都可以记录与储存这个区块链上的所有数据并向全系统广播,每一条交易信息的形成都需要系统内其他用户的批准。在公有链的区块链中,所有节点参与共识机制的确认,如果单一节点数据发生丢失损害,不影响其他节点和全网的数据库存储,整个网络没有中心化的硬件或者管理机构,所以区块链形成的数据库不需要第三方信用机构的批准或背书。

（二）去信任（Trustless）实现信任

不同于传统互联网模式中依靠集体共同信任的第三方机构（如征信系统）或中央节点（如银行数字证书）实现信用积累或信息匹配验证，区块链是依靠算法的自我约束解决信任问题，其系统逻辑关系保证了交易的真实安全。在区块链中，节点参与者进行交易时不需要知道交易对手的信用情况，也不需要第三方机构的交易背书或验证担保，只需要信任事先认可的算法和通过共享机制形成的可信任数据，节点之间不能也无法欺骗其他节点，任何恶意欺骗系统的行为都会遭到其他节点的排斥和抑制。这种依靠基于密码学的非对称加密和广播机制形成的可靠数据库，形成了节点之间的相互信用，完成了交易的信用背书。

在传统互联网模式下，互联网信任的形成均需要中央对手方或者权威的第三方机构进行担保，而互联网上参与人越多，信息不对称风险会随之加大，系统安全性会随之下降，信任程度反而会降低。而区块链网络中的信任是由共识机制形成的自发信任，没有第三方权威的担保评价，区块链节点越多，数据存储方就会随之增加，数据库信息数量更多，系统的安全性反而增加，对系统数据库的信任程度得到加强。

此外，区块链有助于保护节点的隐私，虽然区块链上的信息数据公开透明，但数据并未与具体人绑定，特别是公有链上更具有匿名性，图片视频等数据也是用哈希值替代，没有密钥不相干的人是无法看到具体数据的。因此能够有效地保护节点的个人隐私。这一特征特别适合在高度需要匿名保护个人隐私的领域（例如医疗数据）使用。

（三）数据的可靠性（Reliability）

中心化互联网依靠中央节点统一调度与存储管理数据库，黑客只对中心节点集中进行有效攻击，就有可能破坏整个系统或者盗窃与篡改数据库信息，系统内部人也有篡改数据的可能。而在区块链系统中，单向哈希算法的不可逆性、点对点的数据传输方式,具有数据形成可回溯的优势,篡改信息难度极大;区块链的集体参与数据存储和广播机制,使得形成的数据篡改难度极高,单独修改一个节点数据无法影响其他节点上的数据内容,对数据库的修改无效,必须同时修改51%及以上的节点才能被系统认可;而攻击单一节点同样无法控制或破坏整个系统,因为通过分布式记账,每个参与节点都拥有完整的数据备份。此外,由于区块中记录了所有数据和上传信息且数据具有不可篡改性,使得任何节点之间的价值交换所形成的信息都能被追踪和查询。因此,区块链技术下形成的数据具有难篡改和可回溯的两大特性,可以保障数据库的安全可靠,这种安全可靠性还会随着系统节点的增多而不断提高。

(四)系统的高容错性(Fault Tolerance)

区块链是分布式记账,没有集中的调度中心和服务器,因为找不到中心节点,而对几个参与节点进行攻击是无效的,对整体系统稳定性影响很小,不会出现集中模式下的服务器崩溃风险问题。同理,如果几个节点被攻击后出现了数据被篡改的情况,也不会影响到整个数据库的运转、存储及质量,具有强大的容错性,也保证了系统运行的稳定性和持续性。

> 公开透明
> 数据完整
> 时间序列化的区块
> 可追溯验证
> 不可篡改
> 加密性
> 点对点
> 去中心化

图2-8 区块链的技术特点

与此同时,区块链在技术层面还有一定的不足,这在一定程度上限制了它的经济社会应用,主要表现在:

(一)高能耗和资源浪费问题

中心化系统的最大优点是能耗较低,只在中心服务器存储即可,而区块链的分布式存储,所有信息都必须在各个节点存储一遍,占据内存空间,存在资源浪费。每次的记账权不是事先指定,而是需要多节点竞争算力来确定,这样会造成算力和电费的过度消耗。由于最后只有算力最高的节点拥有记账权,还会形成大量无效的损耗。从经济学资源配置和效率要求的角度看,它不是一种最优的资源配置方式。

(二)存储空间要求高

区块链数据难以篡改和可追溯的另一层含义是:一个区块链的数据库,从创建开始发生的每一笔交易都会被记录在内。由此,每个节点都必须下载存储并实时更新所有数据,存储空间非常巨大。例如,当前比特币区块链的容量达到了 80 GB,并且还在逐日增加,这既有能耗问题,也有效率问题,进一步限制了区块链的应用场景。

(三)处理效率低

分布式存储存在处理效率低的问题,例如现在比特币交易速度为 7 笔/秒,不适合处理实时交易,远远低于中心化的结算系统。当区块链下出现交易量过高过频的情况时,会带来交易延迟,其运行速度和处理效率无法满足部分对交易速度和处理效率要求比较高的领域的需求。

(四)区块链平台之间存在割裂

与当前互联网平台的相互竞争类似,不同的区块链系统、产品及服务之间还难以彼此兼容互联互通,依然存在割裂与数据孤岛现象。

与此相对应,区块链技术上的不足会促成下一步其技术发展的三大方向:

(一)跨链技术成为技术突破的重点。不同区块链系统之间的交互需要跨链协议支撑,但目前主流的跨链方案仅立足解决具体的业务需求,尚未形成统一的行业标准,不同区块链之间的互联仍存在障碍。未来,跨链技术将是区块链技术突破的重点领域,也亟须建立健全统一的跨链行业标准。

（二）区块链安全备受重视。区块链是一种防范数据库被攻击的安全性技术，但同时自身也会存在安全问题。从当前存在或潜在的网络破坏、信息更改和泄密的角度来看，可以从密码算法、通信协议、工程实现、使用规范等4个层面来提升区块链系统安全的保障能力。

（三）区块链高速算法亟待突破。例如，当前已经出现异步分组拜占庭共识算法，比传统拜占庭共识算法提升20倍共识效率，每秒可处理2万笔交易。目前正在试验高速区块链共识算法，交易处理效率可达10万笔/秒，已经近似于全球知名清算组织VISA的处理速度。

七、主要国家、地区对区块链的态度发展

世界各国和地区对区块链的态度经历了一个从负面否定到正面积极支持的过程。在2013年时负面声音占据了多数，例如2013年7月，泰国央行完全禁止了比特币的流通交易，成为世界上第一个禁止使用比特币的国家；8月，巴西证券交易所委员会发布的命令称，比特币投资行为被视为非法投资；年底时，澳大利亚央行行长警告比特币交易可能存在风险，韩国金融当局称比特币缺乏稳定性，因此并不拥有"固定价值"，而且对比特币缺少可测量的金融结构和指标表示担忧，拒绝比特币成为合法货币。但与此同时，美国政府首次公开承认比特币的合法性。

到2014年，虽然负面态度依然存在，但正视并支持比特币的趋势开始显现，例如泰国政府的立场开始发生变化，从禁止交易变成许可交易比特币，开始批准完全合法的比特币交易所，但只是将其作为商品而不是货币交易，美国纽约州则开始为比特币交易平台颁发业务牌照。

2015年，区块链受到了爆发式的关注，世界各国和地区政府纷纷显示出积极的态度，例如2015年3月英国央行公开承认比特币，表示正考虑是否利用这种技术来发布官方数字货币。5月,俄罗斯法院撤销禁止比特币的决定,比特币恢复了合法性;9月,美国政府将比特币作为大宗商品,由美国商品期货委员会(CFTC)进行监管,并建议用互联网初期监管方式,给予宽松的创新空间。

2016年是世界各国和地区政府态度明显转变的一年。1月,英国政府发布报告将区块链技术上升到英国国家战略层面,试图建立分布式账本系统,并表示正在进行积极评估区块链技术的潜力,考虑将它用于减少金融欺诈、错误,以及改造目前以纸张为主的流程,以此降低成本。2月,韩国最大的银行韩国国民银行宣布正研究开发区块链汇款技术,韩国央行也在同月的报告中提出鼓励探索区块链技术。日本自民党计划提交议案,建议认可比特币及其他加密货币的货币身份。4月,欧盟批准首家比特币交易公司执照。巴西银行 Itau 加入 R3 区块链集团,参与标准研究制定工作。5月,美国国防部与北约(NATO)申请开发基于区块链技术的军事类应用程序,以降低黑客攻击的风险。同期,欧盟议会举办关于数字货币及区块链技术会议,向欧盟议会成员普及区块链技术,同时把制定未来区块链技术规章制度提上日程。日本央行副行长表示,全球央行需要密切关注与数字货币和区块链技术紧密相关的发展动态。

2018年以来,世界各国和地区政府对区块链的关注普遍转移到数字货币上来,例如日本金融大臣麻生太郎曾表示欢迎加密数字货币的交易所向政府提交认证申请,德国出台了对加密数字货币的征税规定,承认比特币的合法地位。英、法、澳开展了加密货币监控的相关研究和立法工作。相比众筹、P2P贷款等技术模式,目前世界各国和地区政府对区块链技术的态度基本都转向正面,并逐步将其视为重要的发展战略。

在我国,政府对区块链的态度也经历了类似的过程,早在2013年12月,中国人民银行发布《关于防范比特币风险的通知》,称比特币不是货币而是一种虚拟商品,金融机构和支付机构不得开展与比特币相关的业务。2014 年,中国人民银行宣布成立数字货币的研究小组,专门进行数字货币的研究。2015 年,中国人民银行非公开承认数字货币。2016 年 1 月,周小川行长发表讲话提到数字货币,但当时并没有明确的数字货币的时间表。之后,中关村区块链产业联盟、中国区块链研究联盟、深圳区块链研究院、中国分布式总账基础协议联盟(China Ledger 联盟)等区块链联盟相继出现。2016 年,国务院发布的《"十三五"国家信息化规划》第一次把区块链列为"十三五"信息化的重点技术。随后,由于区块链领域又出现了 ICO 这一数字代币发行模式,干扰经济运行,带来潜在的金融风险。2017 年 9 月,我国央行联合七部委联合发布《关于防范代币发行融资风险的公告》,要求即日停止各类代币发行融资活动,已完成代币发行融资的组织和个人应当做出清退等安排。至此,国内对区块链领域的监管状态达到最高点。但与此同时,国内对区块链技术的支持态度并未减弱而一直在加强,2019 年 10 月 24 日,随着中央政治局集中学习和习近平总书记对区块链"在新的技术革新和产业变革中起着重要作用"的评价,区块链迅速上升为国家战略。2020 年至今,国内一方面对区块链技术持鼓励支持态度;另一方面对比特币的虚拟货币展示出史无前例的打压态势,从三大协会到国务院金融委发声,再到十部委联合连续发文,处置虚拟货币炒作与整治"挖矿"行为,显示出国家对比特币的强否定与严监管。

八、区块链重要平台介绍

(一) 以太坊

以太坊(Ethereum)是当今区块链平台中最具代表性的公有链项目,它既是一个平台,又是一种可以扩展的编程语言,属于区块链 2.0 的典型代表。2013年,以太坊由维塔利克·布特林(Vitalik Buterin)设计,目的是为建立去中心化的应用创建一种可替代的协议,通过搭建基础平台,帮助开发人员在此基础上建立和发布各种分布式应用。从本质上看,以太坊是一种开源平台,支持任何人基于以太坊开发分布式应用场景,并支持智能合约的运行。对有快速开发需求并对安全性要求低的项目而言,以太坊有助于缩短开发时间,帮助其加速上线和降低开发成本。以太坊是目前区块链生态世界影响最大、应用场景最多的底层公有链。

在以太坊上主要有三种应用:

1. 金融领域,包括电子货币、金融衍生品、对冲交易合约、存储钱包、遗嘱等。

2. 半金融应用,涉及部分跟货币有关的应用,但也有重要的非货币应用,例如有些为解决计算问题的自实施奖励。

3. 非金融应用,例如不涉及资金的公益投票项目和在线型管理项目等。

为激励在以太坊的开发和应用,同时建立一个闭环生态圈,以太坊也发行了以太币这种非法定的私人加密数字货币,既可以用在以太坊支付交易手续费和运算服务,也可以作为各个应用项目中涉及激励机制时给提供算力的节点的奖励。随着以太币影响的逐渐增大,它还成为其他非法定加密数字货币和一些代币换算的中介货币。

当前,以太坊的吞吐量只有100左右,虽然它也在不断提高效率,但依然存在一些问题,包括:

1. 合约漏洞。2016年 The DAO 攻击事件中,暴露出以太坊存在着不够安全的问题,也暴露出当重大灾难出现时,去中心化和提出解决灾难方案速度的两难问题,比如解决方案提交晚,节点会抱怨处理效率太低，但如果迅速提出解决方案，又会被诟病过于中心化。

2. 作恶问题。以太坊是一种开源社区，那么其中可能会有恶意程序员（而不是恶意节点），有可能出现问题时找不到负责的机构或人员，对以太坊的管理与安全性提出了挑战。此外，以太坊上依然存在着存储的难题，高耗能和低效率的通病并没有得到很有效的解决。

（二）超级账本

超级账本（Hyperledger Fabric）是 IBM 牵头发起的一个代表性的联盟链项目，于 2015 年底移交给 Linux 基金会维护，成为开源项目。目前有包括 IBM、Intel、R3、Cisco、SWIFT、摩根大通等在内的科技和金融巨头的贡献和参与，中国的华为、招商银行等机构也参与在内。

Fabric 是超级账本上实施的全球首个开源的联盟链，主要编程语言为 Go，主要由成员服务（Membership Service）、区块链服务（Blockchain Service）和合约代码服务（Chaincode Service）3 个服务模块组成。成员服务提供账户注册、权限管理等功能，保证平台的安全性；区块链服务是 Fabric 的核心组成部分，负责节点的共识、节点间 P2P 协议功能的实现以及账本的分布式计算和存储等，是区块链主体功能的底层支撑；合约代码服务则提供了一个智能合约的执行引擎，为 Fabric 的智能合约程序提供部署运行环境。与此同时，事件流（Event Stream）贯穿于三大服务组件间，为各个组件的异步通信提供技术支持。Fabric 提供了 APIs、SDKs 和 CLI 3 种接口，供用户对其进行操作管理。

当前，在带宽支持的情况下，Fabric 平均调用合约数能够达到 368.8 笔/秒；而在复杂的 10 兆带宽的广域网环境下，Fabric 平均调用合约数为 77.3 笔/秒，交易速度虽然依然无法满足大规模商用级应用，但超级账本作为联盟链,匿名性功能和抗攻击能力较强,满足商用级应用的安全等级,因而已经应用于一些小型的商业应用场景当中。

(三) 腾讯区块链

作为国内较有影响的区块链平台,腾讯区块链推出了企业级的区块链基础服务平台 TrustSQL 和 TBaaS 平台两款产品。前者主要是进行底层开发平台的研发和定制化的区块链应用落地,类似于以太坊;后者在于推进"区块链+"解决方案,为企业主动提供区块链服务。

总体上,腾讯区块链也是一个为企业商用提供服务的联盟链,既为企业提供底层技术服务,也为企业提供区块链+行业解决方案。通过两个方面加速区块链技术在各个应用场景的落地。

相比于国外平台,TrustSQL 更能支持海量数据存储,UTXO 记录10亿级以上,能够支持无限容量块文件存储。同时提供隐私数据的加解密和授权设施:用户不仅可以调用加密 SDK 进行自己隐私数据的保护,同时也可以通过解密授权完成对相关人的授权访问。在访问结束后,用户还可以动态收回授权。TBaaS 更关注于提供通用性的服务,为大量中小企业提供云端区块链服务,同时对用户身份的管理要求和隐私保护要求更高,采用基于数字证书的身份管理,以及多链隔离、信息加密、智能合约控制等手段保护隐私信息。

第二节　区块链研究的文献综述

一、区块链研究文献概述

区块链是从 2008 年才出现的新技术和新研究领域,无论从国际还是国内,它的研究都不是一个历史悠久的课题,而是近几年才逐步兴起并逐步引起各方所关注的研究项目。从图 2-9 可以看出,尽管区块链应用从 2008 年开始,但区块链技术的学术研究从 2013 年才开始起步,2015 年后进入爆发阶段。从 CNKI 以关键词"区块链"进行检索显示,在我国,其研究数量 2015 年仅有 12 篇,2016 年变为 419 篇,而到 2020 年就激增为 4 646 篇,是 2016 年文献数量的 11 倍,2021 年研究数量继续上涨,截至 2021 年 10 月底,区块链研究文献已经有 5 522 篇。按照这种增长率从增长情况可以做出预测,2022 年有关区块链的研究文献将会进一步增长,大约为 7 000 篇。

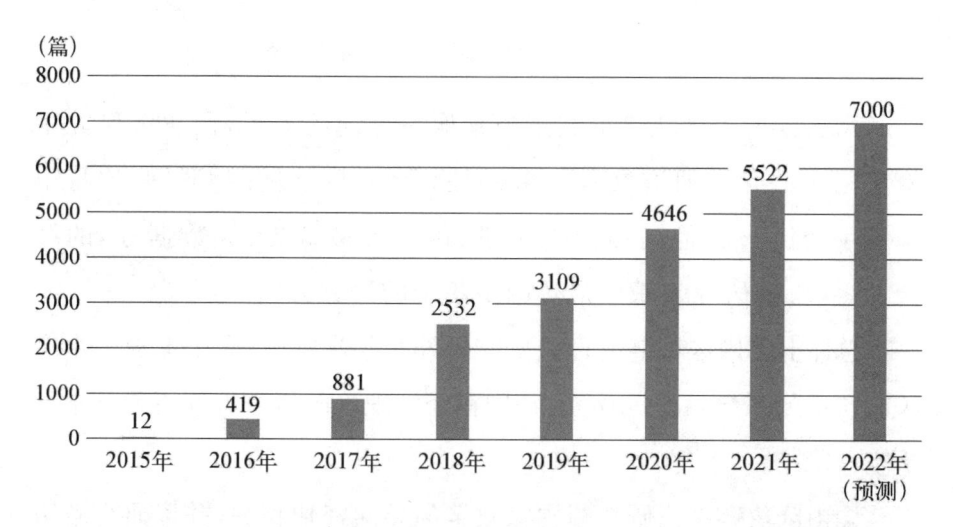

图 2-9 2015—2022 年以"区块链"为关键词的 CNKI 中文论文发表数量

这些研究大多数集中于技术发展或者场景应用,如图 2-10 所示,这些文献中关键词前三名是:区块链本身的研究(占文献比例的 57.24%)、区块链技术(占文献比例的 30.81%)、数字货币(占文献比例的 2%),智能合约、供应链金融、物联网等自然科学与社会科学领域的其他关键词也有较大的比例。

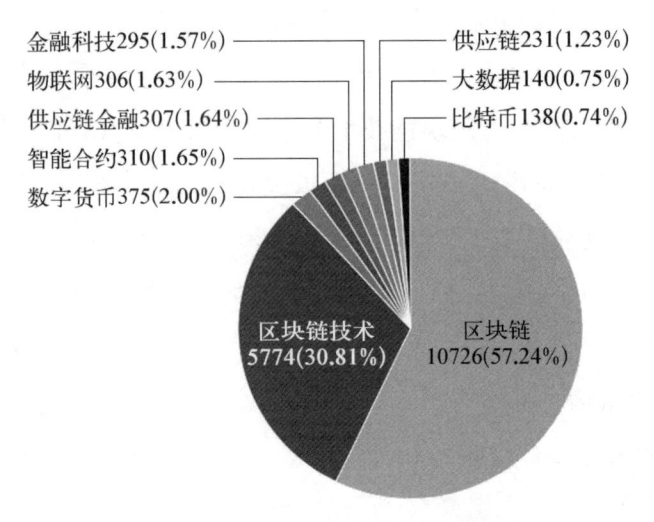

图 2-10 区块链文献研究的关键词分析

我们分析了区块链的文献与其他关键词的关系,区块链研究中有关去中心化的研究文献最多,智能合约、区块链、物联网、比特币以数字经济与其他高新技术手段(例如虚拟世界、大数据等)的结合,是区块链研究领域中最热门最集中的研究方向。

总体上国内区块链的理论研究仍处在起步阶段,尚未形成一个有关区块链的系统性研究体系,特别在经济理论的研究方面更是基本处于空白阶段。

国内区块链理论研究与国家政策的导向密切相关,并以研究政策发布内容为主。2016年,随着中国人民银行数字货币研讨会的召开,根据会议有关数字货币[①]的精神,引起了一轮研究区块链与数字货币的热潮。区块链研究从纯技术研究开始转向经济理论领域。同年,国务院

---

① 中国人民银行.中国人民银行数字货币研讨会在京召开[EB/OL].http://pbc.gov.cn/goutongjiaoliu/113456/113469/3008070/index.html.

印发的《"十三五"国家信息化规划》首次将区块链技术纳入其中,[①]又带动区块链的研究进一步深入应用领域,出现了一批区块链应用场景探讨的文章。2017年,中国工业和信息化部成立了"可信区块链开放实验室"的研究机构,以支持区块链技术在中国的持续发展,发布了多个有关区块链的白皮书,为学术研究提供了基础性资料。2018年,《人民日报》也对区块链进行过有关报道,认为区块链是一个重要的发展机遇,这都为国内区块链的研究奠定了坚实的导向性基础。

二、区块链定义的研究文献综述

区块链这一概念首次出现在中本聪在网络论坛发表的论文[②]中,但该文并未对区块链作出准确定义。之后,随着区块链技术的发展和应用领域的深入,由于对区块链技术的理解不同、学者的研究背景与知识结构不同,对区块链的定义也不尽相同。至今,虽然未能形成一个观点统一、各方公认的区块链定义,但至少可以从以下几个方面来概括区块链定义的要点。

(一)认为区块链是一种分布式数据库

这一定义是目前有关区块链的主流观点。例如区块链研究的前驱者斯万(2015)就指出区块链是一种公开透明、去中心化的数据库[③],知名区块链联盟R3的研究主管安东尼·刘易斯(Anthony Lewis,2017)认为区块链是一种既可以公用也可以私有的分布式数据库。[④] 其他包

---

① 中华人民共和国国务院.国务院关于印发"十三五"国家信息化规划的通知[EB/OL]. http://www.gov.cn/zhengce/content/2016-12/27/content_5153411.html.
② Nakamoto. Bitcoin: A Peer-to-Peer Electronic Cash System[EB/OL]. http://bitcoin.org/bitcoin.pdf.
③ 斯万.区块链:新经济蓝图及导读[M].龚鸣等译.北京:新星出版社,2016.
④ Lewis A. A gentle intorduction to blockchain technology. Retrieved from Bits on blocks[EB/OL]. http://bitsonblocks.net/2015/09/09/a-gentle-intorduciton-to-blockchaintechnology/.

括里修斯(Risius，2017)、梅海涛(2016)、童慧(2016)均为类似观点。

（二）认为区块链是一种账本或记账技术

这一定义不同于上述的分布式数据库的技术特征描述，直接把区块链的抽象的技术性落脚到实际应用，更具体地描述了区块链的重要用途。例如投资百科(Investopedia)认为，区块链是一个公共分类账本。这类概念对区块链的具体计算方式进行了详细描述，何蒲等把区块链描述为由一个个不可修改的区块组成，从首页依次"链接"至下一页的电子账簿。[①]

（三）认为区块链是一种多种技术的集成以及由多种技术构成的新技术

包括安全散列算法、非对称加密等密码学原理、分布式存储、共识算法等，经过一系列架构和设计，组合成一套集成技术群(湛麟艳，2016；颜涌，2017)。

三、区块链技术的理论研究

区块链早期研究主要集中在技术方面，特别是随着以太坊等平台的发展，技术在平台上进行了从模型到运用的检验全过程。有关区块链技术的研究文献非常繁多，涉及的细节问题更是不胜枚举。由于我们的关注点在于区块链的经济理论研究而不是技术研究，因此从区块链的特性及其可能与经济理论研究相结合的角度出发，提炼出下述几个主要方面的分类。

（一）有关共识机制的理论研究

共识机制，即多个个体达成一致的机制。早在20世纪80年代皮

---

① 何蒲,于戈,张岩峰.区块链技术与应用前瞻综述[J].计算机科学,2017(4)：1-7.

斯(Pease)等人就定义过计算机领域的共识,包括终止性、一致性和有效性等3个方面。区块链的共识主要体现在各种算法,国内的综合文献显示,区块链中共识的算法主要包括三类,分别是证明类、拜占庭类和传统类,以及在此基础上形成的算法交叉的混合类。韩璇等研究了区块链不同共识机制的组合,分析和比较工作量证明和权益证明的组合、拜占庭一致和权益证明的组合。[①] 袁勇等系统整理了区块链技术发展过程中有代表性的共识机制,将共识机制分为传统分布式一致性算法和区块链共识机制,并提出区块链共识机制的基础模型和分类方法。[②]

1. 证明类

这类文献的研究关键点在于如何使节点证明自己在确定区块的过程中付出了算力或者能力,由此使得形成的区块得到节点共识从而被确认。常见的证明类共识机制包括工作量证明(Proof of Work, PoW),[③] 权益证明(Proof of Stake, PoS)[④] 等。

德沃金(Dwork,1992)最早提出PoW的思路,当时的目的是防止垃圾邮件和DOS攻击。2008年,中本聪提出工作量证明PoW共识机制,这一算法要求节点在提出议案之前必须进行大量工作(运算),并且提出议案时必须同时提交做出大量工作的证明。之后曾有一些有关该算法的研究,例如珀西瓦尔(Percival)曾经尝试使用scrypt算法来取代

[①] 韩璇,刘亚敏.区块链技术中的共识机制研究[J].信息网络安全,2017(9):147-152.
[②] 袁勇,倪晓春,曾帅等.区块链共识算法的发展现状与展望[J].自动化学报,2018,44(11):2011-2022.
[③] Jakobsson M, Juels A. Proofs of work and bread pudding protocols [C]. Secure Information Networks. Boston: Springer, 1999:258.
[④] Kiayias A, Russell A, David B, et al. Ouroboros: A provably secure proof-of-stake blockchain protocol [C]. Annual International Cryptology Conference. Santa Barbara: Springer, 2017:357.

SHA256[①]等。

为了克服 PoW 资源消耗大、运行成本高的问题,金(King)等人设计了权益证明 PoS 算法。该算法以节点持有币数乘以持有时间作为一个节点的权益,当前权益最高的节点可能获得生成新块的权利,其设计的 PPCoin 是最早使用权益证明算法的数字货币。[②] 在此基础上,莱恩·施(Elaine Shi, 2017)提出基于睡眠模型的 PoS 共识算法,齐亚伊亚斯(Kiayias, 2017)设计了 PoS 中最为典型的 Ouroboros 共识算法,随后出现了一些派生算法,例如 Ouroboros praos 方案(Gilad, 2017; David, 2018)。在 PoS 算法上区块链技术和理念又继续深入,发展出先选取具有记账权的节点再按节点权益形成区块的 DPoS,并被验证算法是安全稳定的(Larimer, 2014; Dantheman, 2017)。

2. 拜占庭类

这是以传统的拜占庭协议为基础设计整个算法,有资格形成区块的节点主要是通过其他节点投票选举,或者在符合一定条件的全部节点随机选择。拜占庭类共识算法的典型代表是实用拜占庭容错算法(Practical Byzantine Fault Tolerance, PBFT)[③]等。事实上,拜占庭类共识机制的研究远远早于区块链的出现,阿克科云卢(Akkoyunlu)等于1975 年就提出了计算机领域的"两军问题",标志着共识算法的研究正式开始,拉波特(Lamport, 1982)提出"拜占庭将军问题",主要研究如何在存在一定的故障节点或者恶意攻击时,非故障节点达成共识的算

[①] Percival, C. Stronger key derivation via sequential memory-hard functions[EB/OL]. http://www.dsdcan.org/2009/schedule/attachments/87_scrypt.pdf.

[②] King, S. &Nadal, S. Ppcoin: Peer-to-peer crypto-currency with proof-of-stake. self-published paper, August, 2012, 19.

[③] Castro M, Liskov B. Practical byzantine fault tolerance[C]. Proceedings of the 3rd Symposium on Operating Systems Design and Implementation. New Orleans, 1999: 173.

法与概率,为后续共识机制的研究奠定了技术基础。PBFT 最早由卡斯特罗(Castro)和莱斯科瓦茨(Liskov)提出,分析了在弱同步网络下,算法可以经过 3 个阶段达成一致性,其一致性的要求不允许超过1/3的恶意节点存在。也就是说,假设总节点数为 $3k+1$,正常节点超过 $2k+1$ 时,算法可以正常工作。米勒(Miller,2016)对 PBFT 进行了改进,提出 Honey Badger BFT,可以在非同步网络条件下实现共识。

3. 传统共识类

它是将传统分布式系统的一致性算法应用于区块链系统。通常算法共识效率较高,但不支持拜占庭容错,即不考虑恶意篡改和伪造数据的拜占庭节点,典型的有 Raft 算法。[1]

4. 混合共识类

这是结合上述共识机制所做的不同组合,例如 PoW+PBFT,PoS+PBFT 等混合,利用证明类算法形成记账权,利用 PBFT 形成区块。例如伊莱恩施(Elaine Shi,2017)提出混合共识方案,一方面通过 PoW 机制选择负责验证确认交易和区块创建的委员会,委员会再通过 PBFT 进行交易和区块的共识确认。卢(Luu,2016)提出一种 Elastico 共识协议,把节点分成委员会,再使用 PBFT 协议。小蚁链(2016)提出了一种改进的授权拜占庭容错(delegated BFT, DBFT)共识算法,首先依照权益来选出记账人,再在记账人之间通过拜占庭容错算法来达成共识。[2] 吉拉德(Gilad,2017)提出 Algorand 协议,使用可验证随机函数(VRF),通过"加密抽签"的方法随机确定区块创建者,再用带权重的 PBEF 协议达到全网共识。

---

[1] Ongaro D, Ousterhout J. In search of an understandable consensus algorithm[C]. 2014 Annual Technical Conference ({USENIX}{ATC}14). San Diego, 2014: 305.

[2] 资料来源见 Onchain 发布的小蚁共识算法白皮书,https://www.8btc.com/article/85794.

还有 PoW+PoS 的组合。本顿(Bentov,2014)提出一种叫活跃证明 PoA 的共识算法,该算法采用 PoW+PoS 混合共识出块。具体而言分为两步,首先运行 PoW 算法,生成区块头,然后进行 PoS 算法在有限节点进行验证,区块经过验证后进行打包交易并广播后,新块被其他节点更新到本地账本。杜勇(Duyong,2016)和切普尔诺夫(Chepurnoy, 2017)提出并行使用 PoW 和 PoS,而不是分阶段使用不同算法。这种混合出块方式是先由 PoW 旷工挖出一个 PoW 区块,之后再由代币持有者挖一个 PoS 区块,之后再是 PoW,再 PoS,并一直这样交替下去。

(二)有关区块链安全性的理论研究

从比特币诞生之日起,比特币系统和区块链技术的安全性一直都在争论当中,按照中本聪(2008)的观点,当恶意节点掌握的算力超过全网 51% 的算力时,才有可能有效攻击比特币系统,在 51% 的算力之下,系统的安全性能得到有效保障。阿里瑞扎(Alireza,2015)、加雷(Garay,2015)、帕斯(Pass,2017)、加雷(Garay,2017)、基亚亚斯(Kiayias,2017)、戴维(David,2018)都从不同角度验证了不同共识算法的安全性与稳定性问题。

罗森·菲尔德(Roseen Feild,2014)分析了"双花攻击"对系统安全性的影响,海尔曼(Heilman,2015)提出了日蚀攻击区块链系统的方法,埃亚勒(Eyal,2015)提出了一种"私自挖矿"对区块截留的攻击技术,并于 2018 年提出了少于 51% 的算力依然可以对区块链自私系统进行攻击的理论模型。瓦塞(Vasek,2017)则通过实地采样调查,选取了四类比特币诈骗,包括庞氏骗局、开采诈骗、钱包诈骗和交易欺诈,调查结果显示,利用比特币进行欺诈的数量巨大。

林(Lin,2017)对于区块链面临的安全挑战和问题进行了综述性研究,内容涉及 51% 攻击、区块链分叉、区块链扩展性问题、交易延时问题、监管的不确定性和政策风险问题、成本问题等。此外,就比特币中客观存在的安全漏洞,穆贾雅(Mougayar,2017)也进行了列举分析,并提出了相应的解决方案。

(三) 有关区块链可扩展性的理论研究

对区块链技术的最大诟病之一是扩展性问题,因为区块链的分布式存储很消耗内存,如果不具备扩展性将会影响它的运行效率和使用范围。斯旺(Swan,2017)曾认为由于区块链应用程序 API 接口的问题,提高扩展性难度很大。

对于区块链的扩展性,一般是从链上和链下两个角度入手。从链上看,主要思路是如郑志明等所言的分片扩展,每个节点只需要处理片区内的交易,而不是全网交易。① 例如,埃亚勒(Eyal,2016)设计出两层链的 Bitcoin-NG,分有 keyblock 和 microblock 两种区块结构,在一个时间段内可以产生多个区块,由此有助于增加区块链的容量。

从链下看,扩容区块链的思路是分层扩展,减少区块链线上交易数,主要方式:1. 离线交易;2. 合并交易后上线。潘(Poon,2016)研究了线下处理的闪电网络技术(lighting network),这种技术对于区块链下交易规模与速度提升都有明显作用。在实践应用中,以太坊和 Hyperledger 提出了分片(Sharding)②的解决方案。此外,区块链的扩容还可以通过跨链和侧链实现,前者代表是瑞波 Interledger 协议③和 R3 Corda 协议;后者代表是 Liquid。④

---

① 郑志明,邱望洁.我国区块链发展趋势与思考[J].中国科学基金,2020,34(1).
② Buterin V. Ethereum 2.0 mauve paper [EB/OL]. http://cdn.hackday.io/files/10879465447136/mauve%20Paper%20Vitalik.pdf.
③ Thomas S., Schwartz E. A Protocol for Interledger Payments[EB/OL]. https://interledger.org/interledger.pdf.
④ Liquid[EB/OL]. https://www.liquid.com/.

(四) 有关智能合约的理论研究

智能合约最早由密码学家绍博(Szabo,1994)提出,他探索了数字形式的协议形成与执行过程。在区块链技术出现后,特别是随着以太坊项目的上线,智能合约得到了各界的高度关注。智能合约被定义为:"一段由事件驱动的、具有状态的、运行在一个复制的且分享的账本之上的、能够保管账本上资产的程序"。[①] 在智能合约的发展上最具代表性的是以太坊。作为一个开源性支持智能合约的公有链,以太坊为智能合约的发展提供了理论和实践上的双重尝试。创始人维塔利克·布特林(Vitalik Buterin)于2013年设立的以太坊是智能合约发展的重要平台,[②] 极大地拓展了区块链技术的应用空间。之后,智能合约技术迅速发展,包括编程语言、运行平台、安全性、可扩展性等都出现了多方尝试。例如,卢克(Luu,2016)设计出检测智能合约漏洞的工具 Oyente。[③] 比吉(Bigi,2017)运用博弈论的方法论设计出分散智能合约,同时把它放入比特币的共识机中验证该合约的可行性。[④] 万(Wan,2017)提出一种在比特币网络使用双方之间的电子签名协议,它可以提供时间戳服务。[⑤] 朱岩等把多方安全计算用于智能合约,增强了智能合约的兼容性。[⑥]

[①] Brown, R. A simple model for smart contracts[EB/OL]. http://genda.me/2015/02/10/a-simple-model-for-smart-contracts/.

[②] Wikipedia. Ethereum[EB/OL]. http://zh.wikipedia.org/wi-ki/%E4%BB%A5%E5%A4%E5%9D%8A.

[③] Luu L, Chu D H, Olickel H, et al. Making smart contracts smarter[C]. Proceedings of the 2016 ACM SIGSAC Conference on Computer and Communications Security. New York, 2016: 254.

[④] Bigi g, et al. Validation of decentralised smart contracts through game theory and formal methods[EB/OL]. http://dspace.stir.ac.uk/bitstream/1893/23914/1/bHalo-Degano2015.pdf.

[⑤] Wan Z, Deng R, Lee D. Electronic constract signing witbout using third pairty[EB/OL]. http://skbi.smu.edu.sg/sites/default/files/skbife/pdf/asset%20allocation%20-%20Constract Signin-CR.pdf.

[⑥] 朱岩,宋晓旭,薛显斌等.基于安全多方计算的区块链智能合约执行系统[J].密码学报,2018,6(2):246.

四、区块链作用的经济学研究综述

(一) 对区块链作用的正面评价

世界经济论坛创始人兼执行主席施瓦布认为区块链是"第四次工业革命"的关键技术之一。全球区块链商业委员会首席执行官桑德拉罗认为:"区块链对大多数行业和日常生活的关键领域可能产生影响""未来能够胜出的组织将会是那些拥有明确而全面的区块链战略的组织"。[①]

肖风(2018)认为,"区块链技术出现后,可以更好地发挥自组织在经济活动中的治理效率,更好地发展自组织带来的对社会福利的贡献。未来,市场机制、政府管制和自组织治理这三者会相得益彰。在数字世界将会有一套新规则来治理越来越数字化的经济,其中更有效的是分布式商业,是自组织"。[②]

Pazaitis(2017)从价值判断入手,分析区块链对共享经济及其价值创造方面具有重要作用,并探析了区块链对经济协作、分布式治理和分配领域的公正如何发挥作用。[③] 科科(Cocco,2017)认为区块链具有节约银行交易成本从而成为金融基础设施的潜力。焦瑾璞等从交易成本角度认为区块链有助于降低人力资源成本和中介机构基础设施成本,提高了交易效率。[④] 戴维森(Davidson,2016)从交易成本理论和公共选择理论的角度提出"区块链经济"(Blockchain Economy)的说法,认为

[①] 链虎财经.达沃斯世界经济论坛大佬们怎么看区块链与加密货币[EB/OL]. http://www.yidianzixun.com/article/0LcyYocI.

[②] 肖风.区块链与加密经济学[EB/OL]. http://www.sohu.com/a/225437321_774221.

[③] Pazaitis, A. Blockchain and value systems in the sharing economy: The illustrative case of backfeed[J]. Technology Forecasting & Social Change 125(7): 105-115.

[④] 焦瑾璞,孙天琦等.数字货币与普惠金融发展——理论框架、国际实践与监管体系[J].金融监管研究,2015(7): 19-35.

区块链这种分散化的制度安排可以使系统更强大、灵活、安全和高效。伦迪(Lundy,2016)认为区块链具有可能通过分散信任来开启共享经济2.0时代。① 克里斯托夫(Christoph,2019)讨论了区块链在限制机会主义行为、环境与行为的不确定性上的作用,并有助于降低交易成本。

(二)对区块链发展和应用的担忧与争议

一些学者对区块链的迅猛发展以及带来的负面影响提出了担忧,主要存在以下3个方面:

1. 对区块链泡沫的担忧。例如鲁比尼(Roubini,2018)认为区块链是"有史以来泡沫最多的技术之一",加密货币的价值最终会趋向于零。②

2. 对加密货币合法性的质疑。例如,斯滕尼斯(Stennis,2019)认为"加密数字货币不是一个伟大的交换单位,他们没有价值而且速度慢"。

3. 对区块链上交易合法性问题的质疑。例如杨晓晨(2014)认为区块链会面临较大的政策风险,斯特林厄姆(Stringham)认为区块链虽然有各种优势,但依然存在合约执行的合法性问题,特别是没有得到中央政府的合法化认同。③

(三)区块链经济学理论框架研究

虽然对区块链的经济学研究数量很少,重要文献出现得不多,但已

---

① Lundy, L. Blockchain and the Sharing Economy 2.0, IBM Developer Works, 2016.
② Roubini, N. Bitcoin price will crash to zero.[EB/OL]. https://www.cnbc.com/2018/02/06/bitcoin-price-will-crash-to-zero-nouriel-roubini-says.html. 2018.
③ Stringham, E. Private Governance[M]. Oxford University Press. 2015.

经有一些结合经济理论所做的思想性和概念框架性的研究,也越来越受到经济学家们的关注。例如戴维森(Davidson,2016)就认为区块链跨越了新技术或货币经济学的框架,成为经济学研究的新对象。[1] 目前,经济理论界关于区块链的研究主要包括以下几个方面:

1. 对于加密经济学的框架搭建

密码经济学是密码学和经济学的结合,重点关注密码结合激励机制(大部分情况下用加密数字货币代表)来重新设计经济体制、组织架构的安排,激励机制是密码经济学者们关心的对象。布特林(Buterin,2015)提出了加密经济学的英文名词——Cryptoeconomic,认为它等同于运用激励手段的加密共识协议。[2] 巴比特(Babbitt,2015)认为区块链是能够替代市场和组织,通过建立一种不受空间、政治和法律约束的制度安排,对分布式数据库中的交易进行配置。[3] 陈(Chan,2017)提出区块链可以建立信誉网络,运用智能合约记录交易行为,丰富加密经济学的实践操作。[4] 在国内,肖风认为加密经济学是区块链对工业经济的很多经济规则要进行重构,是自组织对组织的替代。[5]

2. 对区块链的制度经济学研究

事实上这部分研究与加密经济学有一定的重叠,但更聚焦于使用交易成本等指标探讨区块链对市场和组织的替代。例如戴维森(Davidson,2016)运用制度经济学方法,认为区块链是一种新的制度技

---

[1] Davidson, S, et al. Economics of blockchain [EB/OL]. http://ssrn.com/abstract=2744751, 2017.
[2] Buterin, V. Vision part I: The value of Blockchain technology [EB/OL]. http://blog.ethereum.org/2015/04/13/vision-part-1-the-value-of-blochchain-technology. 2015.
[3] Babbitt, D, et al. Cryptoeconomic Design: A proposed agent-based modeling effort.[EB/OL]. http://www3.nd.edu/swarm06/SwarmFest2014/Babbitt.pdf. 2015.
[4] Chan, S, et al. A Statistical analysis of cryptocurrencies[M]. Journal of Risk and Financial Management 10(2): 12-35,2017.
[5] 肖风,区块链与加密经济学[EB/OL]. https://www.sohu.com/a/224659337_617173. 2018.

术,使新型合约和组织成为可能,并探讨了区块链作为一种新的治理机制,与企业、市场之间如何实现替代。①

3. 构建区块链通证经济学

通证经济学同样是从加密经济学进行的延伸,主要聚焦于通证这一激励手段的经济意义和对经济运行的影响。例如,海恩(Hine,2018)研究了通证的内在价值,并定义通证经济是通证分配方式的经济行为。② 萨维利耶夫(Savelyev,2018)进一步强调通证是区块链中进行交易的价值载体。③ 总体上,通证经济学认为通证是区块链系统中的激励手段,有助于提高节点的积极性。节点做出的贡献越大,就能得到更多通证,从而推动更多更顺畅的协作,又能进一步提高通证价值。张路(2019)运用博弈论分析方法,证明引入区块链技术和设计激励相容的合理机制,通过不可抵赖的记账行为,保证共识的生成,成为合作的纳什均衡,实现个人理性与集体理性的统一。徐明星等(2019)也系统研究了通证经济的原理、技术和未来发展。

4. 对区块链目标抉择的研究

认为区块链存在"三元悖论"的目标抉择,类似于宏观经济目标的相机抉择一样,也类似传统货币银行学的"不可能三角"问题。区块链的共识机制无法同时满足"去中心化""高效低耗"和"安全"这三个要求。④

---

① Davidson, S, et al. Economics of blockchain [EB/OL]. http://ssrn.com/abstract=2744751, 2017.
② Hine, J.F, et al. Token economies: Using basic experimental research to guide practical applications[J]. Journal of Contemporary Psychotherapy, 2018, 48(1): 145-154.
③ Savelyev, A. Some risks of tokenization and blockchainzation of private law[J]. Computer Law & Security Review, 2018, 34(1): 863-869.
④ 陈一稀.区块链技术的"不可能三角"及需要注意的问题研究[J].浙江金融,2016(2):17-20.

五、区块链应用领域研究

美国学者斯旺(Swan,2016)在其著作《区块链:新经济蓝图及导读》中将区块链的应用阶段分为区块链1.0、区块链2.0、区块链3.0。区块链1.0被认为是可编程货币,即数字货币领域的创新,如货币转移、兑付和数字支付系统等;区块链2.0被定义为可编程金融,是指合约方面的创新,如股票、债券、期货、贷款、智能资产和智能合约等更广泛的非货币应用;区块链3.0被定义为可编程社会,更多对应人类组织形态的变革,包括在政府、健康、科学、文化等方面的应用。由于区块链与现实结合的研究中,有关数字货币的研究内容繁多而且自成体系,既有应用研究,更有大量的货币银行学和宏观经济学理论研究。因此,本部分我们将主要研究数字货币以外的区块链应用研究,而把数字货币研究单独列出进行综述。

(一)区块链在金融领域的应用综述

由于比特币的巨大成功和当前区块链技术上的高耗能,使得区块链的应用多选在低频高价值领域,金融领域成为区块链技术应用研究的首选。斯旺(2015)认为区块链上能够形成数字资产,从而进行金融交易行为。当前,金融领域的区块链应用研究主要集中在支付清算、供应链金融以及数字货币这三个领域。

支付与结算领域历来是金融机构以及监管机构央行最核心的业务之一,也是中心化最突出的领域。因此,区块链技术应用于支付领域是对中心化金融思路的强烈冲击。在支付清算领域,凯利(Kelly,2015)认为区块链在跨境支付中步骤少、风险较低。徐明星(2016)、赵增奎(2017)、王娟娟等(2018)探讨了区块链在包括国际贸易和"一带一路"中的跨界支付与清算的应用。欧洲清算银行(2016)、库尔特·范宁

(Kurt Fanning，2016）都肯定了区块链在交易结算方面的强大优势。

在供应链金融方面，宋华（2016）分析了区块链通过权益证明和物流运作证明两个方面优化供应链金融。桑杰（Sanjay，2017）研究了智能合约对现金流的管理作用。温远征（2017）的分析认为区块链可以提升银行的贷后管理效率，提高核心企业的科技整合能力。朱兴雄（2018）则从征信的角度研究了数字资产和数字签名防范供应链金融风险。马小峰等（2018）、朱兴雄等（2018）研究了区块链在供应链金融方面的应用。

此外，在金融的其他领域还有很多应用研究，例如，聂舒等（2016）分析了区块链对数字票据的技术和优势与不足，徐忠等（2016）研究了数字票据交易平台的出版方案，龚鸣（2016）分析了区块链技术对证券交易的颠覆性，车卉淳等（2018）认为区块链将成为实现普惠金融的关键环节。吴桐等（2018）、张礼卿等（2019）认为推动区块链在金融领域的应用，必须进一步完善区块链金融监管治理框架。吴银海等（2019）探讨了区块链技术在碳排放权的配额和交易以及碳金融产品开发方面的应用设想。冀宣奇（2019）提出了区块链在碳金融交易的过程框架。

（二）其他领域的应用研究综述

在农业领域，区块链应用的研究较多，大多集中于农产品的溯源。金姆（Kim，2017）搭建了基于区块链的供应链溯源模型，里诺等（Reno，2019）运用区块链和食品质量指数为餐馆提供了食品安全溯源标准模型。希特里（Kshetri，2019）认为区块链能够为食品供应链带来透明与可追溯的优点，并列举了如沃尔玛、京东在内的大型零售商在供应链上的区块链应用。周雄（2019）搭建了农产品安全溯源体系的初步模型。王志铧（2019）提出了基于区块链的农产品柔性可信溯源解决方案，将联盟链超级账本作为区块链实现方式，并以生姜为案例进行了场景设计。徐健等(2019)研究了食品安全场景下的企业与消费者的博弈过程以及区块链对其策略的影响。沈友恭等(2019)设计了区块链技术下阳澄湖大闸蟹溯源防伪流程。史亮(2019)搭建了基于区块链的果蔬农产品安全追溯体系。张冠湘(2019)研究了有机蔬菜认证与溯源的分析模型。兰秀文(2019)研究了区块链在食用菌质量安全追溯上的应用。

中药材领域也是农产品溯源当中的一大类,徐科等(2018)、曹国钧等(2018)研究了区块链技术应用于中药溯源的结构及业务模型,搭建了基于区块链技术的中药溯源创新体系与溯源平台。徐特等(2019)探讨了区块链技术在黄芪产业信息平台的建立、黄芪相关产品的溯源、供应链优化和智能合约等方面的应用。

此外还有对农产品供应链的分析,例如克里斯托夫(Christoph,2019)运用交易成本理论研究了区块链对供应链的作用。陈婧(2019)分析了区块链在农产品供应链应用中存在的问题,例如用户接受能力差、供给问题、数据信息丢失、工作人员素质差等。李(Lee,2017)分析了区块链在重塑消费电子商务中的作用,提出它能够满足消费电子商务供应链管理对信息透明度更高的需求,满足生产者、消费者对产业链全过程信息真实性的需求,推动电子商务的发展更加安全与透明。

医疗领域也是区块链应用研究的重点领域。余(Yue,2016)探析了区块链如何应用于医疗健康数据管理,构建医疗数据网关,实现保护患者医疗健康隐私和医疗部门数据共享的双赢目的,勒尔斯(Roechrs,2017)构建了个人医疗数据的分布式架构模型OmniPHR,阿扎里亚(Azaria,2016)探讨了区块链在医疗电子病历MedRec上的应用。雷德曼(Redman,2016)研究了区块链在电子处方方面的应用。达格尔(Dagher,2018)提出了以区块链为核心的电子健康档案管理模型,利用智能合约合理安排信息访问权限和字段分类以及医疗数据的隐私性保护。梅颖(2017)研究了区块链在医疗数据安全记录上的使用。胡安(Juan,2018)认为区块链去中心化的特点有助于应用于医疗数据、电子病历、医疗合法性、科研、医疗信息大数据分析以及对医疗服务付费规则等方面。李(Lee,2018)研究了通证在医疗健康产业(主要是医疗数据存储)中的应用。马骋宇(2018)研究了运用区块链技术的医疗信息共享系统。许岩(2018)、彭坤等(2018)分别研究了区块链在电子病历、药品溯源、可穿戴化设备数据、医疗保险、医疗质量安全管理、医疗数据安全和医疗教育等几个方面的应用场景。余(Yu,2019)对私有链下区块链应用于医疗领域进行了实证研究,通过对私有链内300个患者信息交换速度的测算,得出结论,区块链在私有链中可以对患者信息进行有效交换,但需要很多配套措施,例如降低数据的SIZE(容量),减少操作成本,以及做好对患者信息的隐私保护。此外,王海隆(2017)研究了区块链技术在中医药领域的应用展望。肖丽等(2018)研究了中医云健康系统中区块链对数据的保密处理。这些都是医疗领域区块链应用的一个分支。

在城市建设方面,沙姆(Sharma,2017)提出Block-VN模型,引用区块链进行智慧城市车辆管理,优化交通网格化结构,提升管理的效率与透明度,并继续于2018年提出区块链运用于智慧城市的混合架构,解决智慧城市可持续发展问题。格林(Green,2017)构建了分布式双向能源系统,实现电力资源等能源的去中心化多主体分布式管理。李(Lee,2017)研究了物联网中区块链的应用。多里(Dorri,2017)研究了区块链在智慧家庭中的应用,保证家庭信息的隐私性。迈赫穆德(Makhdoom,2019)研究了在智慧城市中如何使用区块链实现个人隐私保护和信息安全,并设计了PrivyCoin来实现这一目的。

在工业和整体产业应用方面,米斯特里(Mistry,2019)研究了区块链在5G物联网时代对智能工业的影响与挑战。瓦达那(Wattana,

2019)研究了区块链与物联网融合后的特性、挑战与商业机遇。肯尼迪(Kennedy，2017)分析了区块链在添加剂制造业防伪措施当中的应用。工业互联网产业联盟(AII)和可信区块链推进计划(TBI)于2019年发布了《工业互联网应用白皮书》，其中涉及区块链在工业当中的技术、应用场景等，设计出助力工业安全、提高工业生产效率、帮助服务型升级、促进数据共享和柔性监管方面的应用场景。朱立峰(2019)提出搭建"工业互联网＋区块链"平台。拉提(Rathee，2019)研究了区块链技术在实现无人驾驶安全性上的应用。孙柏林(2018)介绍了海外发达国家区块链技术在各自产业上的布局，并聚焦区块链＋制造业，探讨区块链在制造业上的应用和案例分析。丁伟等(2018)认为可以通过分布式存储和智能合约实现可再生能力和电力的交易。

公益慈善方面的区块链应用很多，许多项目都已经落地。理论研究方面，希金斯(Higgins，2016)从慈善捐助的角度设计了智能合约，确保捐款能够直达接受人。李贺(2019)研究了基于区块链技术的慈善系统模型，搭建含有捐款人、被捐助人、慈善运营组织和善款使用机构在内的区块链平台。何飞等(2019)提出了一种基于区块链技术的慈善捐助系统设计方案，并在该系统中引入了智能合约技术。谭文安(2019)以以太坊智能合约为基础，设计了可信捐款平台。

社会治理是区块链3.0最关注的领域，以理论指导应用的研究文献也很多。例如斐利比(Filippi，2016)搭建了去中心化的政府治理架构，谢尔曼(Shermin，2017)研究了区块链对减少政府腐败的积极作用。杨东(2018)提出了以链治链的共票理论，帮助政府进行社会治理。闻骏等(2018)研究了区块链在国家治理中的角色定位，认为区块链技术的应用也体现了国家进行生态治理的能力。王毛路等(2018)分析了政务领域应用区块链的必要性，重点描述了房管部门的产权登记、文化部门的知识产权保护、教育部门的学历信息和学术成果的存证管理、税务部门的纳税证明、审计部门降低成本提高效率、食品药品监管部门的产品防伪溯源、财税部门的电子票据验真、金融监管部门的风险防控和事前监管等具体政务业务应用场景。

此外,区块链在版权、学术研究等方面的应用也有相对应的理论和实证研究,例如,奥黛尔(O'dair,2017)探讨了区块链在唱片行业版权管理上的应用等,认为区块链有助于保障版权所有者的权益,降低版权管理的成本。思比尔泊因特(Spearpoint,2017)研究了区块链在学术同行评审进度与有效性上的应用,等等。

六、数字货币领域的理论与实证研究综述

(一) 数字货币的理论渊源、定义与分类

数字货币,特别是非法定数字货币的研究基础源于哈耶克。哈耶克曾提出放弃法币,实行"货币非国家化",由私人发行货币,通过竞争形成市场内生的货币体系。[①]

根据姚前(2016)的观点,"数字货币"(digital money)概念最早来自肖蒙(Chaum,1982)。但是,与数字货币相联系的电子货币、虚拟货币等概念先后都被使用过。最早接受的是电子货币,这是有法定货币支撑的。[②]

2008年,中本聪(Nakamoto)在论文《区块链:一种点对点的电子现金系统》中提出比特币概念,被认为是第一代数字货币的发展起点。[③] 2009年,以区块链技术为核心的比特币诞生,开创了一种不基于银行存

---

① Hayek, F. A. Denationalization of Money-The Argument Refined. The Institute of Economic Affairs[EB/OL]. https://mises-media.s3.amazonaws.com/Denationalisation%20of%20Money%20The%20Argument%20Refined_5.pdf.
② 姚前.中国版数字货币设计考量[J].中国金融,2016(12):26-27.
③ 孙皓原.数字货币发展思考[J].中国金融,2016(16):80-81.

款账户的价值存在和资金划转方式,体现了去中心化、可信任和分布式记账的技术构架特征。近年来,随着区块链、智能合约技术进一步发展,数字货币的功能得到进一步扩展,出现了第二代数字货币。第二代数字货币提升了支付功能,具备了发行数字化资产凭证、媒介融资等新功能。随着私人数字货币的发展,研究和发行主权数字货币成为很多国家中央银行的重要议题。

(二) 数字货币的作用与风险研究

孙皓原(2016)分析了数字货币职能的开拓性,包括充当媒介、发行金融产品和与基础资产挂钩,以此提高数字货币的接受度等。范一飞(2016)研究了我国央行准备发行的主权数字货币,对金融体系改变货币结构、提高监管效率等6个方面有重要影响。[①] 马里蒙(Marimon, 2003)认为数字货币会影响央行货币发行和货币政策。温信祥等(2016)则从数字货币的风险入手,分析了数字货币可能带来的违法犯罪现象。[②] 王信(2016)列举了数字货币虚拟性的潜在风险,包括:洗钱及恐怖主义融资风险、结算风险、诈骗风险、金融稳定相关风险等。[③] 总体上,文献对数字货币的研究,大多是把法定数字货币与私人加密数字货币混合在一起,没有进行区分。实质上两者存在较大差异,需要分类研究其作用与风险情况。

(三) 区块链对数字货币的应用研究

数字货币可以使用区块链技术,但也可以不使用区块链技术,本部

[①] 范一飞.中国法定数字货币的理论依据和架构选择[J].中国金融,2016(17):10-12.
[②] 温信祥.数字货币对货币政策的影响[J].中国金融,2016(17)24-26.
[③] 王信.虚拟货币及其监管应对[J].中国金融,2016(17):22-23.

分将聚焦于运用区块链技术的数字货币,其中部分文献是对法定数字货币的研究,部分则研究私人加密数字货币。学术界对法定数字货币应用区块链技术提出了很多积极的设想(伍旭川,2016;杨涛,2016)。部分学者还设计了基于区块链的货币技术实施方案(王永红,2016;姚前,2016/2017),徐忠等(2016)分析了我国数字货币的整体理论。部分学者分析了采用区块链技术对数字货币带来的优势(周永林,2016;李扬,2016;Hill,2016)。同时,也有一部分学者对法定数字货币提出了疑虑,认为当前技术与条件都不够成熟,推出数字货币言之过早(Luther,2013;Dwyer,2014;Weber,2016)。总体上,这些反对观点都是早期出现的,在当前各国央行纷纷布局数字货币之际,无论是从理论观点还是实践探索来看,数字货币是大势所趋,积极布局抢占主动,是学界的共识。

就私人加密数字货币而言,不同于币圈对其的狂热推崇和炒作,学术圈更多是理性分析其风险,例如吴晓灵(2014)认为,比特币等私人加密数字货币(当时被统称为数字货币)注定无法成为法定货币。艾伦(Allen)和达西(Darcy,2015)分析了比特币和数字货币对全球经济秩序的挑战,认为其中有有利的一面,也有负面的冲击。

第三章 区块链作用机理的微观研究

第一节 基于交易成本的区块链作用研究

一、制度经济学基本原理与研究核心

制度经济学，从字面意思理解，是把制度作为研究对象的经济学，研究制度对经济社会发展的各种内生与外生作用，以及经济生活发展对制度变动的反作用。制度经济学非常关注价格机制之外的因素对经济行为和发展路径的影响，因而制度、法律、历史、社会等非市场机制下的外生要素都是制度经济学关注、分析的对象。制度经济学的研究可以追溯至19世纪40年代李斯特为代表的德国历史学派的研究。19世纪末20世纪初，凡勃伦、康芒斯等的研究形成了制度经济学的学说，之后，科斯、诺斯等经济学家通过研究交易成本对制度演变的作用，形成了新制度经济学。新制度经济学在研究方法、研究对象，特别是对交易成本的研究重视程度与旧制度经济学不同，因而被称为新制度经济学。新制度经济学的主要观点很多，而与本章研究相关的核心观点主要包括以下几个方面。

（一）交易成本是新制度经济学的核心

交易成本又叫作交易费用，是指在建立商品交易的过程中，还没有

被易主就损耗掉的成本,此外还包括与交易行为所伴随的搜寻成本、商谈成本、执行成本等。例如威廉姆斯把交易成本分为:搜寻成本、信息成本、议价成本、决策成本、监督交易进行的成本、违约成本。这些成本又可以分为事先(比如搜寻、谈判、保障契约等)和事后(适应性成本、讨价还价成本、建构及运营成本、约束成本)等两大类。[①] 威廉姆斯把交易成本视为其构建理论大厦的根基,甚至把与它相关的理论归结为交易成本经济学(Transaction Cost Economics)。

(二)组织与市场的替代源于交易成本的不同

由于交易成本在新制度经济学中的核心地位,对此进行研究的理论也常被称为交易成本理论,其基本分析单位是交易(而新古典经济学的基本分析单位是对稀缺资源的行为选择)。按照交易成本理论的观点,根据是否进行交易进行区分,能够分出组织和市场这两种可相互替代的配置资源和进行交易的手段。[②] 在一个经济体中,评价一项制度安排的效率主要以交易成本的高低来评价,由此选择组织内部进行某些经济活动还是通过市场机制进行,决定因素也是交易成本。企业存在的意义也在于对交易成本的降低,由此带来更有效的资源配置。降低交易成本,是推动高效的经济组织和治理结构形成的主要原因。因为市场机制存在一定的"外部性"导致的价格机制失灵,由此带来了企业存在的价值问题。在制度经济学中,治理结构的形成与最小化交易成本密切相关,一般来说,在制度经济学中所谓的治理结构往往是通过比较交易成本来确定是否由市场调配资源还是在企业组织(内部)。例如科斯认为市场运行中存在信息不对称等交易成本和摩擦成本,而通过

---

① Williamson, O. E. Transaction cost economics: The comparative contracting perspective [J]. Econmic Behavior Organization, 1987, 8 (4): 617-625.

② 具体分析参见 Elmasri, R., Navathe, S. Fundamentals of Database Systems [M]. Pearson, New York, 2015.

企业这一组织同时在企业中引入一个权威（企业家）配置资源，有助于节约某些市场运行成本。科斯是把企业当作一种资源配置方式。企业之所以存在，是因为它的存在可以降低配置资源的成本。然而，由于交易内部化并不是没有交易成本，管理者依然要在组织内进行监督、谈判，同时交易的各方可以不再有那么多积极性，因此，决策者要在交易成本和科层内部交易成本之间进行权衡。

（三）影响交易成本的主要因素包括资产专用性、交易特性与不确定性

交易成本理论的关键在于威廉姆斯所分析的两种假设前提：

1. 人的因素，包括有限理性和机会主义。有限理性是指人们由于认识上的现状，不能对稀缺的世界作出正确的反映。一个个体在进行行为选择时通常希望自己足够理性，但由于信息限制，个体常常难以确切知道未来及他人的决策。在经济行为当中，有限理性是一种常态，由此，高不确定性也是经常存在的。在这样的条件下，未来交易不太可能考虑到所有不可预见的事情，人们因此需要测量成本和签订契约的成本。机会主义是指对方追求自我利益中存在的风险，例如隐藏信息、欺骗、违约等，进行投机取巧、为自己谋取更大利益等投机行为。为了防止机会主义，交易方会进行监督等，也存在着交易成本。

2. 环境因素，主要是不确定性和小数目条件。就不确定性而言，可以分为行为不确定和环境不确定。行为不确定性是指交易方策略的隐蔽、伪装及扭曲信息等行为。在这里，行为不确定性就与机会主义联系起来。因而对机会主义的研究成为研究交易成本的核心因素。在小数目条件中，威廉姆斯特别强调了资产专用性作为小数目条件的决定性因素，从而又将资产专用性引入交易成本分析中。

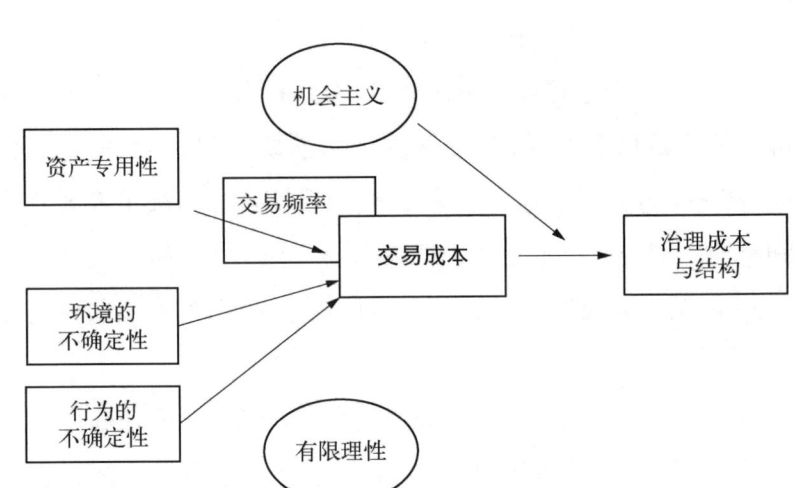

新制度学中有关交易成本的分析架构可以用图 3-1 表示：

图 3-1　交易成本理论框架[①]

在经济交易中，影响交易成本的 3 个要素包括：资产专用性投资、交易特性和不确定性(Williamson,1975,1987)。依据威廉姆斯的定义，所谓资产专用性，与资产通用性(Asset Homogeneity)相对，是指在不牺牲生产价值的前提下，资产可用于不同用途。[②] 资产专用性意味着该资产的通用性和市场流动性不强（甚至完全没有流动性），该资产主要是因为合同需求定制出现的，如果订购合同终止，资本很难用于其他领域，投资成本很难收回，由此在合同之外几乎没有任何使用价值和价值。资产专用性不仅包括固定资产，还包括人力资本类的专用性。

交易特性主要包括交易频率(frequency of transaction)和交易规模(volume of transaction)，交易的频率越高，交易规模越大，相对的管理成本与议价成本也升高。交易频率和交易规模的升高使得企业会将该

[①] 图形参考自 Christoph, G.et al. Blockchain and supply chain relations: A transaction cost theory perspective[J]. Journal of Purchasing and Supply Management, 2019(25): 56-58.

[②] 胡浩志,吴梦娇.资产专用性的度量研究[J].中南财经政法大学学报,2013(1):38-46.

交易的经济活动内部化以节省企业的交易成本。在实证研究中,这部分因素经常被忽略不计。

不确定性是指交易过程中各种风险的发生概率,包括环境不确定和行为不确定两种,环境不确定意味着可能存在潜在的规则制度、政治或经济环境的改变,由此增加了签订契约的难度。行为不确定存在的主要原因在于人们的有限理性,导致对未来的发展既没有充满信心,又不能实现准确预测,在交易双方存在信息不对称的条件下,往往以签订契约的方式保障自身利益。不确定性的客观存在,增加了交易双方的信息发现成本、监督成本和议价成本,由此提高了交易成本。

(四)交易成本理论认为纵向一体化可以减少交易成本

上述因素的存在,特别是资产专用性的存在,使得完全靠市场配置资源的经济交换行为会造成极高的交易成本,因而可以把具有资产专用性的交易合并起来,把本来分开的两个交易企业进行纵向一体化合并,减少资产专用性和不确定性带来的交易成本。

二、区块链降低交易成本的经济分析

综上所述,由于资产专用性与不确定性的存在,导致市场交易中存在大量交易成本,影响到市场机制作用的发挥,也使得企业的存在具有意义,并改变了治理结构,导致企业规模逐渐增大。然而,在区块链出现后,将会通过解决资产专用性与不确定性问题,帮助强化市场机制的作用,从而改变治理结构。本部分将对此进行比较与论述。

(一)区块链有助于消除资产专用性所带来的机会主义,降低安全保障维系的交易成本

安全保障问题一般出现在谈判力量极度不对称和依存度高的领域,特别是具有资产专用性的领域。资产专用性意味着巨大的专用性投资被

下,信息不对称会导致事前或事后的机会主义行为,而区块链通过减少和削弱信息不对称,来防止机会主义。

在事前行为中,具有信息优势的交易者会保留部分信息以便实现更多的自身利益。而使用区块链技术后,在交易之前,所有的交易者都要提供相同信息给所有的交易方共享,这意味着在建立交易关系之初,所有交易方的初始信息水平都是等同的,这些可获取的有关过去交易行为的记录能够使交易各方更科学地评估未来和潜在交易者的可信度,确定其交易的数量与质量。由于在长期交易行为中,企业商誉是一项非常重要的决定项,通过提高企业历史交易行为记录的透明度有助于交易各方充分了解企业商誉,而负商誉会对交易行为以及对该企业在未来的交易关系形成带来负面影响。依靠区块链的标记有助于减少为选择合适交易对手方而付出的搜寻与治理成本。

事后机会主义行为主要是指企业在整个交易与履约过程中隐藏了自己的行为,而对手方并不知道例如生产过程、管理过程、产品质量等信息,从而导致对手方利益受到损害。通过区块链技术,交易各方都可以了解到生产过程、产品耐用性等细节,消除生产交付过程中的信息不对称,为对手方的策略评价和事后监督提供更加坚实的基础。在此基础上更延伸一步,如果所交易的产品是公共服务产品,那么全体公众都可以通过区块链监督提供公共品的企业的生产行为,由此提高公共产品生产与服务的透明度。

(三)区块链有助于减少环境不确定性带来的交易成本

1. 区块链有助于降低合约签订的不确定

环境的不确定性主要是由需求、供给、技术、法律法规和经济政策与环境变化而引起的。如果合约是一种长期的交易,且交易者尚未建立信任关系,环境不确定性问题会导致合约难以签署,主要原因在于企业决策者很难预期所有可能发生的情形与风险,特别是决策者本身也存在着有限理性。由此,环境不确定下的交易合约往往都是不完全的。企业为了应对不断地再协商和不断地适应环境变化,产生了新的交易成本。瓦格纳和博德(Wagner and Bode,2008)等的研究显示,提高信息共享程度和透明度有助于减少供求双方所面临的不确定性。[1] 而区块链正是一种提高信息透明度的技术与制度安排,它提供了可信的即时与历史数据,消除合作交易中所面临的不确定性。由于交易中的环境不确定性是一种客观而长期的存在,区块链为此通过两种途径予以支持:

(1)区块链提高了企业内部的信息透明度。企业自身的状况和运行与商品的库存、生产过程、质量控制等密切相关,区块链帮助决策者掌握更多企业内部信息,便于提高其决策的效率,并能平滑和缓和市场环境变动的波动性风险。内部流程的理顺有助于让生产过程变动更加灵活可调整,从而缓和环境不确定所带来的冲击。此外,提高内部管理与控制力也能根除由于内部原因所造成的不确定性的不利影响。

(2)区块链能够提高交易各方的信息透明度。由于交易方通过区块链进行了信息共享,使得各方都能扁平化地获取信息,提高信息交换的效率与质量,为交易各方提供了一种更有效的产品、服务、财务等信息流,带来了数据分析能力的增强和透明度的提高,由此提高企业预测市场与安排生产的能力。智能合约与大数据和机器人学习技术相结合,通过信息的聚集和自动调整,有助于决定生产速度与精

---

[1] Wagner, S.M., Bode, C. An empirical examination of supply chain performance along several dimensions of risk[J].Bussiness Logist,2008,29 (1):307-325.

确度的最优参数。① 诸如价格与数量等参数能够自动生成,节省时间和费用。区块链能够潜在地减少诸如"牛鞭效应"这样的信息流在传递过程中所带来的需求信息的剧烈波动,从而有助于减少市场环境的不确定性。

事实上,电子交换信息(Electronic Data Interchange,EDI)系统已经在企业间与企业内部广泛应用,而区块链与之相比有其独特的优势,主要表现在更加灵活、易于调整、使用(与 EDI 相比)更为简单、信息传递及时并带有时间戳、有助于信息回溯与防止篡改。

2. 区块链能够减少交易关系形成中的环境不确定性

交易成本理论认为,在环境不确定性较高的条件下,企业必须对交易过程进行重新治理,以避免出现环境适应性成本和再次协商的费用。信息共享与信息透明度的提高有助于减少环境不确定性以及相应的成本。区块链能够提高信息化的程度以及提供足够的能力来降低不确定的经营环境,并由此帮助企业减少为此而付出的交易成本。自从有了区块链对信息可获取性和透明度的改善后,企业就不需要通过建立长期合作关系的方式避免环境不确定性。与交易者建立一种长期合作关系相比,加入区块链所付出的交易成本是最小的。

3. 区块链有助于减少规则政策不确定所带来的交易成本

在规则与政策变动引发的不确定方面,区块链同样可以起到积极作用。区块链通过共识机制确定的对"非法"或者"作恶"行为的惩罚与摒弃,有助于强化标准与规则的连贯性。它也能够通过符合事先约定的智能合约,把规则与标准写入代码,如果交易参数不符合规则

---

① Carbonneau, R., Laframboise, K., Vahidov, R. Application of machine learning techniques for supply chain demand forecasting[J]. Operation Research, 2008, 184 (3): 1140 – 1154.

与标准,智能合约就无法运行,以此防止卖家提供不合标准的产品;如果交易参数符合事先约定的标准与规则,即便买家改变主意或者强行改变交付要求,但在智能合约下依然能够顺利履行;如果新规则在双方的一致同意下发生了改变,那么也可以直接推动智能合约随之调整以适应新的标准与规则,以此来降低规则与政策变动所引发的不确定。

总之,区块链通过解决资产专用性和行为不确定性带来的机会主义行为的不利影响来降低交易成本,并通过智能合约的自动决策机制有助于减少有限理性对交易的影响。区块链提供的永久且难以篡改的数据库,可以在企业之间没有长期交易(信任)关系的条件下形成一种更为有效的信息分享机制,减少环境的不确定性。区块链通过降低交易复杂性、优化信息的不对称性和改善不完全合约,来减少交易者搜集信息的成本、合约谈判的成本、监督执行的成本、管理与维系合作关系的成本等。在这样的基础上,区块链推动治理结构更倾向于市场调配而不是纵向一体化,帮助市场机制发挥更多的作用,扩展了市场的领域和范围,从而消减了组织的范围。图3-2显示了在区块链的作用下,交易成本与治理结构的改变。

三、从中心化到去中心化的发展逻辑:基于信任维系的交易成本分析

随着经济社会的不断发展,特别是互联网技术的大规模普及应用,人与人的交往方式发生了巨大转变,人际关系脱离了地域约束,更具开放性与流动性,网络社交一跃而成为主流的交往渠道之一。在生产与协作方面,不仅实现了大型计算机信息化处理对人工协作的替代,社会化大生产程度和协作规模进一步扩大,协作的复杂性进一步加剧。从

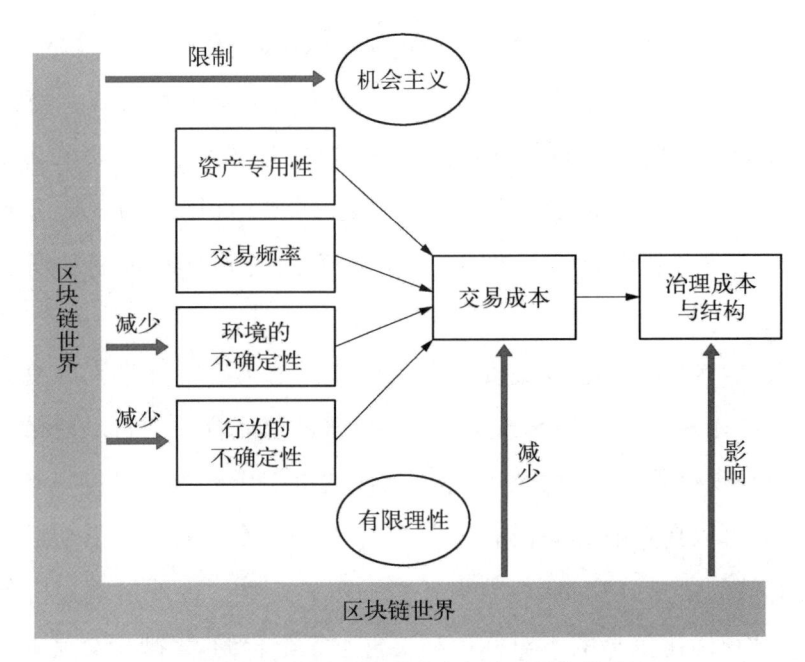

图 3-2　区块链对交易成本与治理结构的改变

交易方式上看，基于互联网的电商、直播等新型交易方式所带来的交易额不断攀升，对传统的实体销售造成巨大冲击，例如 2021 年天猫双 11 预售第一天，薇娅、李佳琦淘宝直播带来的销售额超过 200 亿元。[①] 总体上看，人类从未像当下这样与数量和种类都如此庞大的陌生人非面对面交往与交易，获取交易对手方信息成本史无前例地高昂，如何以较低交易成本建立信任的需求也比过往任何一个时期都更加迫切。

互联网巨头平台等第三方机构成为事实上的组织和推动经济活动的中心化机构，并以与个体相比低得多的信息获取与信用评价成本优势，成为交易双方共同信任的且独立于交易之外的信息中介和信任中介，由此形成互联网时代具有权威特性的信任维系主体。然而，这一中

---

① 数据来源见 https://36kr.com/p/1465832534606985。

心化的权威能否胜任互联网开放而又复杂环境下的信任维系？一方面，互联网平台作为权威信任的主导力量，是一种典型的中心化主体。纵观人类社会信任维系的过程，从人格化的君主政权到非人格化的法律契约，再到互联网平台的无边界组织，金字塔式结构所形成的中心化等级秩序的本质不仅没有改变，反而随着网络的无边界扩展而得以进一步强化。中心化权威本是为降低交易成本而出现的信任维系因素，然而随着虚拟交易规模的扩大，平台所支配的资源越来越多，权力越来越集中，越容易出现权力被非法滥用现象。亨德里克森（Hendrickson，2016）认为权力集中化以参与者信任为基础，而这种信任在关系形成时就可能被利用并创造利益，导致寻租。[①] 实体经济中权力过度引发的寻租、腐败等行为，已经充分证明中心化会导致系统成本的上升。虚拟经济也不例外。部分互联网平台以信息占有的绝对优势，存在着侵犯个人隐私、滥用职权删帖控评的行为，甚至还出现了层级式权力滥用，某些大V、主播、KOL、自媒体等平台的次级中心有造谣、传谣、歪曲事实、对弱势个体实施网络暴力的现象。最为突出的是，平台通过流量优势，对个体原创的数据、信息、知识所带来的利润进行非法侵占，使中心化下经济个人所承担的交易成本与平台对用户的类剥削行为同步上升，损害社会正义，也导致网络交易方对平台逐渐丧失信任。中心化形成的权威信任与追求开放自由的互联网精神和数字化无边界化的经济社会发展趋势并不匹配：互联网越开放，平台巨头的垄断性越突出，网络信任就越脆弱。

另一方面，互联网中的权威信任存在着中心化的先天弱点，与互联网的复杂度和高不确定性的系统风险相互叠加，导致中心化程度越高

[①] Hendrickson, J.R. et al. The plolictal economy of bitcoin[J]. Economic Inquiry, 2016, 54(2): 925-939.

的系统,风险暴露程度越高,单点中心的安全性越难以保障,整个系统的稳定性越脆弱。如果对中心进行集中性恶意攻击,就有可能导致全系统瘫痪和风险全网蔓延,容易出现数据被篡改、个人隐私被泄露等风险事件。而且,由于平台中心的相互竞争性,造成了互联网世界实质上的相互割裂和数据孤岛,网络平台并不能承担起互联网信任维系的重任。

互联网改变了传统商业模式和社会交往,使得跨区域、跨文化、跨越虚拟和现实空间的协作与交换成为常态,提高了社会运行效率,实现交易规模的量级增长,社会信任的诉求也由个体变为多主体,由单一变为多元。迄今为止,互联网时代还没有实现与之理念相匹配且更具稳定性和安全性的社会信任,人与人之间的信任程度并未随着互联网的普及而得到优化,反而因为权威信任无法适应网络经济而出现了更严重的信任危机,建立与维系信任的交易成本不降反升。当前,网上诈骗、网络病毒、隐私泄露、网络暴力等网络恶性事件层出不穷,愈演愈烈。随着互联网对人们生活方式渗透加深,人们对陌生人的信任程度反而变低,信任愈显得脆弱。从总趋势上看,以人格化为主要特征的中心化信任维系方式已经无法满足网络经济对信任的诉求,存在着如赫舒拉发(Hirshleifer)所言的"旧制度与数字大革命"[①]的冲突,需要寻求符合互联网精神和数字经济时代的新的信任维系核心:基于算法的制度信任,即运用新技术和加密算法进行制度安排,替代过度中心化的权威信任,以抽象化的数字、代码、程序、共识机制等设计与系统的自我运行,成为重建互联网世界信任的核心因素。信任将成为一种基于个体博弈而最终形成的自发秩序,理性算法、程序共识与智能合约取代人

---

① Hirshleifer, J. Natural Economy Venus Political Economy[J]. Journal of Social Biology 1978(1): 319-337.

格、伦理和道德,将成为实现与维系信任的决定性因素。

以去中心化为主要特点的区块链技术就是这样一种基于算法的制度创新,它用一种灵活、安全和有效的方式,通过去中心化的点对点传播、非对称数字加密、时间戳、分布式共识、智能合约等手段构建全新信任机制,在所有需要强信任保障而中心化信任又出现信任危机的领域发挥作用,使具有不同价值判断和道德水准的个体跨越不同的人格差异,以算法理性再造信任,实现"无信任的信任"。[①]

与中心化权威信任相比,区块链技术所显示的基于算法的制度信任有着明显的制度优势:

(一)中心化信任需要高昂的成本进行信任验证,而区块链采用强大的应用加密经济学的共识机制,全节点零成本验证数据库中交易的真实性和可靠性,不需要验证机构,也不需要传统的第三方审计。

(二)中心化信任的维护需要中心承担高昂的维护成本以应对存储和第三方攻击的安全性问题,而区块链的加密技术基本上能够为交易提供安全的环境,分布式存储在面对强有力的第三方攻击时,也能够保护参与交易的用户的安全,应对攻击成本较低。此外,传统互联网模式下的信任形成对中央节点或第三方权威机构的要求较高,特别是在互联网边界与规模的扩大带来信息不对称程度的加大,并存在对中央节点或第三方权威供给以影响全网安全的风险,无形中削弱了互联网信任的程度。与之相反,在区块链网络中,各个节点的信任产生是基于共识机制,是对算法的信任而不是对节点的信任,因而不需要中心节点的担保。随着区块链网络边界与规模的扩大,参与存储数据的节点也

[①] Davidson, S, et al. Economics of blockchain[EB/OL]. http://ssrn.com/abstract=2744751.

同步增加,增大了通过攻击网络获取数据或篡改数据库的难度,数据和网络会更加安全,节点对算法的信任会进一步加强。

四、基于记账制度的交易成本分析

赫拉利(Harari)在《人类简史》中说:"金钱正是有史以来最普遍也最有效的互信系统。[①]"最原始的交换是以物易物,但是供需很难匹配,于是人们寻找贝壳、金银等实物作为价值交换的载体。但随着交易规模的扩大,纸币等信用货币伴随着银行等金融中介应运而生,货币与商品的内在属性脱钩,由国家等信用机构为其背书。到了网络时代,纸币逐渐数字化,价值转移的过程演变为纯粹的"记账"行为,比如在使用移动电子设备进行支付时,只有云端账本里的数字发生了变化。可见,货币的物理形态会不断迭代,最终将很可能被数字所取代。

区块链本身是一种类似于账本的分布式数据库,也是一种记账技术,更是一种制度安排。本部分将继续运用交易成本理论,着重分析区块链作为记账技术和记账制度,如何通过交易成本而成为信任再造的第三种核心因素。

为何要从记账行为作为分析的切入点?追溯人类有经济活动的历史,只要有交易的存在,就会有记账的需求。账本并不只是一种会计记录,从广义上讲,它是一种记录工作量、交易状况情况和价值分配的证明,是一种权益证明,是未来交易的信任保障,也是实现交易信任的基础。一个账本由按照规则排列的数据结构所组成,记录的内容代表他人及公众对某种权益的认可,是一种所有参与者达成的共识。因为所有的交易行为都需要提前建立信任关系,无论是基于血缘的亲人合作,

---

① 赫拉利.人类简史[M].林俊宏译,北京:中信出版集团,2017:171.

还是通过制度安排实现的交易,记账这种运行机制本身就是信任维系的隐形支撑,与之相对应,记账技术(工具)、账本管理方式和保存方式实质上就是一种维系信任的制度安排,充分反映着当时的经济发展情况和社会信任状况。

记账技术随着人类协作生产方式的变革与价值分配的变化而不断演化,同时也推动着分工协作生产方式的演进和价值分配体系的变化。人类协作生产方式最早源于以家庭为单位的自给自足与物物交换,只需要简单的结绳记事即可明确人与人的利益分配;随着生产力水平的提高,生产交换规模逐渐扩大,生产的复杂性日益展现,大规模商业交换开始出现。毛笔、钢笔、纸张等书写工具的发明,让记账从简单的结绳变为用文字和轻便载体体现的工具,易于回溯,篡改难度远远超过结绳记事,为价值分配提供了强有力的凭证依据;股份公司与银行的出现,标志着现代金融业成为人类协作方式中不可或缺的新的力量,人类协作生产中从此出现了资产与负债,随之而来的金融资本参与到价值分配体系当中,与之相适应的复式记账法应运而生;在互联网时代,电子商务、网络社交的海量数据,仅靠人工和人脑记账,算力与速度难以匹配,大数据、云计算为代表的新型技术广泛运用于记账方式,对新技术下的非纸质化记账依赖程度提高,技术进步的作用在价值分配中得以体现。随着互联网持续深入地改变人类生活与生产方式,与陌生人的生产协作将占据越来越高的比重,产生信任的交易成本也在不断提高,迫切需要以区块链为代表的分布式记账降低交易成本,参与价值分配,改变股东和金融资本在价值分配中独大的局面。区块链系统的记账,通过共识机制体现信任与激励机制。交易信息的录入更新,意味着其他节点对请求变更节点的信任,对记账劳动付出的奖励,则是一种对记账行为的信任与激励的肯定。"共识机制为整个系统建立了共同遵守的信任和激励机制,相当于经济学中的成本投入和收入分配。"①

按照交易成本的分析框架,我们将通过以下3个层次,分析人类社会经济运行中存在的这几种主流记账方式以及对应的社会信任稳定度、信任的实现程度和建立信任的交易成本。

(一)记账信息真实性由谁确认,建立社会信任的交易成本如何?

显而易见,从结绳记事到书写记载,到复式记账法,再到分布式记账,这四类记账方式所形成的信任度和稳定性依次递增,而建立信任所需要的交易成本依次递减。前三种记账方式所记录的信息真实性,必须依靠权威担保或认定。区块链所支持的分布式记账技术,由于所记载的数据不是人为所致,不需要第三方权威所提供的证明,也不依赖个体的道德约束,而是依靠规则算法自动形成,显著降低了交易成本;区块链技术所形成的记账内容含有非对称加密技术和时间戳背书,可回溯但难以篡改;区块链下的账本形成,按照全节点验证的方式和"最长链原则"②确定,能够零成本验证信息的真实性。由此,分布式技术能够实现记账信息的高信任度和建立信任的(近似于零的)低成本。

(二)获取记账信息的难度和交易成本如何?

在结绳记事、书写记载、复式记账和分布式记账这四类记账技术中,前三种记账方式的参与者,如果不是法定记账管理机构,交易者可能获得已经发生并与自身交易有关的账本信息,而很难获得与自身无关的其他账本信息,即便成功获得其他信息,所付出的成本也会极其高

---

① Greiner, M & Wang, H. Trust-free systems: A new research and design direction to handle trust issues in P2P systems: the case of bitcoin. In: AMCIS Proceedings (2015).
② 最长链原则是在区块链的区块形成中,只有包括区块最多的那条链才是有效的区块链,在该链上的交易才会被记入账本。

昂。而区块链技术下的分布式记账，各个节点地位平等，没有中心化记账机构的存在。每一笔交易形成新账本的过程，都需要全节点验证，所有信息都可被公开验证，历史数据可全网追溯，且不可消除与篡改，意味着信息在全网是公开透明的，个体能够较为容易获得记账信息，不用向中心机构支付任何成本。

（三）账本信息由谁保管，其管理成本如何？

前三种记账方式产生的账本，最终管理权一般都掌握在一个具有权威性的第三方中心化机构，比如族长管理全族账本、政府管理公共收支账本、央行清算组织管理银行间的账本等，以此为交易各方提供履约保证。在账本需要被强制执行的时候，权威机构的支持作用更加重要。为实现这样的功能，账本内容必须在权威或权威指定的中心化组织存储或备份，管理成本较高。区块链这种分布式记账，没有专门中心化权威组织进行管理，而是全网自治，自我管理，信息在全网各节点分布式存储，通过零成本验证来减低交易费用，通过全网所有节点分摊来降低管理成本，消除了很多现有交易和生产模式的中间环节，提高了经济效率。

总之，从交易成本的角度看，区块链技术有明显优势来替代其他记账技术，成为新的记账工具，以此建立新的信任再造，推动基于算法的制度信任成为网络时代乃至数字经济时代的核心信任。

五、基于组织管理的制度经济学分析

（一）区块链对社会结构和组织管理的变革

区块链以智能合约、非对称加密、分布式存储等技术为基础，实现共享开放的网络应用。它依靠系统当中所有参与节点的集体维护，通过分布式记录与储存的特征认定数据的真伪，从而形成和维护一个无需信任积累、可靠并难以篡改的数据库。区块链又是一种对社会结构变革起到积极作用的创新力量,通过推动社会基本矛盾和社会结构的新变革,重建新的社会结构,实现整体社会结构的变迁。区块链推动社会结构的重大变革,可以从以下几个方面来体现。

1. 带来组织结构与社会阶层的变化

新技术革命改变了组织结构,对市场经济条件下有交易的组织形式改变尤为显著,互联网平台的出现使组织这种形式逐渐脱离实体公司,变成虚拟的无边界组织,更具开放性和扩展性,组织边界逐渐模糊且不断延展。在此基础上,区块链又把传统社会中由于信息不对称而依赖中心指挥的多层次树形组织变为去中心的链条式扁平化组织结构。使用区块链技术的组织,因为没有中心节点发布、储存各种信息与指令,信息发布、传递、储存依靠的是形成链条结构的每个节点,各个节点对信息的反应交互又形成了新的信息,并在事先达成一致的智能合约的约束下有效运转,所对应的组织形式变成了分权决策、层级稀少、反应迅速的链条式扁平化组织。

组织变化映射到社会层面,一方面,各个扁平化组织结构的变化会改变组织之间的外部连接状态,使整个社会组织也趋向扁平化,社会组织阶层减少,权威与中心节点数量减少,集权与垄断力量被削弱,人与人之间具有更加密切平等的协作关系,社会阶层差距逐渐缩小;另一方面,社会阶层趋向扁平化,并不会从本质上消灭层级,但通过区块链有望打破垄断,减少官僚主义,加快资源分配的流动性与开放性,也有助于社会阶层由静止趋向流动。

2. 带来经济社会治理方式的变化

从微观组织的角度看,区块链技术构建出一个点对点高效的信息传输通道,组织结构调整成为扁平化,相应的管理方式与社会治理方式与传递运行机制随之改变,从依靠树状组织结构的中心指挥、层层传递执行变为依靠智能合约自动运转、自我执行、自我约束。在区块链上,出现了一些自治实体的探索,例如分布式自治组织结构,这种新组织体的自治尝试有可能对经济治理与社会治理方式带来启示与深远影响。

在经济治理方面,市场这只看不见的手与政府这只看得见的手交替对经济运行和资源配置进行调节,推动着经济社会的发展。然而,在市场与政府之外,还有第三种力量在推动着企业组织管理与全社会经济运行,很多经济学家对此进行了研究,例如 2009 年诺贝尔经济学奖得主埃莉诺·奥斯特罗姆(Elinor Ostrom)研究发现,"鲜有制度要么是私有的要么是公共的——或者不是'市场的'就是'国家的'",许多成功的管理"冲破了僵化的分类,成为'有私有特征'的制度和'有公有特征'的制度的各种混合",[1]这种在公共事务与经济组织的治理中存在的自组织和自主管理,有助于解决市场调节与政府管制中无效或者无力的情况。区块链技术所形成的点对点信息传递模式、信息公开透明与智能合约运行,就是这样一种既不依靠市场调节也不依靠政府调控,仅仅依靠算法和共识机制而推动资源配置和市场交易的第三方治理力量,是一种自发产生、自主治理的调节手段。

(二) 三种组织管理的交易成本分析

从奥斯特罗姆的理论可以看出,人类发展历史上存在着 3 种组织管理力量,前两种是私有化的企业与公有化的政府,此外还存在着第

---

[1] 奥斯特罗姆.公共事物的治理之道:集体行动制度的演进[M].余逊达,陈旭东译.上海:上海译文出版社,2012:19.

三种力量——自组织。在信息完全通畅和没有任何不确定性的情况下,市场机制能够进行资源的最优配置,每个独立的企业是市场中的主体。然而,信息不对称的情况是普遍存在的,市场运行也不可能完全可测可控,于是产生了对组织管理的需求。企业与政府这两种组织管理力量是完全私有化与完全公有化的两种极端,其共同之处都是把本来应由市场机制配置的交易纳入内部,前者通过合并企业成为一体解决信息不对称的问题;后者通过完全收归国有,由政府统一调度、生产与供给来解决无法辨识边际成本与边际收益并无法监控交易者具体状态的问题。两种管理力量都面临同样的缺陷:委托代理问题。在政府的管理调节手段下,国有产权的管理很容易出现代理人损害委托人利益的问题;而在企业这种组织管理体制下,随着规模的扩大,企业所有者获取内部信息的难度也日益增大,管理成本与交易成本不断上升,既会存在管理效率低下的问题,同样也会出现委托代理问题。

自组织理论来源于诺贝尔经济学奖获得者奥斯特罗姆,她在分析公地的悲剧时构建出"既不同于集中管制,又不同于私有化的解决方案",[1]即不需要明确产权和政府干预的牧民自我管理模式,证明正确的规则设计一样可以实现帕累托改进。凯文·凯利在《失控》中以蜂群为例,分析蜂群中存在着一种间接协调机制,不是通过单个蜂后的控制,而是通过每只蜜蜂遵守相对简单的行为规则,完成复杂的集体协作,[2]也是对自组织作用的论证。区块链是实现自组织的一种技术手段,也是一种自组织的表现形式与制度设计。如第二部分所述,通过区块链

---

[1] 奥斯特罗姆.公共事物的治理之道:集体行动制度的演进[M].余逊达,陈旭东译.上海:上海译文出版社,2012:24.
[2] 凯文·凯利.失控[M].张行舟等译,北京:电子工业出版社,2016:10-13.

第三章 区块链作用机理的微观研究

有助于消除资产专用性下必须建立企业之间的信任关系、信息不对称带来的行为不确定和环境不确定带来的签约与履约问题,从而有助于理顺企业交易行为,减少摩擦,提高效率。区块链在实质上是一种对市场机制的强化,是一种回归市场力量配置资源,有助于收缩组织边界,突出市场调节。通过自组织的调节,实现信息共享,减弱不确定性风险,从而使市场机制良性地发挥资源配置作用,回归资源最优配置的基本功能。这个意义上,区块链与组织存在竞争,但它不是组织。相反,它是一种"自发组织""虚拟组织"。区块链具有和市场相似的特征,但是它也不是市场——区块链促进交易,而不仅仅是交换。区块链可用来协调分布式人群,使他们实际上更接近于一个经济体。区块链通过充当经济数据共识的引擎技术,消除以往账本所需要的协议或共识,从而创建分布式系统。其意义在于通过提供另一种组织方式来达成交易行为的共识,同时这种组织方式又反作用于经济活动,为经济活动的协调方式提供了另一种可选项。分布式账本是一种经济活动协调技术,具有替代市场、机构、相关合约系统的潜力,是一种自组织的表现形式。

本部分将使用一个简单的纳什均衡模型入手,探析3种组织管理力量的交易成本和最终的均衡结果,以此显示区块链为基础的自组织对市场机制的支持与强化。

假定有一个鱼塘,初始有30条鱼,每条鱼的生育能力是2条鱼/天,A与B两个企业约定,每天各捕捞10条鱼,确保第二天还有30条鱼的存量。捕鱼的成本(包括人工与工具费用)为10元,A与B约定一条鱼售价为2元。由于双方不能得知对方的行为,且存在着过度捕捞的机会主义可能,每个人能够多捕捞的最大上限是10条。多捕捞导致市场上鱼供给量增加,均衡价格降低,例如降低到1.5元/条,由此得出如表3-1所示的一个静态的收益矩阵。

表3-1 "纳什均衡"下的收益矩阵

	捕10条	多捕m条
捕10条	(10,10)	(5,1.5m+5)
多捕n条	(1.5n+5,5)	(1.5n+5,1.5m+5)

当 $n \geqslant 4$ 和 $m \geqslant 4$ 时,其"纳什均衡"解一定是(多捕 n 条,多捕 m 条),假定A和B都不约而同地多捕了4条,其收益组合为(11,11),一次静态的均衡解优于遵守契约的结果(10,10)。然而当放入动态"纳什均衡"模型考虑时,结果会发生很大变化。以第二天为例,此时已经出现涸泽而渔的情形,过度捕捞影响了鱼群再生能力,此时鱼的总数变为6条,无论如何分配,其结果都比(10,10)的组合要低。例如6条鱼全部归A所有,A能得到的最大收益为2,而此时B的收益为-10。此时可以看出,在纯市场机制下,由于信息不对称和机会主义行为的存在,经济个体缺乏合作和遵守契约的动力,导致的结果是两败俱伤,市场机制失灵。

针对市场机制无效的情况,由上述所述的3种组织管理方式来解决,我们对比其交易成本与均衡结果。

1. 合并成为一个企业

假设现在把A与B合并成一个经济体,每天按照规定的额度捕捞20条鱼。由于合并企业后规模变大,而且如果A或B依然私自多捕鱼私下出售的话,虽然有惩罚机制,但要分清是A还是B的行为,需要再安排一个监督A与B行为的岗位,假定其薪酬为2,那么最后得到的收益为 $20 \times 2 - 10 \times 2 - 2 = 18$。

2. 全部国有化

假设现在把A与B全部收归国有,按照政府规定的额度每天捕捞

20条鱼。同样地,政府管制存在委托代理问题和信息不对称的问题,既不能分辨如果出现过度捕捞的话究竟是 A 还是 B 的行为,也可能会存在代理人谋取私利(私下进行过度捕捞)的行为。假设代理人职业操守很好,不会以权谋私,但需要支付代理人 2 单位的薪酬,那么最后得到的收益为 $20 \times 2 - 10 \times 2 - 2 = 18$。

3. 区块链支持下的自组织治理

如前所述,区块链有助于消除信息不对称,通过信息共享而减少机会主义以及带来的交易成本。在 A 与 B 之间,由于区块链的存在,使双方的信息透明,一旦有人违背约定就会立即被所有个体得知,并形成难以篡改的历史记录被永久性排除,于是相互监督、自我谈判的机制能够发挥作用,由此 A 与 B 进行捕捞的总收益为 $20 \times 2 - 10 \times 2 = 20$,与前两种组织管理机制相比,区块链支持下的自组织,交易成本更低。经济个体越多,节约的交易成本也越多,自组织更有效果。

从 3 种组织管理模式的比较看出,区块链为技术基础底层所形成的自组织,的确能够以较低的交易成本发挥一个组织所应当具有的约束、监督、管理的作用。而这一作用的发挥又有助于在企业、市场、政府三者的关系中进一步突出与强化市场的地位。如果不仅把区块链视为一种新型通用技术,还把它当成一种组织管理制度和模式去深入理解其价值的话,那么将会出现一种值得探讨的问题,即哪些经济活动会选择企业这种组织管理模式,哪些活动选择市场调节,哪些则是必须政府统一管控,哪些应当让区块链充分发挥作用?这个问题之所以重要,是因为它将重塑经济协调制度的边界。对包括市场在内的几种资源配置机制比较,从交易范围看,企业适合小范围的(否则交易成本太高),市场适合规模大的,人多出价多容易形成竞争,但如果存在机会主义就会成本很高,区块链适合规模适中并存在较强机会主义问题的领域。几种组织管理模式的比较如表 3-2 所示。

表 3-2　几种组织管理模式的比较

	适 合 的 交 易	交易成本的重点
企业	小范围,但有资产专用性的	规模过大的管理成本
市场	规模大、人多,信息通畅	机会主义
政府	市场失灵的公共品领域	委托代理成本
区块链	规模大又存在机会主义	

（三）区块链下自组织能否取代中心化权威管理：制止作恶的博弈论分析

在经济契约的履行中,如果发生了一方不完全履约或恶意履约或篡改账本等作恶行为,该如何有效制止这些作恶行为？第四部分已经分析过人类历史上3种主要记账技术下都是中心化权威信任的体现,无论是账本确认还是管理以及出现作恶行为时,权威的支持作用非常重要。区块链技术下的账本确认、账本管理和对作恶行为的管理,主要依靠节点形成的自组织和自发秩序。本部分将搭建一个简单的博弈论模型,比较权威和运用区块链技术的自组织对作恶行为的管理以及最终实现的均衡结果。

区块链中的"自组织"是由区块链所有节点构成,由共识机制和加密算法推动交易和账本形成。分布式记账与节点零成本验证,使任何恶意欺骗系统和篡改数据的行为都会遭到其他节点的排斥,凡是不符合共识机制的行为无法形成区块（即账本）,如果在共识机制的设计中提前设计出每个节点作恶成本高于其潜在收益的规则,将会成为一套通过加密算法而非人为干预提升作恶成本的自组织运行制度,有效制止作恶行为。

首先，我们构建"纳什均衡"这一最简单的单次静态模型，描述交易双方的行为，参与方信息在不能信息互通的条件下，理性选择（违约，违约）这一帕累托较差（Pareto-inferior）的组合作为均衡解，每个参与者损失为2单位，具体情况如表3-3所示：

表3-3 "纳什均衡"下的收益矩阵

	履　约	违　约
履　约	(8,8)	(-4,10)
违　约	(10,-4)	(-2,-2)

如果加入权威干预，假定权威能够完全监督交易者行为并及时制止违约，对违约者进行3单位的惩罚，会得到帕累托改善后的最优解（履约，履约），每个参与人的收益为8个单位。然而，权威确保账本的安全性和制止作恶行为会发生一定的交易成本，需要参与者承担，假定权威收取每个参与者1单位收益加上罚金弥补这项交易成本，收益矩阵将变为表3-4，最终的均衡解为能够实现帕累托改善的（履约，履约）组合，每个参与人获得7单位收益。

表3-4 权威完全掌握信息的收益矩阵

	履　约	违　约
履　约	(7,7)	(-5,6)
违　约	(6,-5)	(-6,-6)

表3-3的情况是假定权威在契约执行时就知悉交易方的选择，事实上，权威只能在事后才会知道选择结果，并不能提前得知阻止此

次作恶行为。为了能让权威即时发挥作用,可以假定参与者认为权威在交易时能够正确惩罚违约者的概率 X,错误的概率就是$(1-X)$,错误情况包括两类:对违约者不惩罚和惩罚了合作者。同时假定权威暂时不收取任何费用,上述行为放入矩阵中,其收益矩阵如表 3-5 所示。

表 3-5 权威不完全掌握信息的收益矩阵

	履 约	违 约
履 约	(8,8)	$(-4, 10-3X)$
违 约	$(10-3X, -4)$	$(-2-3X, -2-3X)$

纳什均衡解将会随着 X 数值发生变化,临界点为$(X=2/3)$,也就是说权威掌握信息正确惩罚违约者的概率大于 2/3 时,参与者才有履约的动机,权威制止作恶才有效果。表 3-4 的情况就是 $X=1$ 的极端情况,此时权威完全掌握了参与者的交易信息。如果权威做出正确决策的概率低于 2/3,例如为 0.6,此时最优解为(违约,违约),每个参与者损失 3.8 单位,比表 3-3 的均衡解 -2 还要差。如果权威按照表 3-4 的情况再收取 1 单位管理费用的话,均衡解无论是(履约,履约),还是(违约,违约),都会因为交易成本的上升而变得更低。

在区块链技术下,可以通过共识机制事先设定违约方支付 3 单位罚款,由于没有第三方权威参与(因而不需支付额外的管理费用),账本的形成是零成本的全节点验证,篡改账本需要付出高额代价(超过 51% 的全网算力),那么所有的交易行为在发生时就会按照共识机制的事先设定自动形成收益结果,于是会形成如表 3-6 的收益矩阵。

表 3-6 区块链下引入惩罚机制后的收益矩阵

	履　约	违　约
履　约	(8,8)	(−4,7)
违　约	(7,−4)	(−5,−5)

可以看出,在区块链事先设定惩罚机制的条件下,纳什均衡解变为(履约,履约),而且由于不需支付其他成本,均衡收益(8,8)也高于权威干预时的均衡收益。

从上述博弈论分析可以得出本节的结论,运用区块链技术可以设计出一种共识机制,以低于权威干预的交易成本,有效防止作恶行为,实现经济体的制度信任。这是一种基于算法而不是权威的信任,是一种非人格的信任。通过区块链形成的自我管理机制,依靠基于密码学的非对称加密和全链传播形成可靠数据库(账本),为信任的产生与维系提供了一种更安全的一致性解决方案。通过这种有效的解决方案,以最小化的成本有效制止"作恶"行为的发生,并对未来可能出现的"作恶"起到有效的预防作用。

第二节　区块链对市场失灵的矫正研究

一、市场失灵概述

从亚当·斯密《国富论》开始,到马歇尔设计的供求曲线,再至萨缪尔森的梳理总结,经济学形成了一个从需求分析到供给分析,再到市场均衡的严密体系。按照福利经济学第一定律,完全竞争的市场在一般均衡时资源配置达到帕累托最优,此时边际成本等于边际收益,在完全竞争的条件下也等于平均成本,能以最低的生产成本生产出最优的产量;消费者则能以等于边际成本的产品价格购买商品,供求相等,形成均衡价格,市场出清。这是市场体系能够高效率配置资源的充分体现。

帕累托最优并不是经济学研究的终点,只是一种理想的状态,因为只能在完全竞争的市场中得到实现。而现实中市场状态大部分都不是完全竞争,即便是完全竞争市场,经济也并未实现帕累托最优状态,由此产生了市场失灵理论。所谓市场失灵就是指利用价格的自动调节不能使社会资源配置达到最优状态。市场失灵包括几方面的内容:

(一)垄断组织和垄断市场的存在,出现的垄断价格导致资源配置不能达到帕累托最优,消费者剩余被垄断者占有。

(二)信息不对称造成的逆向选择和道德风险等现象,导致某些市场无法出清,甚至无法存在交易。

(三)存在着外部性的领域,会导致产品的供求不是市场出清状态下的最优供给,或者存在负外部性下的消费过量,或者存在正外部性下的供给不足。

(四)在公共品领域,过度使用公共品导致"公地悲剧"的出现,公共品的供给缺乏市场付款方,政府必须作为付款方才能保证公共品的供给。

经济学家对于市场失灵提供出若干解释与解决方案,例如对垄断的税收征收,运用科斯定理来明确产权等。事实上,区块链技术所蕴含的经济思维,有助于改善和解决市场失灵,本节将论述区块链这一技术与经济学结合后对市场失灵的有效矫正。

二、区块链对垄断的矫正

在完全竞争市场中,价格作为调节资源配置的手段,通过自身的不断变动调节需求量与供给量,在边际成本等于边际收益(同时等于平均收益)处,实现需求与供给的平衡。然而,在具有垄断的情况下,价格的决定权不在消费者手中,而在垄断型生产者手中,由此改变了均衡价格和供给量。垄断厂商追求利润最大化,由于边际收益小于平均收益,所确定出的垄断市场均衡产量低于完全竞争市场,而对应的价格则高于完全竞争市场。如图3-3所示,Pe表示完全垄断市场中的均衡价格,此时对应的均衡产量为Qe。而在垄断市场中,均衡价格P_1高于P_e,均衡产量Q_1低于Q_e,消费者剩余被垄断者攫取。三角形则表示社会福利损失。

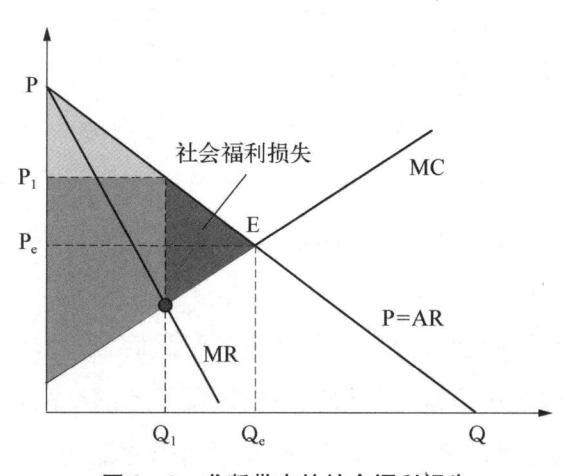

图3-3 垄断带来的社会福利损失

区块链去中心化的思路,在设计上有助于打破垄断力量对价格的控制,实现均衡价格。点对点的交易和全网备份的机制,既削弱了中心化力量的控制作用,又能够及时发布信息,实现价格和产量的灵活变动,大量节点的存在则可以推动市场交易由垄断走向竞争。由此,市场均衡价格可以趋向 Pe,而均衡产量趋向 Qe,社会福利损失逐渐减少,通过自发的机制调节而非政府强制性价格控制和征税方式来改善社会福利。此外,区块链本身就是去中心的模式,在区块链运行机制下,弱化或者杜绝了中心化垄断收费的可能。以互联网经济为例,在信息互联网时代,网络发布信息的原创者很难收到信息使用费,该信息使用费或者被平台所攫取,或者干脆免费使用,前者情况就是垄断的表现,而区块链世界中由于信息的使用传输都是点对点,信息使用者直接付费给信息原创者而不经过互联网平台,垄断平台无法利用自身优势收取费用,甚至可能缺乏存在的空间。这也是从"信息互联网"转为"价值互联网"的原因所在。

三、区块链对信息不对称的矫正

在经济学中,所谓信息不对称,是指买卖双方对商品信息掌握的程度不同,有时候卖家掌握的信息更多,有时候买家掌握的信息更多,由此而导致市场机制失灵,无法实现均衡价格与均衡产品的匹配。信息不对称引发的市场失灵可以分为逆向选择(Adverse Selection)和道德风险(Moral Hazard)两种情况,前者主要发生于契约签订之前,后者主要发生于契约签订之后。

逆向选择是在契约签订前,掌握更多产品信息的人(例如二手车的卖家)将会倾向在价格既定的情况下提供质量差的产品,而不掌握产品信息的买家则会预料到卖家的行为,只愿付出更低的价格,卖家则会倾向于提供质量更差的产品,如此循环,最后出现"劣币驱逐良币"现象,市场上只会存在质量最差的产品。如图3-4所示,信息不对称情况下需求曲线是弯曲的,质量好的产品并不为买者所认识,价格降低时消费者只会认为是质量降低,因此消费量不会提高;而卖家在降价时不愿意拿出质量好的产品,出现"劣币驱逐良币"。市场则无法实现均衡价格,无法实现市场出清,供给者不愿意降低价格,可接受的价格高于均衡价格,导致超额供给出现,高质量并且高价格的产品被挤出市场无法出售。图3-5显示了供给曲线为弯曲的情况,可以用银行信贷来描述这一情况。银行在放贷前并不了解企业的真实财务、税收等信息,在银行设定的相同利率下,最积极的客户往往是财务状况差或者更喜欢冒险的人,而银行并不愿意贷款给此类人。出现利率降低的时候,银行并不会认为是市场需求不足,只会认为是需要贷款的企业质量下降,因而会提高对企业贷款的要求,最终信贷市场也无法实现出清,信贷额度没有用完,而大量中小企业贷不到款的情况同时存在。

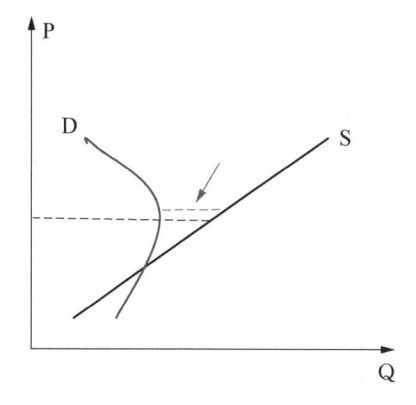

图3-4 需求曲线为弯曲时的逆向选择问题

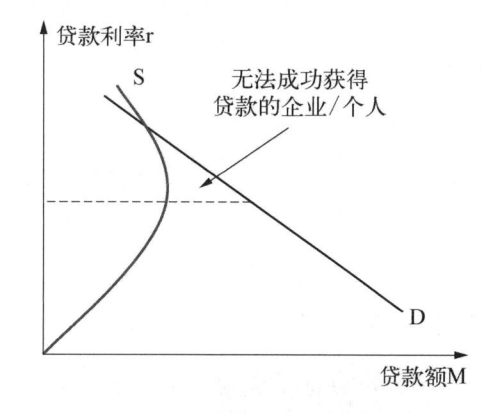

图3-5 供给曲线为弯曲时的逆向选择问题

道德风险是在签订契约后,具有信息优势的一方追求自身利益最大化的过程中导致带来信息劣势方的利益受损,且信息优势方还不需要承担受损成本的行为。道德风险是一种事后风险,比如银行放款给企业后,企业不按契约规定的用途挪用贷款,从而让银行面临蒙受损失的风险。再如消费者购买家庭财产保险后,就不再像没买保险前那样仔细看管家中财物,出门也会比较大意,这无形中加大了房屋财产受损失窃等风险,且财产损失将由保险公司承担,甚至还有投保人故意纵火来骗取保险赔偿金的情况发生。购买保险这一行为本身就已经增加被保险财产发生损失的风险,这就是典型的道德风险。

信息不对称的最重要原因是掌握信息的成本太高,所以解决思路也往往是从降低信息获取成本、增加信息获取量入手,例如卖家多做广告、多宣传,买家向保险公司提供医疗史、体检报告等,银行到征信中心调取贷款企业金融数据和评级等。而针对道德风险,除了减少信息不对称之外,使用激励手段鼓励掌握信息的一方积极履约也是非常有效的方式,例如在汽车保险中一般会规定,如果一年内没有发生车祸等情况,保险公司往往在第二年降低保费,以此鼓励投保人遵守交通规则、爱护车辆。

在区块链世界中,信息不对称的问题很难存在。因为区块链技术下,可以至少解决几方面的问题:

(一)解决了信息获取成本高的难题

因为区块链世界中的信息是全网发布,而不是只有中心化存储机构拥有,所以各个节点信息获取的成本都较低,节点的成本主要是存储成本。

(二)信息难以篡改,确保了信息的安全性

区块链不是中心化存储,而是分布式存储,这意味着依靠攻击服务器的方式很难篡改数据,因为篡改一个节点的数据,也无法得到全网认可,该信息会很快被淹没而不被认可,只有算力达到全网51%以上并篡改所有区块的历史数据后,被篡改后的信息才能被全网认可。而实现这一目标的成本(造假成本)很高,从而使造假者缺失动力。

(三)信息不可撤销,确保了信息的真实性

区块链世界中凡是发布的信息都会被分布记录在各个节点,一旦出现虚假信息,不仅不被全网认可,而且发布节点的行为信息也会被记录在案,永久性不能抹去且不能撤销,影响造假者的信用评价。这就在一定程度上成为防范造假的有效手段,遏制造假行为,确保发布信息的真实有效。

(四)可以实现有效的激励

区块链本身就是一种激励机制,无论是 PoW 下的工作量证明,还是 PoS 下的权益证明,都能体现参与者的工作状态,体现参与者是否为履约进行了努力,如果在区块链中加入奖励措施例如类似于通证的积分奖励、金额奖励、权益奖励等,将会大大激励参与者履约积极性,从而解决道德风险问题。

从上述 4 个方面,区块链搭建的交易市场解决了信息不对称问题,减少或消除逆向选择与道德风险。如图 3-6 所示,在区块链技术干预下,供求市场变为正常的曲线,确定了均衡价格和均衡数量,市场出清随之实现。

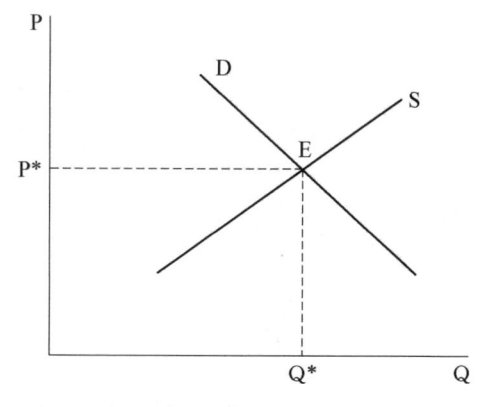

图 3-6 解决了信息不对称下的市场出清

四、区块链对外部性失灵的矫正

外部性是指经济个体在追求自身利益最大化的过程中,给他人带来了有利或者不利的影响,而这种有利影响带给他人的收益或有害影响都没有反映在经济个体本人的成本收益当中。存在外部性的经济社会场景,个体的边际成本与社会边际成本是不相等的,个体的边际收益也与社会边际收益不相等。

按照经济个体的行为是提高还是减少他人福利,外部性可以分为正外部性和负外部性,正外部性是指经济主体的行为对他人产生了有利的影响,而他却不能从中得到报酬,此时私人收益＜社会收益,私人边际收益 MR_P＜社会边际收益 MR_S。在互联网发布知识等信息,而原创作者并未得到相应的收益,这是非常典型的正外部性表现。

负外部性是指经济主体的行为对他人产生了不利的影响,而又没有承担相应的成本,也没有补偿他人损失,此时私人成本＜社会成本,私人边际成本 MC_P＜社会边际成本 MC_S。负外部性的典型例子包括企业把污水排到河流中、在互联网发布传播骚扰信息、广告窗等,行为主体没有为此承担必要的成本,而与之并无交易的主体则受到损失(被污染、浪费网络流量等)而没有得到补偿等。

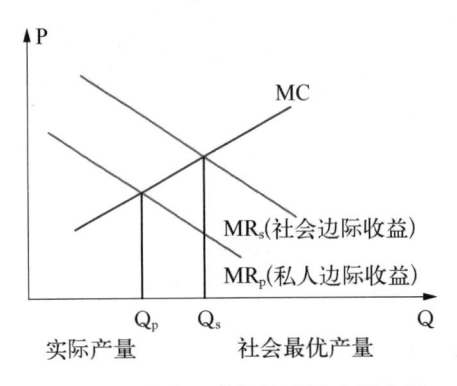

图 3-7 存在正外部性下的市场失灵 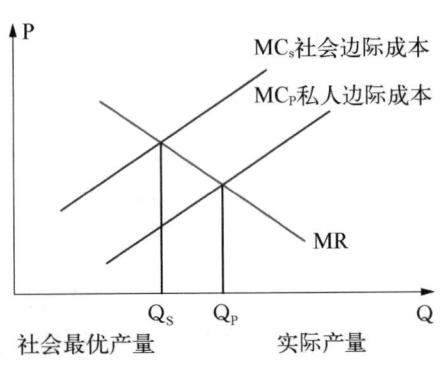   图 3-8 存在负外部性下的市场失灵

在外部性存在的场景中,由于私人边际成本与社会边际成本、私人边际收益与社会边际收益的不等,实际提供的产量与社会所需要的最优产品也不同,要么不能满足社会总需求,要么超过社会总需求,市场机制的调节无法实现资源配置的帕累托最优。如图 3-7 所

示,存在正外部性的情况下,私人边际收益小于社会边际收益,而私人在确定产品数量时按照私人边际成本等于私人边际收益的原则进行,所提供的最优数量小于社会需要的最优数量,市场调节不能实现最优化效率,出现了低效率配置。在负外部性的情况下,私人边际成本小于社会边际成本,而私人在确定产品数量时同样按照私人边际成本等于私人边际收益的原则进行,所提供的最优数量大于社会需要的最优数量,出现了超配的情况,例如河流被过度污染,这同样是低效率的。

对于外部性问题的有效解决方案,传统做法包括政府对正外部性的企业予以财政补贴和对具有负外部性的企业予以征税(例如排污税)和收取罚款。此外,最知名的解决方式就是依照科斯定理来明确产权,把外部性内部化,或者实现纵向一体化合并企业,由此实现私人成本和社会成本、私人边际成本与社会边际成本、私人收益与社会收益、私人边际收益与社会边际收益的统一。科斯定理一是指只要产权是明确的并且交易成本为零或很小,则无论开始时将财产权赋予谁,最终的市场均衡结果都是有效率的。这是对市场机制强有力的支持,在给定条件下,只要市场力量足够强大,总能够使外部影响"内部化",从而实现帕累托最优状态。

区块链对外部性的解决,同样表现在确权方面,而且相对来说更容易实现确权。

(一)区块链下实现确权的交易成本很低

一般情况下,交易成本为零在非区块链的条件下很难实现,因为所掌握的信息是不公开的,搜寻和确权都需要成本,有时成本非常高。而区块链下,信息对所有节点都是公开与分布式存储,不需要支付中心化存储指挥中心费用,信息搜寻成本低,且在共识机制确定的前提下,所有节点参与容易非常高效地实现公允价格,从而形成一个全网认可的确权规则,在交易发生时,运用智能合约自动推动确权形成与契约签订和履行。

(二)区块链技术能够实现准确的确权

在区块链世界每一次经济行为的发生,只有符合共识机制被节点认可后才能成立,这一经济行为本身带有时间戳、地理戳等标记,具有难以篡改的特性,在此基础上所衍生出的行为都会形成区块被全网分布存储,所有行为清晰可查,责权明确,收益与成本的分担有迹可循。以互联网信息发布为例,原创作者在发布时就被打上了时间戳,明确了该信息的产权归属,便于之后再次被他人使用时进行收费。再如原创知识问答,原创者首发信息时即被打上时间戳,原创者只要明确使用价格,后续节点自愿选择是否使用,只要同意原创者所标明的价格,付费即可使用,如果认为原创者价格过高,则可以选择不使用或者与原创者讨价还价形成新的价格。所有的行为都是公开透明,交易价格也同样公开透明,通过这样的机制不断进行,形成一个被市场接受的公允价格,同样可以自发而不是通过政府干预解决外部性无人付费的问题。

(三)区块链有助于解决发现违法成本居高不下的问题

确权之后如果一方不履约,政府或者另一方的监控成本非常高。区块链世界的每一行为都被打上时间戳,违法违约行为全网可知,信息不可回溯难以篡改,这实质上是一种成本极低的监控,有助于遏制偷偷违法的行为。同样以版权保护为例,因为时间戳的存在、使用后的区块的形成都需要全网共识,只要有盗版行为发生,全网不仅不予认可,新的区块难以形成,后续交易无法继续,还会把这一行为记录在案全网发布,有效遏制了盗版这一违法行为。再如污染企业,因为所有生产行为和数据都在区块链中显示,每一产量对应的排污量全网可知,杜绝了企业私下排污而不被发现这一可能性的发生。

如图3-9所示,通过区块链技术的参与,私人边际成本与社会边际成本、私人边际收益与社会边际收益实现相等,市场达到最优配置,成本与收益都有明确的承受主体。

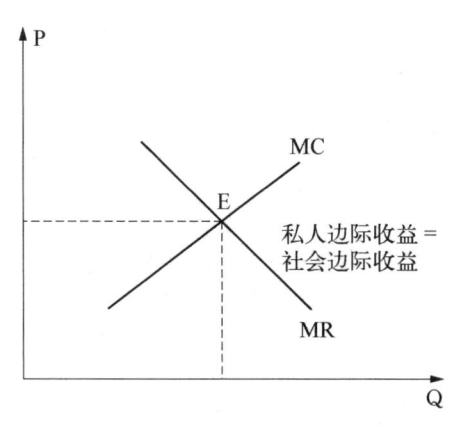

图3-9 区块链解决市场失灵

五、区块链对公共品领域市场失灵的解决

在经济学中,公共品是指在消费方面具有"非竞争性"与"非排他性"的产品。所谓非竞争性是指很多经济主体可以同时消费某种产品,而消费质量几乎不受影响,即增加一些人的消费并不影响其他人的消费,使用该产品的边际成本为零。例如路灯、不拥挤的不收费道路、无线信号、灯塔、国防等都可以认为具有非竞争性。非排他性是指即使不支付费用,人们也可以消费某种产品,不能排除任何人享受该物品,或者排除他人的成本相当高。根据非排他性的程度,可以把公共物品划分为纯公共品和准公共品。纯公共品同时具有非排他性和非竞争性,准公共品可以只具有其中的一点,有的是属于具有竞争性和非排他性,例如一般的公路具有非排他性,但当车辆较多发生拥挤时,就具有竞争性;有的则具有非竞争性和排他性,例如消防就是非竞争性的公共品,但因为供应有限,在几处同时发生火灾时具有排他性,再如收费的高速公路也具有排他性,在没出现拥挤之前,具有非竞争性。

表 3-7 公共品的分类

	含义	例子
纯公共品	绝对不能排除其他人消费的产品	国防
准公共品	具有非竞争性和排他性,需要支付一定费用才能消费的公共品	收费高速公路、电视、收门票的公园等

(一) 区块链对公共品的调整

如图 3-10 所示,公共品的需求曲线是个体需求的纵向相加,按照私人物品的最优数量是每个消费者的边际收益和边际成本相等的原则,公共品的最优数量也应当是每个消费者的边际收益之和与边际成本相等。

然而,由于单个个体对于公共品需求无法提供准确清晰的意愿价格,由此导致公共品的需求曲线实质上是不准确的,或者说是不存在的。更重要的是,由于公共品的非排他性,使它往往存在"免费乘车"的情形,指的是个体消费了公共品,但在自愿和缺乏监管的情形下不愿意支付公共品的生产成本,而完全依赖于他人支付公共产品生产成本,只要有人支付该项成本并进行消费,就无法把不付费的排除掉,禁止其消费公共品是无法实现的。由此,人们会压低显示其真实的支付意愿,可能会出现人人都在享用公共品,然而人人都不付费的情况,这被称为"免费乘车"问题。它的存在,使得公共品领域存在市场失灵,市场本身提供的公共产品将低于

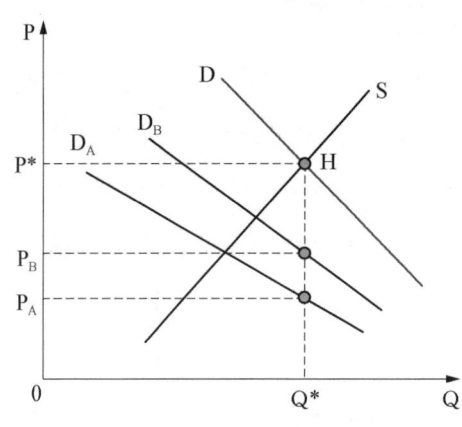

图 3-10 公共品的需求曲线

最优数量,不能采用通常的市场机制获得有效配置达到帕累托最优。

一般而言,"免费乘车"问题需要政府公共部门提供公共品来解决市场失灵。然而,区块链也可以有效地解决此类问题。首先,通过区块链的共识机制和信息的公开透明,可以在区块链全网上高效率地确定公共品的价格,以及每个人对公共品愿意承担的价格,从而设定每个人愿意而且能够支付的价格;其次,有助于解决"搭便车"的现象,因为每个人是否付费,付费多少,既能够在全网公开,又是确保智能合约是否运行的前提,智能合约的运行决定了个体是否能够享受到公共品。由此,公共品的需求曲线是能够客观存在的,并通过真实的付款交易确保社会最佳产量被私人生产部门生产和提供。

(二) 区块链对公共资源领域市场失灵的解决

公共资源是准公共品的一种,它具有竞争性而无排他性,例如海洋中的鱼、环境、拥挤的不收费道路等,都属于公共资源。公共资源的非排他性意味着一定存在"免费乘车"现象,导致私人企业没有提供公共资源的动力;"竞争性"则意味着,当一个人使用公共资源时,就减少了其他人对这种资源的享用。公共资源是一种人们共同使用整个资源系统但分别享用资源单位的公共资源,在这种资源环境中,经济人的选择会引发资源过度使用和耗尽的问题。

在经济学中,公共资源具有普遍的"公地悲剧"。1958年,美国人哈丁发表的文章描述了英国曾有一种土地制度——封建主在自己领地中划出一片尚未耕种土地作为牧场("公地")无偿向牧民开放。由于每个牧民都尽可能多地饲养牛羊,牧场最终"超载"使用。[①]"公地悲剧"证实

---

① Hardin, G. The Tragedy of the Commons[J].Science,1958(162):1243-1248.

经济理论视角下的区块链作用机理与发展逻辑研究

了公共资源领域普遍存在损人利己的行为,导致公共资源被滥用。经济学家就此提出了若干解决方案。第一种方案是政府直接管制,例如奥菲尔斯(Ophlus)认为,"由于存在着公地悲剧,环境问题无法通过合作解决……所以具有较大强制性权力的政府的合理性,是得到普遍认可的"。[1] 政府可以事先确定每个经济个体消费的公共资源数量,并对超量消费的个体予以处罚。然而,政府管制有效的前提是能够准确确定公共资源的总量,精确无误地计算出资源在每个个体的最优使用量,掌握每个经济个体对公共资源的最优消费量,能无成本地发现并惩罚任何过度消费公共资源的经济个体。然而,不完全信息的存在使现实中政府管制的效果并不理想。由此出现的另一种解决思路是私有化方案,例如韦尔奇(Welch)认为,"为避免过度放牧造成的低效率,完全私有产权的建立是必要的"。[2] 公地私有化主要是通过平分资源来实现,然而问题是如何分配,这里依然存在不完全信息的问题。

之后,诺贝尔经济学奖获得者奥斯特罗姆提供了一种解决方案,通过经济个体的自行商谈后,会形成一个对经济个体具有约束力、具有合作性的合约,同时会存在一个能够帮助执行合约的组织。而其中的资源分配、行动监督等,均由经济个体自行解决,这相当于经济个体自行构建了一个"自组织"对自己经济行为和资源配置进行管理。

从区块链的原理看,这一解决方案与区块链的内在理念相一致。假定公共资源处于一个区块链搭建的空间中,区块链上的所有节点都要消耗公共资源获得产出。区块链的运行首先要形成共识机制,亦即

---

[1] Ophlus, W. Leviathan or Oblivion[M]. In Toward a Steady State Economy, ed. H. E. Daly. San Francisco: Freeman, 1973: 228.

[2] Welch, W. The Political Feasibility of Full Qwnership Property Rights: The Ceses of Pollution and Fisheries[J]. Policy Sciences, 1983(315): 155-180.

所有的节点对自己所能获取或消费的公共资源规模相互讨价还价,并对如何分摊公共资源成本、公共资源的最大使用量进行协商,凡有不能实现资源分配与费用分摊相一致的合约都无法获得一致的通过,凡是以不完全的或有偏差的信息为基础的方案都会被其他节点否决。最终唯一可行的结果是所有节点同意的分配与承担费用的方案,这就是区块链的共识机制。不符合共识机制的策略都无法获得同意,因而也无法实施下去。

由于区块链是分布式存储,所有节点的经济行为必须得到其他节点的验证才能被系统认可,所有不符合共识机制的行为也都会被及时发现。可以认为,各个节点掌握的有关策略的信息的准确性远远高于政府,也高于只是帮助合约执行下去的第三方。因而,区块链各个节点根据手中掌握的信息自行设计合约自行形成共识机制,并因为信息全网广播和所有节点都参与验证,也能及时掌握其他节点的违约行为,并有举报违约行为的动机,相当于在不需要专门的监督机构的情况下能够自行完成履约行为。因此,形成共识机制的各个节点的自我利益,就能够引导节点进行自我监督、自我管理,推动合约自主执行。由此,通过激发节点的积极性与实现博弈,有效解决了"公地悲剧"下的资源过度使用问题。

六、基于博弈论的区块链社会福利分析

不同于传统经济学的个人视角分析,博弈论研究的是在考虑对手方行为时经济个体所能做出的利益最大化抉择。博弈论的基础是信息不对称,由于不知道对方的决策内容,而只能通过猜测对方行为来决定自己的选择,所以博弈论下的均衡结果往往对双方来说都是最差的解。在博弈论下,社会福利不仅没有实现最大化,反而受到了损害。本部分

将以"纳什均衡"作为分析对象,分析区块链存在时博弈论的均衡解以及它对社会福利的改善。

"纳什均衡"是最简单的博弈论单次静态模型,以"囚徒困境"为例,其模型均衡解是非合作的(背叛,背叛)组合,参与方在信息不对称的情况下必然以背叛而不是合作作为选择结果,最终形成均衡解为社会福利最差的解,如表3-8所示:

表3-8 囚徒困境下的收益矩阵

	合　作	背　叛
合　作	(8,8)	(−4,10)
背　叛	(10,−4)	(−2,−2)

按照正常情况,双方都选择合作的话,会得到最优组合集(8,8),如果一方选择合作一方选择背叛,选择合作的一方会得到负解:−4,而选择背叛的一方则得到最大的福利10,而如果双方都背叛的话则两败俱伤,得到最差组合集(−2,−2)。作为理性经济人,会不约而同地选择(背叛,背叛)这个最差组合。社会福利将无法实现帕累托最优。

在区块链技术的参与下,博弈论的均衡解将会发生变化:

(一)不考虑激励惩罚问题而只单纯使用区块链技术

由于区块链是分布式存储和点对点传输,意味着每一个节点获得信息的权利是对等的,发布信息的义务也是对等的,信息公开、透明、可回溯,而且难以篡改。那么,在一个信息完全对等的网络环境中,所有节点信息相通,将会消除信息不对称的情况,所有人将会选择(合作,合作)这样一种结果最优的均衡解,得到的结果是(8,8)最优的结果,从而使社会福利实现帕累托改善。

(二)分析在区块链中引入激励机制后纳什均衡解的变化

首先是引入激励机制,在区块链共识机制中加入,如果节点选择合作,将给予3个单位的收益,那么表3-8将变为表3-9。

表3-9 区块链下引入激励机制后的收益矩阵

	合 作	背 叛
合 作	(11,11)	(−1,10)
背 叛	(10,−1)	(−2,−2)

可以看出,引入激励机制后,按照博弈论分析逻辑,当一方假定另一方选择合作时,他自己选择合作的收益是11,选择背叛的收益是10,而他假定另一方选择背叛时,他选择合作的收益是−1,选择背叛的收益是−2,所以无论对方选择合作还是背叛,他的唯一最优选择是合作。以此类推,博弈论中的最优解是(合作,合作)。在共识机制中加入激励措施,将会帮助实现模型中无论个人福利还是社会福利都会最大的那个均衡解,从而实现社会福利的帕累托改善。

(三)在区块链中引入惩罚机制,同样在共识机制中加入

如果节点选择背叛,将会给予−3个单位的收益(惩罚),那么表3-9将变为表3-10。

表3-10 区块链下引入惩罚机制后的收益矩阵

	合 作	背 叛
合 作	(8,8)	(−4,7)
背 叛	(7,−4)	(−5,−5)

可以看出,引入惩罚机制后,按照博弈论分析逻辑,当一方假定另一方选择合作时,他自己选择合作的收益是8,选择背叛的收益是7,而他假定另一方选择背叛时,他选择合作的收益是-4,选择背叛的收益是-5,所以无论对方选择合作还是背叛,他的唯一最优选择是合作。以此类推,博弈论中的最优解是(合作,合作)。同样地,在共识机制中加入惩罚措施,有助于实现模型中无论个人福利还是社会福利都会最大的那个均衡解,从而实现社会福利的帕累托改善。

(四)在共识机制中同时加入激励和惩罚机制

如果节点选择合作,会得到3个单位的收益,如果节点选择背叛,将会给予3个单位的惩罚,那么表3-10将会变为表3-11。

表3-11 区块链下同时引入激励和惩罚机制的收益矩阵

	合　作	背　叛
合　作	(11,11)	(-1,7)
背　叛	(7,-1)	(-5,-5)

可以看出,引入惩罚机制后,按照博弈论分析逻辑,当一方假定另一方选择合作时,他自己选择合作的收益是11,选择背叛的收益是7,而他假定另一方选择背叛时,他选择合作的收益是-1,选择背叛的收益是-5,所以无论对方选择合作还是背叛,他的唯一最优选择是合作。以此类推,博弈论中的最优解是(合作,合作)。同样地,在共识机制中同时加入激励与惩罚措施,更进一步地实现了模型中无论个人福利还是社会福利都会最大的那个均衡解,从而实现社会福利的帕累托改善。

换一个角度分析,从制度安排与激励的角度看,区块链有一种激励相容的效果,所谓激励相容是哈维茨(Hurwiez)所定义的,市场上每个经济人都会按照追求个人利益最大化的准则安排自己的资源配置和经济行为,这些行为可能与集体共同利益相一致,也有可能损害集体利益。如果能够设计出一种机制,它的安排能够让个人利益与集体利益相一致,个人追求利益最大化的行为正好也能实现集体目标的最大化,这种机制就是激励相容。杜鲁门(Truman,1958)所坚持的群体理论认为群体如果具有共同利益的话,群体中的个人有增加共同利益而努力的自觉性。但奥尔森(1965)则反对这一观点,他认为只有在群体人数很少和存在一些强制手段的情况下,才会迫使个体为共同利益努力,一个理性经济人只会追求自身的利益最大化。[①] 公共品领域的市场失灵也是基于此理论,因而激励相容很难实现。

区块链通过适合的制度设计,能够实现激励相容,这就是对社会福利的帕累托改进,因为每个人在努力改进自己的帕累托水平时,也带动着整个社会实现了社会福利的帕累托改进,而不是以损害社会福利的代价实现自身的福利提高。从这个角度看,区块链对社会福利的改善具有经济伦理上的提高效率并能兼顾公平的意义。

延伸到现实意义,区块链有助于改变以经济人作为假设前提的人类生产行为,"利他"即为"利己","合作"即为"利己"。因而,个人追求个人利益的行为可以实现集体利益,个人维护集体利益的行为能够保障个人利益。这种社会伦理的实现,不是靠道德约束和法律制衡,而是靠激励相容的制度设计,推动人人自觉"利己",减少和杜绝"损人利己"最终"损人不利己"的行为,形成关心集体利益、遵守社会公约和共识的社会价值观。此外,区块链的激励相容还有助于形成全社会主动监督

---

① Olson, M. The Logic of Collective Action. Public Goods and the Theory of Groups[M]. Cambridge, Mass.: Harvard University Press, 1965.

"作恶"行为的良好风气,减少犯罪、失信、损害公共资产的不良行为,形成良好健康的社会风气。

第三节 区块链对价值分配的作用研究
——以互联网经济为例

自互联网技术诞生至今,随着移动互联网、智能手机、大数据、云计算、物联网等配套技术的迅猛发展,人类生产生活方式发生了翻天覆地的变化,以互联网为载体的经济行为和价值创造随之出现,催生了互联网经济的到来。互联网经济使人们的生产与消费方式发生了变化,特别是以网络活动为载体的生产方式的显著变化,不仅改变了社会化大生产的分工协作模式,也带来了互联网经济价值分配的新变化。

有关价值分配的研究主要有两个方面:一是经济学中的按要素分配理论,是生产要素的使用者根据各种生产要素在生产经营过程中贡献的大小,按照一定比例,对生产要素的所有者支付相应报酬的一种分配方式。生产要素一般包括劳动、资本、技术、土地、管理等。二是按照政治经济学劳动价值论的观点,商品价值是劳动创造出来,资本家在支付了劳动者劳动报酬(工资)并支付了生产资料的成本之后,攫取了其余部分(剩余价值)。在两种分配理论中,区块链都能发挥积极作用。但由于按要素分配理论所涉及的需要通过区块链发挥作用的要素收益衡定原理较为简单,所以本节将会放在最后一部分予以阐析。而按照劳动价值论,互联网经济所涉及的劳动较为复杂,分配关系与分配方式对区块链的依赖程度更大,因此将作为本节的主要内容展开论述。

按照马克思主义的观点,价值分配不仅与经济个体的经济利益息息相关,而且对生产力发展具有反作用,甚至影响某种经济制度的存在与发展。本节将以政治经济学视角,研究互联网经济价值分配中存在的问题,试图通过区块链技术进行优化和解决,并对未来互联网经济价值分配的发展趋势予以预测与展望。

一、互联网经济价值分配现状

(一)互联网经济的资本化趋势愈加明显

互联网是 20 世纪 60 年代末出现的一项技术创新,最早用于军事领域的信息资源共享,并在 20 世纪 80 年代后逐渐在大学、政府机构和研究机构中使用。由于互联网技术的研发与系统维护升级需要不断投入巨额资金,银行等金融资本开始进入计算机网络基础设施领域,推动着互联网逐步走向民用和商业化发展道路,并吸引了大量投资资本进入互联网产业领域。回顾互联网经济的发展历程,无论是 21 世纪初期门户网站、搜索引擎的出现以及第一轮互联网泡沫的破灭,还是近 10 年 BAT 等互联网平台巨头的崛起、"共享经济"的盛行以及产业互联网的赋能,互联网经济的发展与资本的积极介入如影随形,密不可分。

资本对互联网经济的发展起到了非常重要的资金支持作用,同时也推动着互联网的发展方向转为追求更高利润率的模式。资本充分发挥了逐利性的本能,引导互联网产业按照资本的需求而发展起来,从简单的信息资源共享变为依托复杂算法和流量带来多方面盈利的商业模式,从专注 lass 和 Saas 的软硬件技术服务,变为渗透生产生活方方面面的互联网平台巨头 Paas 模式。互联网技术自身成为低成本的技术基础设施类公共服务,但依托于互联网的平台企业,却变成了资本获利的重要依托。从互联网平台的发展过程看,它的成长是数字化技术的商品化与资本相联结的过程,是随着天使资本投入多轮新资本接盘从而形成寡头垄断的过程。互联网平台初期通过资本支持,用让利手段实现对用户的占有、规模的扩张和消费习惯的教育后,就开始创造盈利模式,占有剩余价值,并实现新一轮的资本增值。

当前,互联网经济的资本化趋势日趋明显,一是几乎所有的互联网巨头企业背后都有着大量资本的身影。以互联网巨头阿里和腾讯上市时股东数据为例,阿里巴巴最大股东为日本软银集团,持股32.4%,腾讯最大股东为南非MIH集团,持有37.5%的股权。至2019年底,软银和MIH依然是阿里与腾讯最大股东,持股比例分别为25.2%和31%,而创始人马云和马化腾分别占比6%和1%。① 二是互联网巨头企业自身也成为新的资本,不断投资和培育新的互联网企业,以扩大自身的势力范围。例如腾讯投资美团、滴滴、摩拜、喜马拉雅等互联网企业,阿里巴巴投资饿了么、钉钉、优酷土豆等。当前,互联网巨头们的投资已经覆盖了包括社交、金融、电商、O2O、文化娱乐、教育、医疗、智能硬件、工具、企业服务等几乎所有的互联网领域。三是互联网经济中资本的跨国流动性趋势增强,比如国内互联网平台巨头的股东来源分布全球,而国内资本占比不高。其原因一方面在于互联网平台的运营本身跨越了地域限制而面向全球,更容易受到海外资本的青睐;另一方面,我国对互联网企业上市的诸多限制,导致很多国内互联网企业选择海外上市,吸收国外资本对海外上市有一定帮助。

(二) 互联网经济下的价值分配存在资本剥削

作为新经济,互联网平台盈利模式的深层逻辑是平台公司对数据与社交关系的私有化与商品化。这意味着,互联网技术是一种先进的

---

① 数据来源:wind数据库。

生产力,但互联网经济下的生产关系却因为平台对数据的隐蔽式私有化而带有私有制的特征。在互联网经济下,劳动与商品生产与传统实体不尽相同,它的劳动更多是一种隐蔽的异化劳动,所生产的商品主要表现为能够描述用户偏好和个人隐私的数字商品。然而,互联网经济的价值分配并没有脱离私有制下价值分配的实质,即"个人以雇佣劳动的形式参与生产,以工资形式参与生产成果的分配";资本家以投入资本的方式参与到生产过程中,以资本积累的方式取得利润——扣除工资和其他要素之外的剩余价值。互联网产业的发展一定程度上也是资本追逐互联网经济利润和最大化榨取剩余价值的过程,这一内容可以从两个角度理解。

1. 资本与数字劳动之间的价值分配

数字劳动最早由意大利学者蒂齐亚纳·泰拉诺瓦(Tiziana Terranova)在《免费劳动:为数字经济生产文化》一文中提出,随着互联网经济的深入发展,引起了国内外一些马克思主义者的关注和研究。当前,理论界对数字劳动还没有标准定义,可以认为它由各种形式的用于数字媒体生产、流通和使用的脑力劳动与体力劳动组成。数字劳动分为3种形式:

(1)互联网专业劳动,主要是专门从事与互联网产业有关的劳动,例如软件开发、程序编制、网站设计等,非技术性人员所进行的管理与日常工作也包括在内。资本对这一类数字劳动所创造价值的占有,与传统的分配没有区别,主要靠"996"工作制[①]延长雇佣劳动的劳动时间和增加劳动强度来实现。

(2)无酬劳动,主要包括主动的内容生产型劳动和被动的受众劳

---

① "996"是指早上9点上班、晚上9点下班,一周工作6天的工作制度,代表着中国互联网企业盛行的加班文化。

动。前者主要是指在互联网进行内容创造的无酬劳动,比如发表微博、评论,上传个人资料等行为。后者是在互联网上进行搜索、浏览、购物、游戏等行为。这两种无酬劳动实质上都是互联网平台通过技术手段隐蔽地把网上娱乐行为转化成剩余价值的生产行为。在新技术的支持下,用户的上网行为能够形成具有价值的数字商品。无论是用户的主动内容生产行为还是被动的浏览行为,甚至购物和游戏,互联网上的任何行动痕迹都会被互联网平台记录下来,并通过服务协议、隐私条款等方式免费获取数据使用权。互联网平台将这些具有使用价值的数据商品化,形成数字商品,产生商品价值,互联网平台和背后的资本以此获得丰厚利润:互联网平台通过对在线用户上网行为形成的大数据进行整合、挖掘和分析,形成数据商品,一方面变成其他企业研发、投资等行为的信息来源;另一方面把形成的精确用户画像作为"受众商品"售卖给广告商,帮助广告商推送精准网络广告。由于互联网平台与用户没有任何雇用关系,并因为"数字劳动越是去异化,互联网资本剥削的触角在众多用户的网络体验中就扎根越深,也越发隐蔽"[①],不需支付给这类数字劳动任何报酬,因而不仅占有了数字商品的剩余价值,还拿走了本应分给数字劳动的酬劳,在事实上占有了数字商品的所有价值。互联网经济中存在着大量为互联网资本生产利润却得不到报酬的在线用户劳动,这在实质上是一种对劳动的剥削。由于互联网经济的特殊性,互联网平台的剥削和对剩余价值的占有,已经从员工扩展到全网用户,不仅跨越了企业的边界,也跨越了国界。

(3) 有酬微劳动,主要是与互联网平台存在临时雇用关系并通过内容创造获得一定收入的兼职劳动,比如可以收费的主播、依靠销售提

---

① 黄再胜.数字劳动与马克思劳动价值论的当代拓展[N].中国社会科学报,2017-04-27.

成的网络直销、按字数获取酬劳的网络写手等。虽然微劳动获得了一定的工资或报酬,然而它创造的剩余价值依然是归资本所有,并因为个体在价值分配谈判中处于劣势地位,互联网平台和背后的资本在价值分配中占据了绝对优势,占有绝大部分数字商品的价值。此外,微劳动还因为互联网这种共享模式存在着内容创造的确权困难和知识产权维权成本高、犯罪成本低等问题,其劳动成果经常得不到互联网平台的有效保护而被他人和其他平台所剽窃、获利,在价值分配中的地位进一步恶化。

总体上,数字劳动消解了传统意义上休闲与劳动之间的对立关系,模糊了娱乐与工作之间的界限,并因为监管的空白、确权的困难和数字商品获利的隐蔽性,导致互联网资本极其隐蔽地占有了剩余价值乃至全部价值,还无偿占有了本应当属于数字劳动者的数据这一重要生产资料。互联网平台以及资本在价值分配中都存在绝对剩余价值和相对剩余价值获取的行为。

一方面,互联网平台通过各种方式增加用户黏性,占据用户碎片化时间,让用户花更多时间停留在互联网上,通过在线使用时间的延长,实现绝对剩余价值。另一方面,技术进步提高了网络传递速度,并设计出各种高效便捷的内容发布配套工具,可以使用户在相同时间内浏览更多内容,快速实现复杂内容的编辑与发布,"劳动生产力的提高和劳动强度的增加,……都会增加任何一段时间内所生产的产品总额。因此,二者都能缩短工人生产自己的生活资料或其等价物所必需的劳动日部分"[1],实现更多的相对剩余价值。

当前,随着数字化程度的提高、网络的普及和智能手机的普遍使

---

[1] 马克思恩格斯文集:第 5 卷[M].北京:人民出版社,2009:605.

用,工作和生活的时间界限逐渐模糊,全天 24 小时都有可能成为数字商品价值生产的劳动时间,用户随时随地都有可能为资本生产剩余价值,而资本会使用各种技术工具、制度安排和意识形态等手段将数字劳动者的非劳动时间转变为劳动时间,以实现资本积累的最大化。

2. 剩余价值在资本间的分配

互联网平台的发展模式是无边界扩张来建立自己的商业生态系统,加上互联网行业存在规模优势的发展规律,平台用户人数越多,流量越集中,平台的主导性和领导权越强,这种主导性与领导权还具有排他性。两个因素叠加起来,导致寡头垄断成为互联网行业常态,与之相伴的是资本的集中化。其实,对于这一现象,早在 19 世纪中期,当资本主义还处在自由竞争时代,马克思就预见到了。马克思认为,垄断代替自由竞争是必然的。在《资本论》一书中,马克思分析了资本集中的发展趋势:"随着资本主义生产和积累的发展,竞争和信用——集中的两个最强有力的杠杆,也以同样的程度发展起来……资本主义生产的扩大,又替那些要有资本预先集中才能建立起来的强大工业企业,一方面创制了社会需要,另一方面创造了技术手段。因此,现在单个资本的互相吸引力和集中的趋势比以往任何时候都更加强烈。""在一个生产部门中,如果投入的全部资本已融合为一个单位资本时,集中便达到了极限。"①列宁在《帝国主义是资本主义的最高阶段》一文中对垄断又进一步进行了分析:"资本集中产生垄断,则是现阶段资本主义经济发展的一般的和基本的规律,"②"竞争转化为垄断。生产的社会化有了巨大的进展。就连技术发明和技术改进的过程也社会化了。"③列宁专门指出:

---

① 马克思恩格斯文集:第 5 卷[M].北京:人民出版社,2009:722-723.
② 列宁全集:第 27 卷[M].北京:人民出版社,1985:336.
③ 列宁专题文集:资本主义部分[M].北京:人民出版社,2009:115.

"生产社会化了,但是占有仍然是私人的。社会化的生产资料仍旧是少数人的私有财产。在形式上被承认的自由竞争的一般架子依然存在,而少数垄断者对其余居民的压迫却更加百倍地沉重、显著和难以忍受了。"[1]

资本所具有的逐利性推动了互联网经济成为一种新的垄断,主要表现在3个方面:(1)自身占据行业的大部分份额,例如BAT已经分别占领搜索引擎、电子商务、即时通信市场份额的50%以上。(2)通过投资参股或控股新领域的互联网企业,例如目前我国互联网未上市创业公司估值前30名的公司,80%背后都有BAT的身影[2]。(3)利用流量优势和算法优势,扼杀了大量下游中小企业和潜在竞争对手的成长与生存空间。

对于数字商品创造的价值,互联网巨头不仅占有自己平台数字劳动创造的剩余价值,而且把用户流量以及用算法包装出来的数字商品出售给小规模互联网平台和下游企业,例如与互联网平台合作的实体商铺,攫取这些平台与商铺内数字劳动和非数字劳动所创造的剩余价值,并通过新的投资,让剩余价值在资本间的分配向有利于自身的方向流动。通过上述途径,互联网上所有数字劳动创造出的剩余价值总和,在各个互联网平台间进行了二次分配,互联网巨头占据绝大多数的份额,中小平台占据小部分份额,而数字劳动在互联网经济的价值分配体系中占据的比重越来越低。

正如列宁对少数垄断者对其余居民的压迫所分析的,对于数字商品创造的价值,互联网巨头不仅占有自己平台数字劳动创造的剩余价值,而且把用户流量以及用算法包装出来的数字商品出售给小规模互

---

[1] 列宁专题文集:资本主义部分[M].北京:人民出版社,2009:116.
[2] 中华网、中商情报网、凤凰财经、搜狐新闻、新华网等国内主流媒体公开报道。

联网平台和下游企业,例如与互联网平台合作的实体商铺,攫取这些平台与商铺内数字劳动和非数字劳动所创造的剩余价值,并通过新的投资,让剩余价值在资本间的分配向有利于自身的方向流动。通过上述途径,互联网上所有数字劳动创造出的剩余价值总和,在各个互联网平台间进行了二次分配,互联网巨头占据绝大多数的份额,中小平台占据小部分份额,而数字劳动在互联网经济的价值分配体系中占据的比重越来越低。

(三) 互联网经济价值分配的趋势判断

当前,全球互联网用户已经突破 40 亿,用户每日平均在线 6 小时,占据人们清醒时间的 1/3。[①] 2020 年中国网民规模为 9.04 亿人,互联网普及率达 64.5%。[②] 按这样的现状和发展情况判断,互联网经济会呈现如下趋势性特征:

(1) 垄断化,即互联网经济继续沿着大规模的集中与垄断的发展方向,出现少数互联网巨头主导互联网经济发展的情况,这些互联网巨头形成了互联网时代的新经济中心,集聚与掌握了越来越多的资源,成为网上交易、记账,甚至提供信用担保的枢纽与中心,并具有互联网交易规则决定的绝对话语权。

(2) 金融化,通过金融资本实现金融与互联网产业的密切结合,在互联网经济领域不仅出现如列宁所言的"资本帝国主义",[③]"典型的世界'主宰'已经是金融资本",[④]而且随着数字经济的发展深化,金融资本将与互联网乃至绝大部分产业深度融合,将把所有资源配置都纳入其

[①] We Are Social:2020 年中国地区数字报告[EB/OL]. https://tech.sina.com.cn/roll/2020-03-13/doc-iimxxstf8590329.shtml.
[②] http://capital.people.com.cn/n1/2020/0429/c405954-31692574.html.
[③] 列宁全集(第 2 版):第 27 卷,北京:人民出版社,1985:400-402.
[④] 列宁全集(第 2 版):第 27 卷,北京:人民出版社,1985:141-142.

主宰与调配的范畴中,金融、产业、要素、资源融为一体,形成资本支配下的数字经济范式。

(3)国际化,资本在更大规模和更大范围内渗透、融通,类似于"资本不断从一个国家流入另一个国家",[①]"金融资本的密网可以说确实是布满了全世界"[②]等现象,互联网经济发展大大跨越了国界与区域的限制,成为全球化经济发展的主要驱动力。

由此,互联网经济中的价值分配趋势显而易见地表现为:资本通过对互联网平台巨头的投资,不仅占据了大部分互联网经济中的剩余价值,还在价值体系中进一步压缩数字劳动所占的份额,甚至无偿占有劳动应得的工资,并在二次分配中占据了绝大多数份额,获取更多的剩余价值。这种分配范围不局限在一国或一个行业之内,而是通过资本的全球化流动和互联网的无边界延伸,在全世界和全产业中进行分配。

二、区块链对互联网经济价值分配的优化

互联网经济的价值分配并没有摆脱资本与劳动的对立,这种固有的矛盾所形成的生产关系最终会对生产力的发展形成阻碍。资本的"目的不是取得第一利润,而只是谋取利润的无休止的运动",资本对剩余价值的追求是无止境的。随着互联网经济的深入发展和资本与剩余价值的过度集中,生产力与生产关系的矛盾运动将会对此作出调整,区块链技术即是顺应这样的需求应运而生的。

(一)区块链实质上是对生产关系的变革

本质上,区块链是一种混合了密码学、分布式存储、智能合约等新

[①] 列宁全集(第2版):第27卷,北京:人民出版社,1985:82.
[②] 列宁全集(第2版):第27卷,北京:人民出版社,1985:380.

技术在内的集成技术，具有去中心化、难以篡改、全程留痕、可以追溯、集体维护、公开透明等特点。它不仅是一种技术，更是一种有效的制度安排，通过算法型制度设计实现生产关系的新变革，弱化固有的矛盾与对立，优化互联网经济的价值分配。

区块链技术使用点对点传输与分布式存储，以共识机制推动系统运行与秩序自治。在区块链系统下，映射的是现实生活中人与人在生产、协作、交换、分配过程中形成的各种关系，是一种以算法变革互联网经济生产关系的有效制度。一方面，区块链有助于修复互联网经济带来的信任缺失问题，通过提供透明度高、真实可信且难以篡改的数据和通过对失信行为的全链监督与记录在案，为商品的生产交换与价值实现全过程提供技术性信任背书。人与人的信任重建，这正是一种人际关系改善的体现，必将对生产关系造成影响与冲击。另一方面，区块链的区块形成，是通过对数据的有效跟踪记载与全链验证实现的，事实上这是一种对数据资源的有效确权，在某种程度上实现了资本的广义化，并有助于保护这类广义资本的真正所有者的所有权和收益权。从这个角度看，区块链技术有可能改变生产资料的分配与占有方式，从而推动生产关系的变革。

(二) 通过确权和工作量证明机制优化数字劳动的分配权重

区块链对数字劳动分配权重的优化可以从 3 个层次进行讨论。

在第一个层次，区块链有助于确定劳动边界，帮助无酬劳动获得相应的报酬。互联网经济下为何存在无酬劳动，除了数字商品价值实现的强隐蔽性之外，个体用户上传的数据和信息难以在数字商品中确权，从而难以衡量个体所创造的价值也是一个重要原因。区块链能带来有效的确权机制，链上劳动时间和所有发布的信息均留痕有印，全网验证,难以篡改,并通过时间戳确定初始劳动者,不仅能够确定数字劳动的边界,还能保证该项数字劳动的唯一归属性,无论互联网平台如何把数字劳动形成的数据信息包装组合成不同的数字商品,都能留下数字劳动的唯一痕迹,牢牢跟随着数字商品的交易流通全过程,这就是区块链的确权机制,让数字劳动所创造的价值能够明确边界,明确所有者,并充分且透明地反映在最后所形成的数字商品中,让过去隐形的价值通过显性的方式表达出来,从而使无酬劳动能够参与到价值分配当中,变无酬为有酬。此外,区块链的确权有助于保护原创者的知识产权,以防被其他用户和平台侵权盗版,从而让真正的劳动者有确实的证明依据参与价值分配,而盗版者无法就此获利,这也是实现公平合理的互联网经济价值分配机制的强有力技术支持。

在第二个层次,区块链的工作量证明机制有助于提高数字劳动在价值分配中的比重。区块链的共识机制中有一种叫作工作量证明(Proof of Work,PoW),主要是指在区块的形成过程中,谁能最早算出哈希值,谁就具有记账权并获得相应的记账奖励。区块链中的 PoW 采用非对称加密技术,能够实现所有节点高效的验证工作量,节点所付出的劳动能够记录有痕,被全网验证并接受。转换到互联网经济中,则可以通过共识机制,并结合区块链的确权功能,设计出确认数字劳动强度的工作量证明机制,通过算法把复杂数字劳动换算成简单数字劳动,把数字劳动与数字商品所实现的价值挂钩,越复杂的数字劳动获得越多的报酬,数字商品实现的价值越高,相应的数字劳动获取的报酬越多,以此提高数字劳动在价值分配中的权重。

在第三个层次,区块链有助于改变互联网生产资料的占有方式,从而改善生产关系。在互联网经济下,数字劳动所创造的数据信息,不仅形成数字商品,还是一种可再生利用的生产资料,并能够在其他技术

(例如云计算)的支持下,形成数据的自我积累与无障碍流通,从而形成具有生产性和扩张性并能够带来巨大利润的数字资本。因此,数字资本是数字劳动创造出来的,既是一种重要的生产资料,也是一种互联网经济中能够实现自我积累和资本增值与运作的生产资本。在没有区块链之前,生产资料与数字资本均无偿归互联网平台所有。在区块链技术出现后,其确权机制有助于明确数据这一生产资料的真正归属,可以让数字资本为数字劳动者所有,从而改变生产资料分配与占有方式和所形成的数字资本的所有权,优化所有制结构,实现数据所有者、生产者和获益者的统一,让数字劳动者能够在剩余价值分配中占有一席之地。正如马克思所言,"物质的生产条件以资本和地产的形式掌握在非劳动者的手中,而人民大众则只有人身的生产条件,即劳动力。既然生产的要素是这样分配的,那么自然而然地就产生消费资料的现在这样的分配。如果物质的生产条件是劳动者自己的集体财产,那么同样要产生一种和现在不同的消费资料的分配。"[①]通过区块链的确权,能够推动生产资料和数字资本的占有发生改变,从而优化互联网经济下的生产关系。

(三)通过去中心打破互联网寡头垄断,优化剩余价值在互联网企业间的分配

区块链是一种去中心化的思维模式,它采取点对点传播,分布式存储,在先天就不需要在数据中转、数据存储和规则制定与运行上通过"中心"来统一调度和指挥。如前所述,互联网平台巨头成为互联网经济的新经济中心,拥有越来越大的资源调配能力和垄断能力,具有更高

[①] 马克思恩格斯选集:第3卷[M].北京:人民出版社,1972:13.

的互联网管理权限与规则制定的绝对话语权。在互联网经济中运用区块链技术,能够搭建互联网平台互动分享的生态系统,各个平台之间甚至用户与平台之间所形成的是扁平式组织结构,节点地位平等。

1. 用户与用户之间、用户与各个平台之间、平台与平台之间可以直接互动与传输、分享信息,数据传输与流量形成都能够不通过互联网平台巨头的中转而独立发生,中小平台可以自由和自主地存储与查阅数据,由此降低中小平台对平台分发流量与数据信息作用的依赖。

2. 在共识机制的统一作用下,互联网经济中产生的交易在各个节点之间直接进行,交易所形成的价值也按照事先约定的在用户间进行分配,既不需要互联网平台巨头参与每一笔交易,也不需要互联网平台巨头对履约行为进行担保和监控并对违约行为进行惩罚,由此降低了中小平台与交易对手方对大平台进行担保与维系履约作用的依赖。

3. 互联网经济中交易的记录,是区块链各个节点进行验证确认并在全链进行分布式存储,数据可回溯并难以篡改,不需要一个中心化的互联网平台进行统一保存并维护数据安全,由此降低了中小平台对大平台记账以确保数据真实可靠和防范数据丢失、篡改风险作用的依赖。区块链通过上述几个方面的作用,降低了互联网平台巨头在互联网经济中的核心、垄断作用,改变了当前信息与流量统一由几个平台垄断机构发包并以此攫取绝大多数剩余价值的分配模式,缓和了互联网平台巨头过于中心化与垄断的发展趋势,打破互联网巨头对流量和互联网产业剩余价值的垄断,让剩余价值能够更为平等地在资本间进行分配,为中小互联网平台企业提供更适宜的生产空间,有助于实现平台间的共享经济。

三、区块链的激励相容分配机制对生产力的推动

价值分配与生产力的发展息息相关,在较高的生产力水平下,无论劳动还是资本所得到的分配结果的绝对值会高于较低生产力水平下的绝对值。"分配并不仅仅是生产和交换的消极的产物;它反过来也影响生产和交换。[①]"分配关系和分配比例恰当,能够激发劳动者的积极性和主动性,分配形式与生产形式相适应,会促进生产力的发展。列宁曾对马克思按劳分配理论进行了发展和实践探索,反对平均主义分配,并提出"必须把国民经济的一切大部门建立在同个人利益的结合上面"[②]的分配原则。区块下的分配与列宁提出的分配原则有类似之处:它通过设计一种激励相容的制度安排,即每个个体在追求自己利益的同时不仅不损害集体,还能同时增加集体利益。

如前所述,区块链下的激励相容,主要通过通证(Token)来体现。通证是一个很广泛的概念,只要能够证明权益和价值,能够交换与流动,都可以被称为通证,并不局限于使用区块链技术的加密货币,例如比特币。从广义上讲,股票、债券是一种通证,Q币、积分也是通证。在区块链技术下使用的通证,更具真实性和透明性。经济个体所付出的数字劳动,凡是有利于网络运行发展的行为,都可以用通证予以奖励,这不仅包括正常的内容创造、信息上传、网页浏览、交换交易等数字劳动行为,还包括每个个体对数字劳动及其创造价值的主动"记录"(用记账权的形式表达),甚至包括对破坏网络系统、破坏诚信交易、剽窃造假等"作恶"行为的监督举报。

区块链技术下的分配方案之所以被叫作激励相容,是因为它不仅

[①] 马克思恩格斯选集:第3卷[M].北京:人民出版社,1995:490-491.
[②] 列宁全集(第2版):第42卷[M].北京:人民出版社,1985:191.

激发个体为追求经济利益而付出各种数字劳动,而且还能引导个人利益与集体利益相互融合一致,在增加个人利益的同时并不损害集体利益。西方经济学的经济人假设前提以及理论阐析,得到的结果往往是个人在追求利益最大化的同时损害了集体利益,比如负外部性造成的河流污染,公共品领域的"免费搭车"和"公地的悲剧"等。区块链则通过共识机制和激励相容的分配关系,有效地改善了个人利益对集体利益的损害:通过共识机制的事先设定,损害集体利益的数字劳动不会被区块链交易接纳,而且这些劳动还会全链留痕、难以篡改,影响个人诚信与劳动报酬,符合共识机制的数字劳动则被计入区块,获得合法合理报酬;通过通证的激励,激发全网主动从事数字劳动,主动验证他人的数字劳动,主动监督"作恶"行为,充分提高数字劳动的积极性与创造性,减少非对称信息导致的机会主义,实现个人利益与集体利益的共赢,推动生产力的发展。

在社会主义条件下,区块链激励相容的分配方案更加值得重视。因为按劳分配是社会主义国家的基本经济制度,但因为方案设计和理解不同,有些国家和单位会把分配方案设计成平均主义,不利于提高社会主义劳动者的积极性。而采取区块链支持下的"同个人利益结合和个人负责原则"的分配方案,更有利于体现社会主义制度的优越性,发挥社会主义公民的劳动积极性,进一步强化按劳分配基本经济制度,有力地推动社会生产力的创新发展。

四、基于按要素分配理论下区块链对价值分配的优化

按要素分配理论的主要核心在于两个方面内容:(一)在商品价值的构成中,应当有哪些要素可以参与价值分配;(二)这些要素的贡献度如何衡量,给这些要素支付多少比例的报酬与其贡献相一致。

经济理论视角下的区块链作用机理与发展逻辑研究

在第一个问题中，传统经济理论中涉及的要素一般包括资本、劳动、土地、企业家才能等四方面要素。随着产业革命的深入发展，产业结构发生了变化，技术对商品生产与价值形成的贡献度越来越高，成为新的关键生产要素，至今也是重要的三大核心要素。随着第三次产业革命的到来，信息独立于技术之外，成为新的关键生产要素，在产业发展中起到越来越重要的作用。当前，大数据、云计算等新技术带来了新的产业变革，产业结构与生产方式都发生了深刻变化，市场所提供的产品中，信息特别是数据所提供的贡献度也越来越突出，数据已经成为一个完全独立的重要生产要素，甚至即将成为数字经济时代的关键生产要素。在我国，党的十九届四中全会文件首次把数据列为生产要素，显示出数据这一生产要素对商品价值的贡献度逐渐凸显。而2020年4月出台的中央第一份关于要素市场化配置的文件《中共中央国务院关于构建更加完善的要素市场化配置体制机制的意见》中又进一步强调培育数据要素市场，健全生产要素由市场评价贡献、按贡献决定报酬的机制。这为应用区块链技术解决数据这一生产要素对价值的贡献核定，特别是对数据参与价值分配问题提供了强有力的政策指导。

在第二个问题中，资本、劳动、土地、企业家才能、技术等要素的贡献度以及这些要素的价格已经有较为明确的衡量参考指标，所以能够随着产业变迁而参与价值分配。然而，互联网经济下的信息、数据等信息却很难衡量其贡献度。主要有两方面的原因：首先，互联网商品并非依靠单个信息与数据形成，而往往是混合了大量信息与数据的"大数据"与数据清洗、加工、治理后方能形成。大数据中的海量信息数据的所有权与收益权难以辨识与分割，因而很难衡量单个数据与信息提供者所做的贡献，因而一方面增加了信息与数据参与价值分配的难度；另一方面汇集信息的互联网平台公司成为信息与数据的受益者，存在一定的分配不公问题。其次,互联网经济下对信息与数据存在着无限复制使用的可能性,信息与数据一定程度上具有公共品的非竞争性与非排他性,信息消费是边际成本近似于零,这样就导致信息与数据的要素市场存在公共品型的市场失灵,成本无人承担,免费乘车现象普遍,要素市场无法形成。

由此,区块链是一种在互联网经济下帮助信息数据要素市场形成的有效方案。一方面,区块链的可追溯性与时间戳能够保证原创信息和数据创造者的唯一性,有助于区分"大数据"中每一个数据的所有者,从而使得所有权与收益权相一致,为信息与数据参与价值分配并归真正所有者所有提供依据,解决分配不公问题;另一方面,区块链的这种确权机制也有助于帮助原创所有者保护自己所拥有的所有权与收益权,防止各种盗版与盗用,形成知识付费、信息付费、数据付费的互联网经济交易模式,推动数据等要素市场的形成。

五、区块链优化互联网经济价值分配的前景与趋势

开放、平等、共享的"互联网精神"是互联网得以迅速扩张的内在价值支撑,它的发展本应按照这种平等开放、自主协作的数字劳动体系,让劳动者共享新技术发展带来的劳动成果。然而在资本的推动下,它的发展逻辑却形成了数字劳动的异化和互联网自身的异化,前者表现为数字劳动者与数字商品和数字资本的对立,后者表现为互联网自由开放的初衷与垄断封闭的结果的对立,互联网共享成果的追求与资本占有数字资本和攫取剩余价值行为的对立。区块链的诞生与盛行,与这种异化的存在和治理诉求不无关系。事实上,在区块链技术的介入下,数字劳动的贡献和其所创造的价值都能够被明确衡量,数据成为全区块链共有的生产资料,数字资本可以归全体数字劳动者共有,数字资

本所对应的剩余价值可以在数字劳动者之间进行分配,也可以作为共同收益用以维护区块链系统的运转,还能作为激励手段奖励为共识机制的维护和系统运转做出贡献的劳动者,比如记账者、监督者等。

由此,互联网经济可能会被动地发展成为类似于股份公司的形式,"生产资料转化为资本",[①]"资本再转化为生产者的财产所必要的过渡点,不过这种财产不再是各个相互分离的生产者的私有财产,而是联合起来的生产者的财产,即直接的社会财产"。[②] 更进一步的发展,区块链打开了互联网平台各自封闭的边界,让数字劳动者形成了自己的合作工厂,数字劳动者"作为联合体是他们自己的资本家""他们利用生产资料来使他们自己的劳动增殖",资本和劳动之间的对立在这种联合体下"已经被扬弃","资本主义生产方式转化为联合的生产方式的过渡形式"。[③] 由此,通过联合,互联网能够回归到开放、平等、共享的"互联网精神"上,其盈利模式与生产资料的占有与分配方式发生改变。数据这一客观生产要素能够通过技术安排归劳动者和创造者所有,促使数据商品的价值回归于数字劳动者和数据创造者,既能够让劳动者公平地享有联合体下劳动者共同占有的生产资料所带来的商品价值,又能够避免分配中的平均主义,最终形成"自由人的联合体"。"这个联合体的总产品是社会的产品",[④]信息与数据归全社会共同所有,其产生的价值在数字劳动者之间进行分配,进一步强化按劳分配的基本经济制度,随着产业发展和结构调整,不断提高信息数据等要素在价值分配中的比重,推动社会进步,实现经济转型,走向数字经济时代。

---

① 马克思恩格斯文集:第7卷[M].北京:人民出版社,2009:495.
② 马克思恩格斯文集:第7卷[M].北京:人民出版社,2009:495.
③ 马克思恩格斯文集:第7卷[M].北京:人民出版社,2009:499.
④ 马克思.资本论:第1卷[M].北京:人民出版社,1975:95-96.

第四章 区块链作用机理的宏观研究

第一节 基于区块链技术的数字货币对宏观政策的影响研究

一、数字货币理论概述

（一）数字货币的源起与理论渊源

数字经济是一场深刻的经济革命，在数字技术主导的数字经济下，经济社会各个领域，比如生产、流通、商业等将率先完成数字化改造，继而实现各个产业的数字化发展，从而全面提高运行效率。世界正在日益数字化，随着数字技术的发展，人们的生产、生活发生了深刻的变化。发展数字经济已经成为世界各国转型发展的共同选择。早在2016年G20杭州峰会发表的《二十国集团数字经济发展与合作倡议》就指出，数字经济是未来全球经济的重要驱动因素。新经济孕育新市场，新市场产生新货币。随着互联网技术的发展，私人数字货币产生和演变，丰富了人们对于传统货币问题的认识。[1] 2021年10月18日，中共中央总书记习近平在主持中共中央政治局集体学习时对数字经济进行高度评价，他认为："数字经济发展速度之快、辐射范围之广、影响程度之深前

---

[1] G20：《二十国集团数字经济发展与合作倡议》，2016年。

所未有,正在成为重组全球要素资源、重塑全球经济结构、改变全球竞争格局的关键力量。""要站在统筹中华民族伟大复兴战略全局和世界百年未有之大变局的高度,统筹国内国际两个大局、发展安全两件大事","不断做强做优做大我国数字经济"。①

20世纪30年代经济危机爆发,金本位制崩溃后,世界各国开始使用信用本位制度,货币供应量不再取决于国家黄金存储量,而是取决于政府针对经济发展而制定的货币政策。为防范经济危机,凯恩斯主义政策盛行,但同时也出现了持续的通货膨胀、政府干预过多等问题。此时,自由主义货币理论和政策兴起,弗里德曼提出要重视货币的稳定性,强调单一货币规则,以提高央行的独立性来控制货币供给的盲目扩大。而哈耶克则提出更加激进的路线,即放弃法币,实行"货币非国家化",由私人发行货币,通过竞争形成市场内生的货币体系。② 在此背景下,私人部门的加密数字货币基于密码学和网络P2P技术,由计算机程序产生,开始互联网上发行和流通。③

(二) 数字货币的正面作用和负面影响

作为一个新的货币形态,数字货币有正面的积极作用,也不可避免地带来一定的负面影响。

1. 数字货币具有技术开创性。数字货币的创新意义在于它的结算功能。从技术和发行方式看,分布式记账技术是一种技术探索和创新,从经济和社会成本上看,是一个巨大提高。

---

① 习近平主持中央政治局第三十四次集体学习:把握数字经济发展趋势和规律,推动我国数字经济健康发展[EB/OL]. http://www.rmzxb.com.cn/c/2021-10-22/2971041.shtml.
② Hayek, F. A. Denationalization of Money-The Argument Refined. The Institute of Economic Affairs[EB/OL]. https://mises-media.s3.amazonaws.com/Denationalisation%20of%20Money%20The%20Argument%20Refined_5.pdf.
③ 谢平,石午光.数字加密货币研究:一个文献综述[J].金融研究,2015(1):1-15.

2. 数字货币具有功能开拓性。只要越来越多的金融业务能够使用数字货币，就可以发挥交易媒介的职能，进行货币和金融资产交易。(1) 可以建立"数字化自由市场金融体系"(Ideal Free Market Financial System)，降低金融资产的交易和转让成本，减少监管约束，提高市场效率。(2) 通过金融资产数字化，开展融资业务。相关平台可以设计开发数字化金融资产，以数字货币标价，促进融资业务的数字化发展。(3) 采取各种有效措施，提高数字货币的接受度。[①]

3. 长远来看，数字货币对金融体系有重要的促进作用。(1) 改变货币结构，货币乘数将增大；(2) 经济社会对实物货币的需求将减少，将加快金融资产转换速度；(3) 能够有效测度货币流通速度，央行能够更好更快地计算货币总量；(4) 提高监管效率，降低监管成本；(5) 驱动金融创新，提高金融共享性；(6) 数字货币容易引致金融脱媒，进而影响货币创造。[②]

另一方面，数字货币负面影响也很大，私人加密货币风险不容忽视。当前，私人加密货币出现了不少问题，乱象纷呈。[③] 有犯罪分子利用私人加密货币开展各种违法犯罪活动；普通投资者投资私人加密货币，面临诸多风险和不确定性；世界各国都出现利用虚拟货币概念，炮制各种骗局；ICO(首次代币发行，Initial Coin Offering)炒作过度、价格飞涨、欺诈发行等问题不断出现，极大损害投资者的利益。这些问题来源于私人加密货币的虚拟性以及缺乏国家信用所带来的各种潜在风险，比如洗钱犯罪、资助恐怖主义、投资者持有风险、金融稳定风险等。[④] 总体来说，私人加密货币都存在着价格急剧波动、缺乏透明度、没有官

[①] 孙皓原.数字货币发展思考[J].中国金融,2016(16)：80-81.
[②] 范一飞.中国法定数字货币的理论依据和架构选择[J].中国金融,2016(17)：10-12.
[③] 温信祥,张蓓.数字货币对货币政策的影响[J].中国金融,2016(17)：24-26.
[④] 王信,任哲.虚拟货币及其监管应对[J].中国金融,2016(17)：22-23.

方监管等缺陷,具有很大的信任风险、投机风险,并可能影响国家货币政策。[①] 私人加密货币不具备货币的职能(或者全部职能),其负面影响值得高度警觉。

(三) 数字货币的本质

数字货币在货币演进过程中是一种创新,研究数字的本质,需要分析以下 3 个问题。

1. 数字货币的价值

我们知道,货币形态经历 3 个阶段,即商品货币、金属货币和信用货币。在信用货币阶段,货币的本质是信用。马克思指出,货币是充当一般等价物的特殊商品,货币代表了一定的社会关系。米什金认为,货币是在支付中被普遍接受的任何东西。[②] 信用货币依靠政府公信力,从而能够代表一定的价值。由于具有法偿性,纸币被普遍接受,并能保持币值稳定。数字货币还是信用货币,本质上是一种财富价值的序列符号,[③] 本身没有价值,只是价值符号。私人加密货币不是真正的货币,只是以货币标价的、方便交易的一种等价商品,[④] 无法和数字货币同等对待。

2. 数字货币的属性

私人加密货币主要是私人发行的,私人有无发行货币的权力,在理论和实践上还有待商榷。数字货币有国家信用的保证,私人加密货币则无法解决信用风险问题。当然,数字货币和私人加密货币都采用区

[①] 熊俊.私人加密数字货币的界定与监管[J].中国金融,2016(17):26-27.
[②] 米什金.货币金融学(第 6 版).北京:中国人民大学出版社,2015.
[③] 庄雷,赵成国.区块链技术创新下数字货币的演化研究:理论与框架[J].经济学家,2017(5):76-83.
[④] 刘新华,郝杰.货币的债务内涵与国家属性——兼论私人数字货币的本质[J].经济社会体制比较,2019(3):58-70.

块链等底层技术,理论上讲都可以提供信息的充分性与对称性。

3. 数字货币的职能

在货币职能上,私人加密货币表现是比较糟糕的。[①] 私人加密货币价格大起大落,证明不是好的价值储藏方式。从长期来看,私人加密货币在多大程度上成为有效的交易媒介也是值得怀疑的。由于自身价值没有得到全社会的认可,私人加密货币不是真正的货币,本质上还是商品。[②] 姚前认为,数字货币在价值上是信用货币,在技术上是加密货币,在实现上是算法货币,在应用场景上则是智能货币。[③] 因此,数字货币和私人加密货币相比,将表现出与传统货币相一致的货币职能。

经济社会进入数字化时代,数字货币出现的条件已经具备,互联网、区块链、密码学等底层技术已经成熟,电子商务、网络交易等互联网场景已经提出相应的支付需求。[④] 以比特币为代表的私人加密货币具有一定的技术优势,比如信息充分、交易记录不可篡改、运行效率高等,但是私人加密货币本质上不是货币,无法承担货币职能,不可避免出现种种乱象。因此,设计发行数字货币成为中央银行一项重要而紧迫的任务。

二、法定数字货币发行对宏观政策的影响分析

(一) 数字货币对宏观政策的总体影响[⑤]

事实上,在现行的货币体系下,货币政策存在着一些局限性,其根

---

① 马克·卡尼,何乐,厉鹏.货币的未来[J].中国金融,2018(9):14-16.
② 贾丽平.比特币的理论、实践与影响[J].国际金融研究,2013(12):14-25.
③ 姚前.理解央行数字货币:一个系统性框架.中国科学:信息科学,2017(11):1592-1600.
④ 冯静.货币演化中的数字货币[J].金融评论,2019(4):67-82,125-126.
⑤ 本部分内容参考了约瑟夫·斯蒂格利茨 2017 年 1 月在美国国家经济研究局发表的论文"Marco-Economic Management in an Electronic Credit/Financial System",研究了电子货币体系中中央银行如何提高社会总需求管理能力;胡佛研究所 2017 年 8 月发表的论文"Central Bank Digital Currency and the Future of Monetary Policy",讨论了中央银行数字货币对于未来货币政策的影响。

经济理论视角下的区块链作用机理与发展逻辑研究

本原因在于货币变量与经济活动之间的联系在减弱。主要表现为：1.基础货币数量增加并没有相应转化为贷款的增加，或者说并没有转化为政府所希望投向领域的贷款，而是变成了本来就过热或者需要控制的领域的贷款；2.中央银行采取的降低利率的行为未能按照预期实现刺激实体经济的目的；3.总体信贷水平增加之后并没有提升总需求水平；4.在出现流动性陷阱的时候银行也未增加信贷水平，类似于当前普遍实施量化宽松的货币政策后，银行"惜贷"并未支撑实体经济的发展，而当真实利率接近于负值的现实情况却并无理论上的相应指导。这些问题意味着传统的宏观经济理论和货币银行理论与现实运行之间存在着一定的偏差，在指导中央银行实施货币政策时指导无力，需要探索一些新的方式予以纠正或改善。

采用数字货币，特别是运用电子支付功能的数字货币，则可能会对现行货币政策带来一些积极的影响，而加上区块链技术，更有利于数字货币功能的发挥。

1.提升宏观经济管理能力

货币政策是进行宏观经济管理的重要手段，数字货币有利于货币政策的执行，从而提升宏观经济管理能力。一方面，数字货币有利于提升中央银行对经济运行情况的感知。以往中央银行对社会经济运行情况的感知是滞后的，而数字货币的出现则创造了一种全面、实时、微观的感知手段。中央银行可以将监控穿透到最底层，了解每一笔交易的发生，进而汇总分析当前经济实时运行状况。通过云计算、大数据等技术手段的运用，中央银行可以从微观出发对宏观经济动态进行预测和分析。另一方面，数字货币有利于货币政策的执行。数字货币为货币政策提供了更多选择，负利率就是一个典型例子；数字货币的可编程特性可以辅助货币政策的执行，提高自动化程度与执行速度。

2. 增强货币政策传导效果

货币政策传导机制有四个方面：(1) 利率；(2) 信贷；(3) 金融资产价格；(4) 外汇，4个方面共同影响货币政策的传导效果。其中，利率是非常重要的传导变量，利率调整可以引起其他三项指标的变化。数字货币能够突破利率零下限，实施负利率工具有利于货币政策的有效运行与传导。

货币总量和利率通常被选取作为货币政策的主要操作目标。在长期的经济活动实践中，尤其是在金融危机中，基础货币投放、贷款、投资三者之间并未表现出一个良好的传导关系，即基础货币的增加并没有转换为购买力或对实体经济的投资。由于利率和经济活动之间的关系仍然很模糊，通过调节利率，从而调节货币供应量来实现宏观经济稳定，时延较长，作用有限。通常要求货币当局在制定调控政策时能够精准预测未来的经济发展方向，然而这种预测经常是不够准确的。

数字货币有利于实现对货币总量、使用和流向等情况的精准把握，大数据分析技术有助于中央银行对未来经济走势的预测，从而及时地采取措施应对可能发生的风险，保障国家宏观经济政策和货币政策的有效运行和传导，确保宏观经济的稳定。同时，数字货币的强监管使得中央银行能够获取信贷资金走向信息，及时打击和处理非法使用行为，减缓由于信息不对称而带来的消极影响。

3. 减少系统性金融风险隐患

在中央银行未发行法定数字货币的情况下，整个支付系统可能会形成准垄断模式，从而对整个金融体系和宏观经济造成重大风险。IMF 相关报告指出，随着私人加密货币使用范围和规模扩大，私人加密货币体系风险演变为系统性风险的概率也将提升。第三方支付网络会导致金融机构蓬勃发展、良莠不齐，加之市场趋于垄断，过度使用金融衍生品，导致风险因素大量积累，系统性金融风险最终出现。与此同时，私人加密货币相关的法律和监管体系尚不完善、价格波动剧烈，其投机行为可能会引起社会财富的不合理转移，一旦遭遇终结破产，消费者所购买的私人加密货币将一文不值。

法定数字货币的发行可有效减少系统性金融风险隐患。法定数字货币兼具主流支付工具的特点，并拥有国家信用背书以及强监管特点，有助于中央银行掌握各金融机构的运营情况，从而减少系统性金融风险。

4. 增加政策选项

当前全球正常利率水平比以往低得多，小型开放型经济体的中央银行仍然可以通过汇率贬值来刺激经济，但这种做法对于较大的经济体来说可能是不可行的或无法维持的。各经济体政策选择空间减小，更易受经济衰退影响。

虽然当前我国正在试点的数字货币 DC/EP 是零利率，但从总的趋势看，法定数字货币利率终会推出，并将成为货币政策主要工具。（1）利率调整将突破下限约束；（2）中央银行仍保留最终贷款人的职能。在严重的经济危机中，政府应具备将市场利率降低至负的能力，因此降低中央银行实施量化宽松或信贷宽松的必要性。

法定数字货币使得从中央银行到终端用户的穿透能力进一步增强。相较于传统的利率调节方式，借助于法定数字货币可以将货币与信用分离，直接调控信用创造或货币供应。法定数字货币使中央银行拥有更多的政策调控手段，从而有助于经济的加快复苏。

5. 法定数字货币与财政政策关联度上升

财政政策通过财政支出与税收政策的变动来影响和调节总需是宏观调控的重要手段。政府的支出与税收会对工资和物价产生重要影响。法定数字货币发行后,货币政策与财政政策之间的交互会变得更多。从发行货币的本质出发,中央银行发行法定数字货币,增加了政府支配资源的能力,以所谓的铸币税实施的一种财政行为,即财政赤字货币化,当数字货币利率出现后,中央银行发行的数字货币将附有利息,本质上是一种财政投放货币的路径。一旦数字货币付息,就会部分替代银行存款(特别是活期存款),那么货币增长的部分收益(即所谓的铸币税)将直接由中央银行所有。政府可以用这部分收益推进结构性改革,比如减税,即用中央银行数字货币的发行来弥补结构调整所带来的财政收入下降。

(二)数字货币对于货币政策的具体影响

目前,法定数字货币影响货币政策的研究成果不多,主要原因是各国中央银行还未正式发行数字货币,2020年4月,中国央行数字货币钱包DCEP(Digital Currency Electronic Payment)在农行账户内测,并在深圳、雄安、成都和苏州等地进行试点,成为全球第一个推出数字货币的国家。本部分将参考我国央行的研究成果与早期电子货币的运行情况,探讨法定数字货币对货币政策的具体影响。

1. 数字货币对于货币供应量的影响

货币供应量是指一国在某一时点上为社会经济运转服务的货币存量,它由包括中央银行在内的金融机构供应的存款货币和现金货币两部分构成。关于数字货币对货币供应量的影响,目前主要有两种观点:一种观点认为法定数字货币对货币供应量的影响具有不确定性;另一种观点认为法定数字货币使货币供应量减少。在分析法定数字货币对货币供应量的影响时,本部分试图从基础货币和货币乘数两个角度进行分析,观察数字货币影响的综合结果。

(1) 数字货币对基础货币的影响

数字货币近几年才开始发展,学者最早关注的是电子货币对货币供应量的影响。探讨中央银行货币政策如何适应无现金的电子货币,有可能为未来过渡到数字货币时代奠定良好基础。在数字货币出现之前,有观点认为电子货币的发展会取代对基础货币的需求,中央银行不能通过货币乘数来有效控制货币供应量,进而实施货币政策。[1] 也有人持不同观点,认为电子货币对基础货币的替代作用有限,因而不会削弱货币政策的有效性。[2] 还有学者从理论上探讨了对电子货币有存款准备金要求和没有存款准备金要求的情况,认为两种情况下都会减少基础货币的供给,但是否会产生实际影响,还要看中央银行的公开市场操作对基础货币供应的影响。[3]

我们知道,流通中的现金和存款准备金构成基础货币 M0,而存款准备金包括两个部分,即法定存款准备金和超额存款准备金。中央银行发行数字货币,流通中的现金将减少,当数字货币完全替代现金流通时,将没有纸质货币,到时流通中现金将消失,所有的货币将以电子形式存储于居民账户中。届时对基础货币的定义也需要进行相应修订,但是在目前看来,数字货币的发行将使流通中现金减少。

与此同时,数字货币发行后,货币主要以电子形式存储在居民账户中,而居民将把货币更多地存储于银行中,进而增加法定存款准备金。另外,随着居民提款意愿的多样化,银行需要就此进行更多的货币储备,可能需要更多的超额存款准备金。因此,总体来看,数字货币的发

---

[1] Friedman B M. The Future of Monetary Policy: The Central Bank as an Army with Only a Signal Corps? [J]. International Finance,1999,2(3):321-338.
[2] Goodhart C A E. Can central banking survive the IT revolution? [J]. International Finance,2000,3(2):189-209.
[3] Slovinec M. Digital money and monetary policy[J]. BIATEC,2006,14(3):12-14.

行会使存款准备金的数量增加。

数字货币的发行会减少流通中的现金,增加存款准备金的数量,但是基础货币总体变化情况有赖于数字货币替代流通中的现金、存款增加量以及法定存款准备金率等条件。事实上,数字货币可以被认为是基础货币的一部分,只不过与现金的持有形式不同,数字货币与现金两者此消彼长相互替代,从这个角度看,数字货币的发行相当于货币供应量的增加,在货币政策上类似于总货币供应量增加,相应的货币政策结果也表现为:LM曲线向右下方移动,推动经济增长。当然,LM曲线是否真正移动或者移动多少,要看流通中的现金减少程度与数字货币发行规模两者谁更大。如图4-1所示,如果数字货币发行后能够增加相当数量的货币供应量,相当于LM曲线由LM_1移动到LM_3,此时利率下降到r_3,经济总量增加到G_3。如果数字货币发行后对总货币供应量增加有限,扩张性货币政策的效果也是有限的,相当于从LM_1移动到LM_2,经济总量增加的结果$G_2 < G_3$。

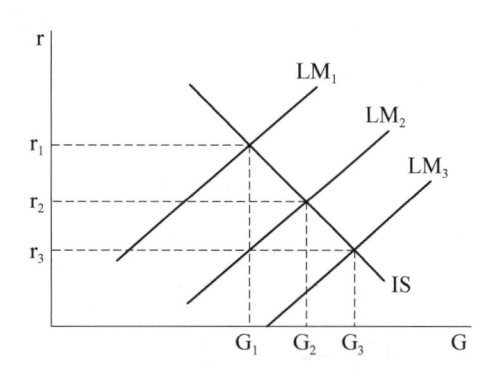

图4-1 法定数字货币对扩张性货币政策的影响

(2) 数字货币对货币乘数的影响

数字货币对货币乘数的影响可能比对基础货币的影响更为明显。学者通过研究普遍发现,数字货币的普及将使货币乘数变大,[1][2][3]只是

---

[1] 赵家敏.论电子货币对货币政策的影响[J].国际金融研究,2000(11):19-24.
[2] 陈雨露,边卫红.电子货币发展与中央银行面临的风险分析[J].国际金融研究,2002(1):53-58.
[3] 庞贞燕,王桓.支付体系与货币和货币政策基本关系研究[J].金融研究,2009(3):97-105.

不同学者分析的角度有所不同。有人经实证研究发现银行卡对货币乘数具有降低现金漏损率、增大货币乘数和提高清算准备、降低货币乘数的双重作用,使货币乘数内生性增强,总体来看,电子货币使货币乘数小幅增加,货币供应量扩张。[1][2] 有人经实证研究发现电子货币使用率与中国货币乘数存在长期均衡关系和短期动态关系。长期来看,电子货币使用率的提高会降低货币乘数;短期来看,现金漏损率降低会减少货币乘数,这一现象值得继续探讨。[3]

数字货币将使流通中的现金减少,使活期存款增加,则现金活期存款比减小,由于货币乘数与现金活期存款比呈负相关,因此现金活期存款比的减小将使货币乘数有变大趋势;法定存款准备金率由中央银行决定,因此不受货币类型的影响;超额存款准备金是为预备现金提存或等待有利投资机会持有的,由于数字货币的发行使货币的转换成本降低,居民现金持有的意愿也相对降低,因此可以降低存款准备金,同时不同层次货币转换更为容易,银行如果遇到有利的投资机会,其资金的转换成本也会降低,因此所需的超额准备金会下降,综合来看,超额存款准备金率会减小。因此,数字货币的发行会减小现金活期存款比和超额存款准备金率,进而使狭义货币乘数变大。

从货币乘数计算公式看,货币乘数可以用以下公式(4.1)表示:

$$M = \frac{rc+1}{rc+rd+re} \tag{4.1}$$

其中 M 为货币乘数,rc 为流通中现金活期存款比率,rd 为法定存

---

[1] 王倩,杜莉.电子支付科技影响货币乘数的实证分析[J].社会科学战线,2008(12):225-228.
[2] 梁强,唐安宝.电子货币对货币乘数的影响——基于中国数据的动态分析[J].金融与经济,2010(5):10-12.
[3] 王亮,刘瑞娜.电子货币使用、货币乘数变动与货币政策有效性[J].金融发展研究,2012(7):24-28.

款准备金率,re 为超额存款准备金率。公式(4.1)经过变形后变为公式(4.2)与公式(4.3),由于数字货币发行导致 rc 和 re 变小而 rd 不变,货币乘数 M 计算公式中分子变大而分母变小,货币乘数变大。

$$M=\frac{[rc+(rd+re)+1-(rd+re)]}{rc+rd+re} \tag{4.2}$$

$$M=1+\left\{\frac{[1-(rd+re)]}{[rc+rd+re]}\right\} \tag{4.3}$$

由对狭义货币乘数的分析可知,数字货币的使用将使现金活期存款比减小,超额准备金率减小,这同样会使广义货币乘数有增大趋势;另外,数字货币的普及将会使居民更多地将货币用于收益率较高的资产上,使定期存款数量减少,而活期存款数量增加,因此会使定期存款活期存款比减小,定期存款活期存款比与广义货币乘数呈正相关,因此广义货币乘数有减小趋势,同时假设定期存款准备金率不受影响。因此,数字货币的发行将对广义货币乘数产生两种不同方向的影响,现金活期存款比减小和超额准备金率的减小将使货币乘数增大,而定期存款活期存款比减小将使广义货币乘数减小,因此难以判断广义货币乘数的变动。

综上所述,法定数字货币对基础货币的具体影响难以判断,对狭义货币乘数有放大的影响,对广义货币乘数也存在两种不同方向的影响,因此,法定数字货币对于货币供应量的影响实际上存在不确定性。值得一提的是,有观点认为数字货币将使货币供应量有所减少。蒲成毅分析了电子货币对货币供应的影响。[1] 货币供应的影响因素有两个:一是货币乘数;二是基础货币。在使用电子货币情况下,通过分析货币

---

[1] 蒲成毅.数字现金对货币供应量与货币流通速度的影响[J].金融研究,2002(5):81-89.

乘数的影响因素,认为狭义货币乘数和广义货币乘数都趋向下降,并且广义货币乘数下降得比狭义货币乘数快。同样,通过影响因素分析,认为基础货币总额是趋于下降的。因此,得出结论,在电子货币的普及下,货币供应量 M_1 和 M_2 是下降的。杨力对于货币供应量表达式的分析认为,电子货币对狭义货币供应量的影响取决于电子货币的准备金要求和活期存款准备金要求,随着电子货币存款准备金率增大,狭义货币供应量将减少。[①]

总的来说,以上的讨论只是一种可能和粗糙的探讨,未必是正确和必然的。但我们能够确定的是,作为货币载体形式的演化,数字货币取代电子货币,必然意味着货币体系运行更加高效、更为安全和系统运行的社会成本更加低廉。

2. 数字货币对货币流通速度的影响

货币流通速度是指一定时期内(通常为一年)货币流通的次数。学者一般认为,数字货币将加速货币流通;也有一些研究结果表明,数字货币将使货币流通速度呈先下降再上升的形态,即"V"字形,部分观点分不同的货币层次对货币流通速度进行了分析。

(1) 数字货币将加快货币流通速度

一些官方机构通过观察电子货币使用后的实际情况,得出结论认为电子货币会加快货币流通速度。[②③] 多数学者通过对货币流通速度关系式的分析,认为电子货币加快了货币流通速度。货币流通速度与货币需求关系密切,数字货币的发行将减少流通中的货币数量,对通货

---

① 杨力.试论金融全球化条件下的网络金融发展对货币政策的影响[J].世界经济研究,2007(3):29-34,88.
② European Central Bank(ECB). Report on Electronic Money[R]. European Central Bank Press,1998.
③ BIS and the Group of Computer Experts. Survey of Electronic Money [R]. BIS and the Group of Computer Experts Press,August 1998.

有一个挤出替代效应,相应地也会对货币流通速度产生影响。数字货币的发行首先对流通中的货币有替代效应,会使流通中的货币减少,因此相应地会使流通中现金的货币流通速度加快。另外,由于数字货币携带方便、支付便捷,货币流通速度要快于传统现金,相应地也会增加货币的流通速度。随着数字货币的普及和应用,我们预计当数字货币占据货币使用种类的主流时,货币的流通速度将更快。

(2) 数字货币将使得货币流通速度先下降再上升

蒲成毅(2002)认为,随着中国金融改革的深化,货币流通速度将呈"V"字形,即先下降再上升。周光友(2006)通过实证研究发现,电子货币对传统货币存在着替代转化效应(由流动性强的货币向流动性差的货币转化)和替代加速效应(电子货币的流通速度快),研究阶段中国尚处于金融改革初期,总体的货币流通速度在下降,长期来看,随着电子货币的发展,中国的货币流通速度将上升,因此,总体货币流通速度将呈"V"字形。

(3) 数字货币可能对不同层次的货币流通速度影响不同

还有学者对货币流通速度划分不同货币层次进行了研究。樊玉红研究了银行卡使用对不同层次货币流通速度的影响,发现其使 V_0 加快,V_1 减缓,对 V_2 无影响。[①] 蒋少华的理论和实证分析认为,电子货币的发展会使现金的流通速度加快,而狭义货币流通速度和广义货币流通速度由于该层次货币数量的增加而趋于下降。随着电子支付的发展,各层次货币趋于模糊,合理划分货币层次对检验结果至关重要。[②] 洪泽强经理论分析认为,电子货币将使各个层次货币的流动速度加快。

[①] 樊玉红.银行卡对货币流通速度的影响[J].生产力研究,2010(5):95-96.
[②] 蒋少华.电子支付发展对中央银行货币政策的影响研究[D].中国社会科学院研究生院,2013.

但是,实证分析发现电子货币引起的替代转化效应大于替代加速效应,货币流通速度处于下降阶段。[①]

在我们看来,数字货币体系相对于电子货币体系而言,更加安全、有效和便捷。因此,在数字货币体系中,货币流通速度和货币乘数更可能趋于上升而不是下降。更为重要的是,当下中央银行对货币乘数的观察和测度是在事后使用广义货币和基础货币进行的推算,而不是实时检测所得,法定数字货币体系赋予中央银行观察金融账户的实时余额变动的能力,中央银行有能力检测到货币流通速度和乘数的实时变化,从而为中央银行进行精准货币调控提供了更多的决策支持。

3. 数字货币对常规利率政策的影响

利率作为货币政策的中介变量,其变化对货币供给及需求的影响较大。电子货币的发展对利率大小的直接影响较小,但是会通过对货币量的影响间接对利率的表现产生影响。

从现有研究成果来看,王鲁滨(1999)认为电子货币的发行和流通导致货币需求不稳定,进而使利率发生波动,从而会使中央银行的利率政策失效,形同虚设。尹龙认为利率作为货币政策中介目标,电子货币所带来的影响可能不会很大,只是其形成机制更加复杂化。[②] 赵海华运用凯恩斯关于利率是中介指标的政策主张,认为电子货币的应用会使利率的决定机制更加复杂,因此以利率为核心的货币政策有效性会减弱且应用需要更加小心。[③] 另外,由于电子货币对货币供应量的影响更难预测,因此利率政策相对而言可能是更为有效的政策变量。肖赛君通过 IS-LM 模型进行分析,认为电子货币普及之后,选择稳定利率的政

[①] 洪泽强.电子支付对我国货币供给和货币流通速度的影响研究[D].北京理工大学,2016.
[②] 尹龙.电子货币对中央银行的影响[J].金融研究,2000(4):34-41.
[③] 赵海华.电子货币对货币政策的影响研究[D].武汉大学,2005.

策对于稳定货币市场作用比较显著。[①]

一些研究者例如勒伯和胡本(Lober & Houben)担心中央银行发行数字货币可能对其本身的短期利率操作带来困扰。[②] 目前货币政策主要操作对象是以银行为主的金融机构,操作指标是隔夜利率,该利率通常采取利率走廊管理,法定数字货币(CBDC)可能会使中央银行公开市场操作频率上升且规模缩小。金融机能更倾向于持有短期票据或者基于政府担保的短期回购协议。

通过上述分析,我们知道,数字货币的发行和流通对货币供量产生的影响较为复杂,具有更多的不确定性。作为货币政策的中介变量,利率可以传导货币供应量的不确定性,进而影响货币政策的不确定性。因此,央行大规模发行数字货币后,由于货币供应量的不稳定性,数量型货币政策比价格型货币政策有效性要低,将进一步凸显利率调控的重要性。

4. 数字货币对特殊货币政策的影响

(1) 负利率

时任中国人民银行行长的周小川在2017年博鳌论坛上表示,在经济处于通缩时,中央银行的货币政策还包括负利率政策,但是对当前而言,负利率政策收效甚微,这是因为人们可以通过持有现金的方式来规避一部分负利率的影响,而当数字货币发行后,人们的钱大多存在账户中,负利率的实施将有效地刺激人们的消费,促进经济复苏。目前已有瑞典、丹麦、瑞士、欧元区和日本等地的5家中央银行实施负利率政策,主要是出于提高通胀水平或提高本国汇率的目的,欧元区、日本的政策

[①] 肖赛君.电子货币对货币政策影响的研究[D].中南大学,2006.
[②] Lober, Houben.中央银行数字货币研究[J].国际金融,2018(5):69-76.

并未奏效,而部分国家政策则达到预想效果。

负利率通过4个方面产生积极影响:① 银行有意愿更多地发放贷款,避免中央银行通过负利率政策对商业银行进行征税。② 负利率将传导到存款端,投资者储蓄收益为负,就会追求风险更大、收益率更高的投资产品。③ 负利率可以促进消费者消费,有利于物价上升和经济增长。④ 负利率降低本国汇率水平,增加商品出口竞争力。

但是,各国负利率政策效果并不明显,有些甚至与预期目标截然不同,让我们不得不审视负利率的消极影响:① 商业银行增加了信贷供给,但是在经济投资结构不合理或实体经济有效需求不足的情况下,会使银行更多地投资于高风险的产品,扭曲资产价格,资金涌向金融资产,推高资产价格,形成资产泡沫和新的金融危机隐患。② 银行储蓄收益率的下降会直接损害资产积累较少而且主要以利息收入为主要收益的那部分人的利益。③ 储蓄的负利率会使居民更多地选择持有现金,这会降低货币乘数,减少资金的信用创造。④ 负利率的实施会让大家产生经济持续衰退的预期,更不利于消费的增加,与预期效果背道而驰。⑤ 长期负利率的实施会损害商业银行的利润,不利于银行体系的长久稳定运转。[①]

数字货币的发行可以在一定程度上为负利率的实施创造条件,解决负利率的部分消极影响。① 随着数字货币的普及和应用,居民的资金将更多地以数字货币的形式存在,储存于账户之中,负利率实施后,居民无法通过持有现金的方式规避负利率的影响,因此将不会影响货币的信用创造过程。② 数字货币以电子化形式存在,其交易支付的统计数据方便易得,可以便捷地观察到货币政策的实施效果、对负利率政

---

① 钟伟,郝博韬.负利率时代:能走多远?离中国有多远?[J].国际金融.2016(11):3-8.

策的实施会有更为直观的观察,有利于根据市场表现及时调整政策的制定。

展望未来,负利率政策可能常规化。① 从总量上看,负利率政策是对长期储蓄者的惩罚,部分地替代了税收政策。好处是一定程度上缓解了资本利得的积累和食利阶层的膨胀;坏处是有可能使养老金等公共基金的大类资产配置陷入严重困境。② 从结构上看,由于中央银行对数字金融账户体系了如指掌,因此中央银行有能力对特定行业、企业和特定区域与个人的金融账户采取差别化的利率政策,使利率政策极其精确的差别化。好处是中央银行可以对不同账户采取不同利率,以实施中央银行的政策意图;坏处是这样的操作可能会否定利率市场化的必要性,并使商业性金融和政策性金融的边界模糊化。③ 借助于数字货币体系,中央银行的利率政策可以更灵活地与汇率政策、数量工具等配合,即利率、汇率等价格工具将更精准地与数量工具相配合。

法定数字货币时代有助于中央银行摆脱"流动性陷阱"的困境,从而能够更为灵活和精准地利用货币政策价格工具。中央银行对数字金融账户体系的把控,也使中央银行有能力通过账户分析,实施更为精准的与普惠金融和绿色金融相应的差别化利率政策。如果在数字货币发行中使用到区块链技术,将有助于更精确地实施点对点的货币投放,解决央行实施扩张性货币政策而资金却无法投向需要拉动的领域这一结构性问题。

(2) 精准量化宽松操作

自日本中央银行首创量化宽松操作以来,直到次贷危机,西方国家中央银行纷纷采用此政策工具,量化宽松操作被视为对付危机的非常规工具。一旦中央银行推出数字货币体系,中央银行将提升对于货币供应的控制能力,预计量化宽松操作将走上常规性操作道路。① 从总量上看,中央银行完全有能力控制社会信用总量的稳定,而不再着眼于货币供应数量。从本质上看,存在货币供应,但并不存在相应的货币需求,和货币供应对应的另一侧是信用需求,而信用需求则取决于货币供求和货币乘数两个因素。随着中央银行实时监测货币乘数能力的增强,中央银行在数字货币时代具有更为强大的维持社会信用总量稳定的能力,而不必再拘泥于货币供应量和信用创造过程。② 从周期上看,中央银行具有以稳定的金融周期推动经济周期减少波动的能力。在景气周期,中央银行可以在货币乘数上升时不断缩减货币供应;在萧条周期,随着货币信用派生能力的不断下降,则可以不断对量化宽松操作进行加码,以维持社会信用总量的稳定,避免信用崩溃使经济周期更不稳定。货币量化宽松和量化紧缩仅是中央银行相机抉择的常规操作。③ 从结构上看,数字货币体系赋予了中央银行更强大的数字金融账户余额调节能力。例如,在经济萧条阶段,中央银行可以分批投放带有有效期的数字货币,刺激持有此类数字货币者及时进行投资和消费,避免危机时流动性泛滥和需求不振的共存。这种带有有效期的数字货币投放并不需要中央银行进行对冲操作,因此和中央银行在公开市场上投放流动性大不同,更接近于无须缩表的强制期限性量化宽松操作。中央银行也可以应财政部门和民政部门的要求,对享有政策扶持的金融账户及应予扶持的贫困或弱势群体的金融账户进行直接货币化补贴。更精确地,这些补贴资金甚至可以被标志为特定目的的使用场景。④ 中央银行和监管当局调控下的数字金融账户体系,有可能成为"主账户",即工商、税务、社保等其他政府职能部门的公共账户,更多地依赖数字金融账户为重要入口和出口中央银行主导下的数字货币体系,日益居于经济调控的核心地位。因此,数字货币体系使货币政策操作的空间和工具的创新被重新打开。相对于其他政府职能部门,中央银行日益像一个万能的"超级中央银行",数字货币体系的金融科技特性及中央银行支付系统的互联互通,也推动中央银行在政策合作和协调方面更为紧密。

(三) 法定数字货币对于货币市场的影响

目前中央银行货币在两个不同的市场发行、流通和回收,采取了不同的货币形式。针对数字货币对货币政策和金融稳定的影响,布劳德本特(Broadbent)[①]和默什[②]进行了非常精彩的分析。

1. 面向银行的市场

银行间市场是中央银行实施货币政策的主要场所。在银行间市场,中央银行货币主要是商业银行持有的中央银行的储备,已经实现了电子化,以记账货币的形式在中央银行集中式电子账本上能够便捷地进行支付、清结算等。中央银行可以通过买卖资产等公开市场操作向商业银行发行和回收中央银行货币。

2. 面向大众的市场

熟悉的交易媒介有两类:(1) 流通的现金,由中央银行发行,主要是纸币和硬币;(2) 商业银行货币,主要是银行活期存款。现金没有被信息化。现金是以价值交换作为转让的基础,不涉及银行账户。当付款方将现金转交给收款人时,现金的转让过程便结束了。中央银行并不负责记录现金的转让,只是在最初的现金发行和最终的现金回收中扮演角色。现有纸钞、硬币涉及印刷、发行、回笼和储藏等多个环节,每个环节都有成本,而且流通层级多、携带不方便、容易伪造、具有匿名

---

① Broadbent B. Central banks and digital currencies. 2016. http://www.bankofengland.co.uk/publications/pages/ speeches/2016/886.aspx.
② 伊夫·默什,何乐,厉鹏.数字基础货币的央行视角[J].中国金融,2017(8):12-13.

性，存在洗钱的风险，迫切需要数字化，减少流通成本和风险。活期存款基于商业银行账户，已实现了电子化。将商业银行货币从一家银行转入另一家银行，也就是当借记付款方的账户而贷记收款人账户时，资金转账过程即告结束。通过银行间支付清算系统等支付手段，可以便捷地完成商业银行货币的交易。中央银行作为转账过程的记录者而直接参与其中。值得注意的是，面向大众的零售支付已经是市场高度竞争的领域。纸币曾经是零售支付的主要方式。以银行卡、信用卡等为媒介的电子支付取代了一部分纸币。随着互联网的发展，智能手机、第三方支付等新技术出现，零售支付领域进一步发生了深刻的变化。传统的银行卡和互联网支付都基于账户紧耦合模式，这些非现金支付工具不能满足社会大众对匿名支付的需求，无法完全取代现金。在通信网络覆盖不好的地区，人们还需要使用现金。

现代信用货币创造是通过两个市场相互作用共同完成的。在这个体系中，中央银行是核心，负责为商业银行构成的金融体系提供流动性，这种流动性就是中央银行的负债，即高能货币（或基础货币）；商业银行构成的金融体系以中央银行提供的流动性为基础，向社会提供信用，这就是商业银行的负债，即银行存款。商业银行作为支付中介，具备了信用货币成倍创造的能力。存款货币创造能力除了和活期存款准备金率有关以外，还和现金漏损率、超额准备金率、活期存款转化为定期存款的比例，以及定期存款缴纳的存款准备金率相关。

不同于教科书上存款创造贷款，麦克莱、拉迪亚和托马斯等从另一个视角研究了现代经济中的货币创造。他们指出，流通中的多数货币是由商业银行通过银行贷款或从消费者手中购买资产创造的。市场环境和风险管理的要求使商业银行关心贷款的信用质量、盈利和规模。同时，审慎监管，确保银行贷款不过度承担风险，相当于闸门，控制了商业银行货币创造规模。中央银行通过利率政策影响货币总量,通过资产购买方式增加广义货币量,进而影响包括货币在内的资产价格和数量。①

法定数字货币可以分为账户型和价值型数字货币。对于账户型数字货币,中央银行为每一个非银行经济主体开立账户,支付过程可以简单地通过加减账户的余额来完成;对于价值型数字货币,每一个非银行经济主体需要一个类似电子钱包的工具,用以存放自己的数字货币和私钥。转让价值型数字货币时,支付者要用私钥对数字货币进行电子签名并指定收款者,在此过程中不需要中央银行的参与。价值型数字货币在一定条件下可以实现对中央银行的匿名。

在面向银行间的市场,如果法定数字货币和商业银行准备金仅在支付方式上存在差异,在这种情况下,法定数字货币对商业银行准备金没有多大的影响。如果法定数字货币和商业银行准备金有不同的利息,问题可能会出现。商业银行可能会出于获得利息,而不是特定的支付方式偏好,把一种资产转换成另一种资产。在面向大众的市场,法定数字货币可能对现有货币运行机制带来较大影响。法定数字货币会和中央银行发行的纸币、硬币等实物现金竞争。法定数字货币具备现金的主要特征,特别是便携性和匿名性,是替代现金的最好工具。

法定数字货币与商业银行货币潜在的竞争需要慎重考虑。目前,对这种竞争能否避免没有结论。避免竞争的途径,可以考虑对人们持有法定数字货币进行数量限制,数字货币不提供利息,也不具备商业银行账户的其他功能,在这种条件下,人们可能仍然会把大部分钱存在商业银行。但考虑到法定数字货币与银行账户的相似性,流失还是会发

---

① 麦克莱,拉迪亚,托马斯等.现代经济中的货币.中国金融,2018(8):26-28.

生。因为法定数字货币的信用等级高于商业银行活期存款，人们有动机将法定数字货币当成活期存款很好的替代品。如果法定数字货币和商业银行货币的竞争不可避免，将会发生什么情况？如果存款从商业银行转移到中央银行，会导致整个银行体系变窄，甚至成为"狭义银行"。有观点认为，资金存放在中央银行会变得更安全，这会令整个系统更可靠，不会发生挤兑，也不需要存款保险。但存款流失对商业银行的冲击不容忽视，它可能损坏商业银行的资产负债表，进一步损伤其初始授信能力。

法定数字货币发行方式也需要仔细考虑。第一种方式，是中央银行通过购买特定资产方式向经济主体提供法定数字货币。这种方式下经济主体要获得法定数字货币，就要向中央银行出售特定资产。这样，中央银行可以控制法定数字货币的发行规模，决定购买特定资产的数量；银行挤兑或者商业银行存款外流情况可以得到控制。但是，这种方式下中央银行存在决策困难问题，比如应该购买哪些特定资产？购买数量和价格如何确定？默什（2017）对这些问题进行了分析。如果对法定数字货币的需求高于中央银行愿意提供的水平，则法定数字货币将比现金和商业银行存款具有更高的价值。也就是说，法定数字货币将成为具有自身价值水平的货币。由此，中央银行就成为发行两种不同货币的机构。中央银行要避免这种情况出现，它就面临两难的选择：1.增加法定数字货币的发行量，2.降低法定数字货币的报酬水平，降低吸引力。第二种方式是允许经济主体将商业银行存款同比例转换为法定数字货币，即允许经济主体自由地将现金转换成法定数字货币。有质疑者认为，这种方式将使得商业银行发生挤兑，一旦经济主体得知某家银行的负面信息，将可能迅速将其存款转换成法定数字货币。现实情况是，当发生个别的负面事件时，不一定出现银行挤兑风险。只有整个银行业面临危机时,银行挤兑才可能发生,并不是因为法定数字货币的出现而使得情况趋于恶化。

三、私人加密数字货币对宏观政策的影响:以 Libra 为例

(一)私人加密数字货币与 Libra 概述

私人加密数字货币,主要是指不是各个央行发行的而是私人发行的"数字货币",它不同于虚拟货币或代币,也不同于电子货币,而是依托区块链技术以加密方式形成的一种分布式存储的数字"货币",典型的代表是比特币。一般而言,这些数字货币都是利用设定好的程序与算法,以"去中心化"的方式和参与者形成的共识,进行私人发行。各国对私人加密数字的态度是不同的,有认为其不合法的,也有接受的,对加密数字货币的定性也不相同。具体情况如表 4-1 所示。

表 4-1 各国对私人加密货币的定性

国　家	数字货币属性	国　家	数字货币属性
加拿大	无形资产	德　国	私人货币
美　国	商品、资产	挪　威	资产
阿根廷	商品	瑞　典	货币
以色列	应税资产	卢森堡	货币
日　本	资产、合法支付方式	英　国	私人资金
菲律宾	合法支付方式	澳大利亚	货币

Libra 是 Facebook 主导发行的非法定加密数字货币。2019 年 6 月 18 日,Facebook 发布 Libra 白皮书,提出建立一套简单的、无国界的货币。Libra 白皮书推出后,各方争议较大,随后 2020 年 4 月 16 日,Libra 协会

发布新版白皮书,即所谓的白皮书2.0。新版白皮书与之前相比,Libra进行了重大修改,其中一项是对锚定资产的重要修改。之前Libra挂钩一篮子货币的SDR,2.0版即将挂钩于单一货币,例如美元或欧元。

Libra的任何升值或贬值仅取决于外汇市场的波动。Libra没有自己的货币政策,而是沿用篮子所代表的中央银行的政策,与货币发行局(例如香港货币发行局)的运作方式非常类似。这样可以有效防止货币发行方滥用,例如在缺乏支持的情况下制造更多的货币。

由于Libra的发行有可能成为未来超法定货币的潜在竞争者,并可能对现有货币体系和货币政策造成一定冲击,当前全球各个监管机构对Libra普遍持有中性谨慎的态度。

（二）私人加密数字货币对宏观政策的影响

就私人加密数字货币来说,它在本质上是一种"金融脱媒",因而不可能不对货币政策乃至宏观经济政策造成影响。例如Libra协会虽然曾经表明不会制定独立的货币政策,也无意进入货币政策领域。然而所有被承认的货币发行,都相当于对央行的货币政策造成冲击,将不可避免地对法定国家货币政策的独立性产生影响。

Libra的最早思路是锚定SDR,遭到国际社会的一片反对,因为锚定涵盖一篮子货币的SDR既有可能冲击多国的本币稳定和货币政策独立性,也影响Libra自身币值稳定,从而影响其所代表的信用,且SDR关注的是国家清偿能力,并不具备支付功能,会影响Libra的货币功能。Libra白皮书2.0改为盯住单一法定货币(例如美元)后,以Libra协会信用作担保,100%储备发行。表面上看Libra能够实现较强信用支撑与币值稳定,适合作为国际货币,但实质上它类似于布雷顿森林体系下美元(相当于Libra)与黄金挂钩(相当于锚定货币)的情况,依然有可能出现现行国际货币体系下锚定货币过度超发,从而难以维持币值稳定与信用支撑、他国承担锚定货币铸币税与通胀税的问题,同时也是锚定货币实现国际货币霸权的新工具,通过 Libra 强化自身利益,国际货币体系最终依然无法摆脱主权货币成为超主权货币的结局。此外,从货币功能上看,目前 Libra 没有信用创造功能,贮藏手段和价值尺度也是非完全非独立的,在 Facebook 体系下它能实现交易媒介功能,但不能确定是出现锚定货币对它的挤出还是它对锚定货币的挤出,也不能成为货币政策工具。如同其他私人加密货币一样,Libra 会干扰锚定货币国央行对微观经济的掌控和穿透式监管。私人加密数字货币对各国货币政策的影响将表现在以下几个方面:

1. 对货币供应量的改变

与法定数字货币不同,私人加密数字货币与货币供应量之间是一种替代的关系,两者之间此消彼长,因而私人加密数字货币的发行必将造成货币(现金和存款)的外流与减少,存在"货币脱媒"。在对货币政策的影响方面看,造成央行货币供应量的减少,即便央行采取了扩张性货币政策,其效果也因为私人加密数字货币从而大打折扣。如图 4-2 所示,在 IS-LM 体系中,原有的货币供应量增加,会推动经济总量增长至 G_3,利率降低至 r_3,然而在非法定货币存在的情况下,扩张性政策的效果不如预期,经济增长至 G_2,利率降低至 r_2。

就 Libra 而言,因为 Facebook 庞大的用户基础,其发行对小国的影响尤为巨大,有可能会替代小国的部分国家法定货币,甚至

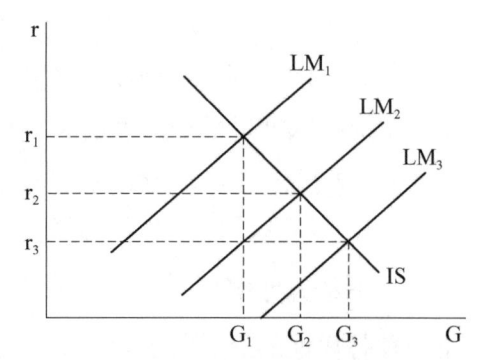

图 4-2 私人加密数字货币对货币供应量以及宏观政策的影响

完全替代其法定货币。因为小国的经济体量相对较小,法定货币的信用评级甚至可能不如 Libra,再加上如果 Libra 在当地直接搭建出与发达国家相通的较为先进的金融基础设施,中小国家的法定货币有可能会被逐渐替代,而各国央行又无法调控 Libra 的供应量,由此,其货币政策将会完全失效。

2. 对货币乘数的改变

同样从货币乘数的公式(4.3)看,rc 的变化无法确定(因为现金与活期存款都会变小),因而导致分子分母的变化情况不确定,不能以此判断货币乘数的变化。但可以肯定的是,私人加密数字货币因为是对法定货币的替代,流通中的货币供应量都会变小,这样倒推下来可以得知,货币乘数也一定是变小的,而且法定货币的流通速度也会降低。同理,私人加密数字货币的发行会影响一国货币政策的有效性,央行使用货币供应量来调节经济运行的力度会随之减弱,货币政策传导机制会受到损害,对中小国家而言可能损害更为严重。

3. 对货币需求弹性的改变

货币政策的有效性还反映在 LM 曲线的斜率上。LM 的斜率体现的是货币需求(特别是投机需求与交易需求)对利率的敏感程度。用公式表示,LM 曲线的斜率为 k/h,其中 k 表示交易与谨慎动机下的货币需求与收入的比例,h 表示投机性货币需求与利率的关系。k 越大,货币需求对收入变动的敏感度越高,LM 的斜率越大,LM 曲线就越陡峭;h 越大,货币需求对利率的敏感度越大,LM 斜率越小,LM 曲线越平缓。

由于私人加密数字货币是一种替代性投机需求,在一定程度上也是一种替代性的交易需求,而 Libra 这样的私人加密数字货币注定其交易需求也会相当巨大。因而,私人加密数字货币的发行会导致货币的交易需求与投机需求量都会变小,且对利率的敏感度会变大,意味着 k 变小,h 变大,导致 LM 的斜率变小,曲线变得更加平缓。LM 斜率的变动影响的是财政政策的实施,具体内容将在下面财政政策部分予以阐析。

4. 在开放条件下的经济影响

在开放条件下,以 Libra 为代表的私人加密数字货币对一国和他国的影响将会涉及指标更广。首先,会对全球资产配置造成影响。例如 Libra 增发时,由于它的基础资产是货币存款和短期低风险债券,那么会增加对这两种资产的投资,并会带来这两种资产价格的上涨,导致全球资本流动将从非储备货币国流向储备货币国或经济体。一方面导致储备货币国利率下行,削弱该国实施紧缩性货币政策的效果,同时也会削弱非储备货币国家/经济体实施扩张性货币政策的效果。反之亦然;另一方面,Libra 会导致各国外汇管制难度增加,对货币供应量和货币政策的实施都提出了挑战。

5. 对财政政策的影响

如前所述,私人加密数字货币会导致 LM 曲线斜率变小,因而曲线变得更为陡峭。在 IS-LM 模型中,对于财政政策的实施将具有削弱和抵消作用。如图 4-3 所示,当政府实施扩张性财政政策时,LM 曲线变得更为陡峭,意味着与平缓的 LM 曲线相比,扩张性财政政策导致利率升得更高(r_2),但经济增长的效果变弱(G_2),由此造成资金成本过高的情形,甚至会出现经济停滞型通货膨胀。

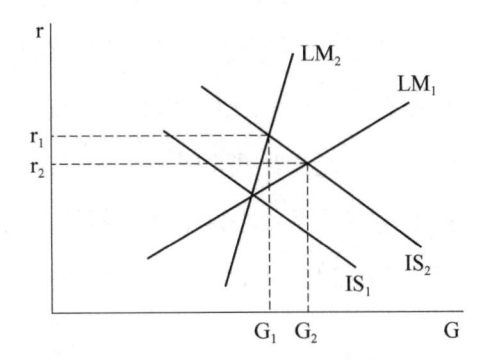

图 4-3 私人加密数字货币对财政政策的影响

此外，如 Libra 这样的跨境型全球化的私人加密数字货币有可能削弱各国的财政能力。一方面，它影响了政府的"铸币税"，影响政府财政收入；另一方面，加大了政府实行财政赤字货币化的难度，影响政府融资能力。结合财政政策和货币政策共同考虑，可能会导致政府货币政策和财政政策的不统一，各国经济周期步伐不一致，对于全球化的经济体影响特别巨大。以欧元区为例，欧洲央行施行统一的货币政策，但是各国政府的财政政策不同，Libra 对其货币的替代程度不同，那么各国财政收入的减少或债务的变动也不尽相同，这必然会影响两种政策的搭配协调，引发新的政策难题和经济问题。

第二节 区块链推动社会基本矛盾变化的机理研究

以互联网为代表的新技术普及应用为社会化大生产创造了更适宜的条件，但也带来了生产关系的新变化，其中也有负面的影响，甚至出现了信任危机、盗版侵权和新的垄断等，又使得这一新技术在一定程度上阻碍了生产力发展。近年来，在互联网基础上产生的区块链技术，以其独有的去中心化的特性，为构建价值互联网平台提供了可能。但是，区块链从概念出现到广为应用已经有 10 余年时间，对其关注重点主要在于比特币系统[①]的安全可靠性和区块链技术总体的提炼上。在马克思主义的视野中，作为一种新的技术，区块链推动了社会基本矛盾运动

---

① 学界认为，区块链技术起源于比特币，后者是目前最成功的数字货币。参见蔡晓晴等：《区块链原理及其核心技术》，《计算机学报》2019 - 11 - 18 14：54：42，http://kns.cnki.net/kcms/detail/11.1826.tp.20191118.1126.002.html。

和社会结构的变革,并在生产资料的分配与剩余价值分配方面起到了积极的作用。一方面,区块链有助于提高适应大生产协作的信任度,带来有效的确权机制,去中心化打破资本垄断,实现生产关系的新变革,使之更能适应社会化大生产的内在要求,推动社会基本矛盾的良性运动;另一方面,区块链通过对生产关系的变革,确权和工作量证明机制优化数字劳动的分配权重,通过去中心优化剩余价值在互联网企业间的分配。本节基于马克思主义唯物史观的视角对这两个方面进行了相对性研究。

一、互联网、大数据、云计算等新技术带来了社会基本矛盾新变化

马克思主义认为,社会的基本矛盾即生产力与生产关系、经济基础与上层建筑的对立统一,是推动社会进步的源动力。正如习近平总书记2018年在纪念马克思诞辰200周年大会上指出的,要"学习和实践马克思主义关于生产力和生产关系的思想","全面深化改革,自觉通过调整生产关系激发社会生产力发展活力,自觉通过完善上层建筑适应经济基础发展要求,让中国特色社会主义更加符合规律地向前发展。"[①]在生产力与生产关系的相互作用下,我国社会主义经济社会逐步向前发展,产业结构不断调整和优化,社会基本矛盾状况也在不断发展变化。当前,被称为第四次产业革命的互联网、大数据、云计算等新一代技术迅速崛起并迅猛发展,引发社会基本矛盾出现了一些新的变化,有正面的,也有负面的。

---

① 习近平.在纪念马克思诞辰200周年大会上的讲话[EB/OL]. http://www.xinhuanet.com/politics/2018-05/04/c_1122783997.htm.

（一）互联网为代表的新技术普及应用，为社会化大生产创造了更适宜的条件

生产的社会化是一切商品社会的共性，从人类生产的发展轨迹看，生产的社会化始于简单协作，再从工厂手工业演变为机器化生产、现代企业制度的建立和跨国公司，以及世界工厂的出现。生产社会化程度不断加强的过程，充分体现了生产向规模化、集中化、大型化不断演进的发展趋势。生产的社会化不仅是生产力发展的结果，同时也是推动生产力发展的主要途径。社会生产力不断向前发展，生产的社会化深度随之加大，对分工协作精细化、科学化的要求日益提高。

生产的进一步社会化，乃至社会化大生产的实现，要求生产资料和资源的分配在全社会范围内不断扩大，逐步满足全社会的需求。在生产资料私有制的条件下，生产资料与资源不能跨越私有产权在全社会范围内进行分配，也因为资本逐利的固有本质，难以实现全要素在全社会范围内的流动，也难以实现与全社会需求相匹配的优化配置。在社会主义社会，单一的计划经济虽然可以实现生产资料与资源在全社会的统一分配，但由于信息传递滞后、数据收集分析计算能力不足、企业与个体的自主性积极性不够等问题，导致调配反应迟缓、配置机制僵化、生产效率低下等问题，生产资料的配置与全社会需求错配错位，社会化大生产依然无从实现。随着社会主义市场经济制度的建立，企业和个人作为市场竞争主体的积极性得到彰显，公有制本身具有的资源统筹优势与市场机制对资源配置的调配优化能力深度结合，提高了资源配置的效率，为生产力大发展奠定了坚实的基础。但与此同时，数据信息收集能力、计算分析处理能力等技术条件依然制约着生产力的协同发展，这是不同所有制下都普遍存在的制约生产力发展的客观共性问题。

21世纪之交,我们正处在"第四次工业革命的开端","其特点是:同过去相比,互联网变得无所不在,移动性大幅度提高;传感器体积变得更小、性能更强大、成本也更低;与此同时,人工智能和机器学习也开始崭露锋芒。"[1]以互联网、大数据、云计算、人工智能为代表的新技术,极大促进了生产力的发展,并进一步提高了资源配置效率,优化了资源配置结果。特别是互联网技术,作为新技术革命的基础设施,不仅为其他产业广泛赋能,推动制造业生产方式发生深刻变革,还通过网络化协同与延伸,进一步扩大了生产社会化的范围与程度:通过互联网的传播,打破信息孤岛、实现信息共享,推动了生产力的发展;催生了平台企业这一新型组织,不同于传统企业的边界清晰,平台企业强调无边界模式,以开放、共享为理念,以外部的连接性和网络效应为手段,极大拓展了平台的辐射空间,同时也大大提高了全社会的资源利用效率,提高了生产社会化的深度与广度。与此同时,大数据、云计算等新技术的出现,又进一步提高了信息的精确度和计算处理能力,推动了行业的数字化转型。这些技术与互联网技术的互联互通相结合,为生产资料和资源在全社会范围的优化配置以及价值分配提供了有力的技术支持,创造出前所未有的适宜社会化大生产要求的技术条件。

(二) 互联网技术带来生产关系新变化,但也一定程度上阻碍了生产力发展

互联网等新技术作为社会发展的新一代基础设施,也带来了人际关系的新改变,又在一定程度上阻碍了生产力的发展。随着互联网深度发展,用户创造内容的主动性增强,内容生产的主体由最初的门户网

---

[1] 施瓦布.第四次工业革命:转型的力量[M].李菁译,北京:中信出版社,2016:4.

站转变为个体,内容生产的目的不仅包括内容本身,还以内容为媒介来搭建与扩展个体网络社会中的关系。人与人之间的互动性大大增强,社交网络、"关系为王"成为互联网发展的主流。网络上形成了庞大的虚拟人文社团和组织,互联网下的购物、交往、交流方式都发生了变化,甚至带动着生产方式也发生了变化,O2O、B2C、F2C、S2B2C等新型生产消费模式不断推出。自农耕社会以来就把人打上烙印的地域、户籍、收入、职业、社会地位等对人际交往具有重要影响的因素,对社交网络而言却显得不那么重要,甚至微不足道。在这样的大背景下,生产关系领域出现了一些新问题。

1. 出现了信任危机

互联网时代,人际交往从现实走向虚拟,从封闭走向开放,信息获取与交互的边际成本几乎为零,带来了低成本的互联网犯罪,网络诈骗、网络暴力、个人隐私被盗窃、泄露和利用,危害社会、危害国家等犯罪行为和恶性事件也层出不穷。网络交往风险大大提高了人与人之间信任产生的成本,无疑也抬高了互联网+大生产协作的生产成本。

2. 知识产权保护手段缺失

在现有互联网技术下,信息复制和传播的成本很低,虽然打破了信息孤岛与垄断,但缺乏有效的知识产权识别与保护机制,追责成本较高,生产者知识产权遭遇侵犯和经济利益受损时难以维权,信息与技术原创产权不明,信息与数据这类重要资源难以参加价值分配,互联网技术共享价值没有得到充分体现,不仅影响知识与技术创新的持续性,也必将影响资源配置效率。

3. 互联网技术带来了新的垄断

新技术本身的确为大规模社会化大生产与协作提供了强有力的技术支持,然而,资本所具有的逐利性却把新技术变成了新的垄断因素,阻碍与制约了大生产发展与协作的可能。网络巨头不仅吸引大量资本流入，自身也变成新的资本，通过流量优势和算法优势，扼杀了大量中小企业的成长与生存空间，在价值分配中占据主要份额，破坏了良性竞争的环境；在内容提供上，为了追逐更多的利益，偏离正确的价值取向，不惜提供虚假、低俗、有潜在风险的产品与服务，例如百度的魏则西事件和滴滴的顺风车事件，都给社会治理带来较大隐患；平台企业无偿占有用户流量，利用用户流量及其所创造的内容信息乃至个人隐私获得了巨大收入，创造者并未获得应有的收益，信息价值被巨头所垄断。

这些问题在生产关系的内容上体现为信任缺失、产权不明、资本垄断，不仅不能更好地推动社会化大生产，还在一定程度上制约了生产力的发展。因此，迫切需要新手段的出现，推动生产关系领域新变革，解决社会发展的基本矛盾。

二、区块链推动社会基本矛盾变化的分析

近年来，在互联网基础上产生的区块链技术，以其独有的去中心化的特性，为构建价值互联网平台提供了可能。区块链是分布式数据存储、点对点传输、共识机制、加密算法等计算机技术的新型应用模式，在本质上是一个分布式的共享账本和数据库，具有去中心化、不可篡改、全程留痕、可以追溯、集体维护、公开透明等特点。但是，区块链从概念出现到广为应用已经有10年时间，对其的关注重点，如同对待其他新技术一样，主要集中于比特币系统的安全可靠性、区块链技术发展和应用场景研究上。在马克思主义的视野中，技术创新能够推动生产力，也能推动社会基本矛盾运动，生产力高度发展，也会引发生产关系的变革。区块链正是这样一种能够引发生产关系变革的新技术。

区块链引发生产关系的变革，主要体现在它推动了社会基本矛盾

变化和社会结构的变革。它可以作为一种新手段,优化生产关系中存在的上述问题,有助于提高适应大生产协作的信任度,带来有效的确权机制,去中心打破资本垄断,实现生产关系的新变革,使之更能适应社会化大生产的内在要求,强化社会主义基本经济制度,推动社会基本矛盾的良性运行,主要表现在以下几个方面:

(一)区块链有利于提高或者创造出适应大生产协作的信任度

一方面,区块链是一种全链备份、全链共享的机制,每个参与人是一个独立节点,参与分布式存储,进行分布式共享,节点的行为都会受到全链监督。因此,在共识机制的约束下,每个节点既要自我约束又要接受他人监督,同时也在监督他人,以此打通陌生人间的信任障碍。另一方面,区块链技术所形成的数据可回溯但不可篡改,为人与人信任搭建提供了一种更安全的一致性解决方案,可公开共享且可靠可信的数据成为陌生人相互信任的技术背书,这种背书不同于道德自律、第三方担保或法律制度的事后惩罚,是一种事前可以帮助陌生人信誉背书、事后通过全网传播实现有效惩罚的新机制,是一种新的更强的信任背书。需要额外说明的是,区块链技术是通过算法确保共识以及体现共识内容的智能合约得到有效执行,但它并不能取代血缘、道德等传统方式来产生或增加人与人之间的信任度,也没有强大的"中心化"提供信用担保与证明,仅仅是一种源于技术和机制约束的信用再造方式,依靠算法来防止欺骗造成的损失与危害。

(二)区块链作为一种有效的确权机制,改变了生产资料的分配与占有方式

在私有制尤其是资本主导的私有制下(包括现代的资本主义市场经济),其生产关系表现为生产资料的私人占有,剩余产品也归资本家所有,"劳动所生产的对象,即劳动产品,作为一种异己的存在物,作为

不依赖于生产者的力量,同劳动相对立"。① 在马克思看来,私有制的主体——资本,"他的目的不是取得第一利润,而只是谋取利润的无休止的运动"。② 也就是说,资本对利润(本质上就是剩余价值)的追求是无止境的,反映了资本与劳动对立的生产关系,而且随着资本主义私有制的深化,这种对立关系越来越无法调节。从生产力与生产关系的对立统一原理来分析资本主义的生产关系,可以看出,资本主义私有制在大力促进生产力发展的同时,也锻造了置自身于死地的物质武器——社会化的生产力。③ 因此,马克思指出:随着生产力的大力发展,资本主义"社会所拥有的生产力已经不能再促进资产阶级文明和资产阶级所有制关系的发展;相反,生产力已经强大到这种关系所不能适应的地步"。④ 近年来,资本主义社会不断爆发的金融危机、示威游行(如"占领华尔街""黄马甲运动"等)都反映了资本主义私有制的狭隘与危机。也就是说,生产力的发展特别是新技术革命所带来的生产力与当下的生产关系出现了矛盾,揭开了生产关系变革的序幕。

前文已提到,以互联网、大数据、云计算、人工智能为代表的新技术,极大促进了生产力的发展,其中,区块链技术以互联网为基础,因而具有互联网下的信息全网共享的特性,其本质是在建设一种更加共赢的机制,最根本动力是解决信息不对称的问题,实现优化资源配置,这是权责划分的颗粒度细化的结果。在区块链技术下的经济,则在某种程度上实现了资本的广义化,让过去隐形的价值通过显性的方式表达出来,即建立了所有者、生产者、使用者的统一,从而可能达成了共赢局面,改善了资本占有劳动者剩余产品的问题。从这个意义上看,区块链

---

① 马克思恩格斯选集(第1卷)[M].北京:人民出版社,2012:51.
② 马克思恩格斯文集(第5卷)[M].北京:人民出版社,2009:179.
③ 潘石.马克思主义经典作家论私有制[J].吉林大学社会科学学报,1997(5).
④ 马克思恩格斯文集(第2卷)[M].北京:人民出版社,2009:37.

经济体现的生产关系与以往私有制所体现的生产关系不同,因为区块链技术能够带来一种有效的确权机制,改变生产资料的分配与占有方式。

与互联网下信息无偿共享不同的是,区块链下的信息共享是能体现信息价值的共享。如前所述,在互联网中,由于原创信息的归属产权不明,导致盗版侵权现象泛滥,创造者的原创价值与传播者的传播价值等劳动价值没有体现给付出劳动的人,甚至还被平台巨头攫取,不符合按劳分配的基本经济制度。区块链技术能带来有效的确权机制,一方面,一些无法衡量具体价值因而无法参与价值分配的生产资料和资源(例如生态环境),可以通过数字化上链,变成数字资产;另一方面,由于区块链的公开透明、全网广播、对等互联、交易的不可篡改与易追溯等特性,使得数字资产又具备了唯一性,确保数字资产在不违背共享这一互联网精神的前提下,实现有价值的高效流通,发生价值转移。这就是区块链的确权机制,既明确数字资产的归属,又能实现数字资产的流动与交易,创造价值并能参与价值分配。

(三)区块链通过去中心打破资本垄断

市场经济的核心是竞争,竞争是资本主义经济的显著特征之一。但是,资本主义的竞争发展会走向帝国主义,形成生产集中和垄断。正如列宁所指出的那样:"在形式上被承认的自由竞争的一般架子依然存在,而少数垄断者对其余居民的压迫却更加百倍地沉重、显著和难以忍受。"[①]当今世界,这种垄断不仅在国内表现明显,在国际上也尤为突出。但是,从马克思唯物史观看社会发展趋势,生产力的发展总能突破生产关系的障碍,引发生产关系的变革。区块链的产生和广泛运用将打破

---

① 列宁专题文集(论资本主义)[M].北京:人民出版社,2009:116.

资本的垄断,形成去中心化的局面。

区块链是一种分布式记账,信息的生成与传递依靠的是链上的各个节点,形成的是存在各个节点的分布式数据库,先天就不需要"中心",在实际应用中,有助于打破资本在价值分配体系中的垄断。一方面,区块链有利于搭建一种去中心的互联网体制机制,有可能改变当前信息与流量统一由几个平台垄断机构发包的局面,打破流量巨头对产业价值的垄断,为中小科技企业提供更有利的生存空间;另一方面,区块链对数据知识信息的确权,有助于产业价值的重新分配,明晰数字资产所有权,让数字资产的真正所有者参与到产业价值分配体系当中,既改变传统资本在价值分配体系中压倒性独大的局面,也改变互联网平台对信息价值的低成本乃至无偿攫取,有利于激励与鼓励技术创新与劳动创造,消除侵权与垄断对按劳分配制度的负面影响,这与党的十九届四中全会有关"按劳分配为主体,多种分配方式并存"[①]的基本经济制度的阐述完全一致,通过技术手段与机制强化了基本经济制度。

第三节　区块链与社会治理现代化

一、区块链作用于社会治理的机理分析

(一) 社会治理理论概述

从宏观的角度看,与经济学有关的社会治理理论主要包括3个:整体性治理理论、多中心治理理论和协同治理理论。这三个社会治理理论都是探讨社会治理的主体和治理模式方面的问题。

---

① 中国共产党第十九届中央委员会第四次全体会议公报[N].人民日报,2019-11-1:1.

1. 整体性治理理论

整体性治理理论以英国学者希克斯为代表,"是传统的合作理论和整体主义思维方式的一种复兴"。[①] 希克斯在《整体性政府》一书中首次提出"整体性政府"的概念,它主要是对公共服务功能碎片化和服务裂解性的反思与修正,认为要"通过有机整合公共治理主体层级、职权、公私部门、资源等方面的碎片,为公民提供无缝隙的整体性服务"。整体性治理理论认为政府职能部门的分割是产生社会问题和导致其严重化的重要原因,由此还产生了部门主义、层级众多、效率低下,缺乏协调等问题,提出构建跨部门协作的整体性政府治理组织形态。之后,希克斯又出版《迈向整体性治理:新的改革议程》一书,首次提出"整体性治理"这一概念,把研究重点放在专项整体性治理模式上,对碎片化政府、棘手问题、整合与协调等问题都进行了具体阐释,并深入研究了整体性治理的途径与模式。

在本质上,整理性治理遵循以政府为中心来主导危机治理的思路,主张通过政府权威,运用信息技术,统一整体目标,解决碎片化管理带来的目标冲突、过度浪费、缺乏沟通等问题,明确治理的共同利益目标——实现公共利益,形成治理合力,减少由于碎片化导致的治理失灵和公众利益受损。其理论主要的借鉴意义包括:

1. 以公民需求为治理导向。立足公众的需求,以公众利益为出发点,追求公众利益的最大化,实现从政府本位向公众本位的治理方向转变。值得关注的是,整体性治理理论还特别强调了公众需求公平性的问题。

2. 强调部门的协调性和中央政府的整合性。中央政府的整合是整

[①] 胡象明,唐波勇.整体性治理:公共管理的新范式[J].华中师范大学学报(人文社会科学版),2010(1).

体性治理最核心的治理途径,包括逆部门化和碎片化、大部门式治理、重新政府化、强化中央集权等方式。与官僚式治理的自上而下进行权威性整合不同,整体性治理的整合是协作型整合。

3. 重视信息技术。强调在数字治理时代需要电子信息技术的采用,才能实现整体协同和政策协调,推动政府组织结构由金字塔形转向扁平化,简化治理流程,提高治理效率,从而帮助治理走向透明化和整合化。

2. 多中心治理理论

多中心治理理论由经济学家奥斯特罗姆夫妇提出,与整体性治理理论强调政府的中心作用相反,多中心治理理论不赞同过度集权于政府的社会治理思路,推崇搭建多中心治理模式,关注公共部门、私人部门和第三方力量共同在公共治理领域的作用发挥。

多中心治理理论是对传统的社会治理"单中心"模式的颠覆。按照传统观点,社会治理往往只有一个中心,要么以市场机制调节为主,要么以政府行政为主。例如在处理上游企业排污水影响下游企业这种具有负外部性的市场失灵问题时,要么通过明晰产权进行私有化的方式解决,要么通过政府征收排污税的方式解决。然而现实生活中无论哪一个单中心进行治理都有可能出现政府与企业均治理无效的双重失灵。多中心理论则是针对市场或政府的单中心治理所存在的双重失灵,强调建立政府、市场和社会组织三维框架下的多中心治理模式,通过多元合作、协商进行社会治理。

所谓多中心,指多个决策或权力中心和组织体制参与治理公共事务,提供公共服务。奥斯特罗姆提出了一种"解决公地困境的方案",[①]

---

① 奥斯特罗姆.公共事物的治理之道:集体行动制度的演进[M].余逊达,陈旭东译.上海:上海译文出版社,2019:19-21.

对于公共牧地资源,可以在没有私有化、没有政府权力控制的条件下,完全通过牧地资源使用者自己委托一家执行机构,并通过内部协商制订实施和有效使用公共牧地资源的合约解决"公地悲剧"的问题。由此,多中心治理理论强调多主体平等参与治理,特别是自发的第三方力量参与社会治理,强调多个治理主体之间双向互动、多中心互动,以相互信任、相互博弈、相互调适、协商参与等互动方式共同参与治理。

在本质上,多中心治理理论否定单一政府治理模式,但也不认为市场就是万能的,而是重视社会组织的自发力量。多中心治理理论更强调信任的作用,因为多中心的特征决定了多中心治理必须关注行为主体间的信任和合作,这是多中心治理可否延续的基础。

3. 协调治理理论

协同理论一词来自希腊语,意指关于"合作的科学"。创始人是西德理论物理学家赫尔曼·哈肯。协同理论是一种自然科学用于社会科学的跨界研究,同时也是对多中心治理理论的延伸与发展。赫尔曼·哈肯在《高等协同学》一书中认为,"协同学是研究由完全不同性质的大量子系统(诸如电子、原子、分子、细胞、神经原、力学元、光子、器官、动物乃至人类)所构成的各种系统。本书将研究这些子系统是通过怎样的合作才在宏观尺度上产生空间、时间或功能结构的。我们尤其要集中研究以自组织形式出现的那类结构,从而寻找与子系统性质无关的支配着自组织过程的一般原理",[1]亦即协同学是一门研究普遍规律支配下有序的、自组织的集体行为的科学。[2]

按照协同治理理论,在开放系统中,各个组成部分不断地相互探索

---

[1] 赫尔曼·哈肯.高等协同学[M].郭治安译.北京:科学出版社,1989:1.
[2] 赫尔曼·哈肯.协同学——大自然构成的奥秘[M].凌复华译.上海:上海译文出版社,2005:9.

新的位置、新的运动过程或者新的反应过程,不仅系统各方都在参与过程,还有新物质新能量的加入,最后会有一种集体或者多种共同的运动与反应支配其他所有运动与反应,形成新的有序结构。它主要强调的内容包括:

(1) 治理主体的多元化,不仅包括政府,还有民间力量、企业公司、社会组织都可以参与社会治理。

(2) 子系统的协同性。由于参与主体多,且资源与利益诉求不同,要形成集体行动的有序结构,必须有各个组织的协同,这些组织会不断谈判协商资源交换,通过协同性才能实现最后的有序结构。

(3) 强调了自组织的作用。自组织现象无论在自然界还是在人类社会中都普遍存在,对于协同治理来说,要想摆脱政府的金字塔式控制,削弱政府管制,自组织的协同作用非常重要,可以从内在途径实现系统从无序变为有序,或从旧的有序变为新的有序。

(4) 它并不否定政府的作用,因为协同治理中,政府会在集体行动的规则、目标的制定方面起着不可替代的作用。共同规则有助于实现信任与合作,决定着治理的结果。

从上述内容可以看出,协同治理是多中心治理理论的深入发展,是从系统论和自然科学的角度重新诠释了多中心治理以及自组织的重要作用。

(二) 区块链在社会治理领域的作用发挥

当前,随着理论研究和实证发展推动着政府的角色逐渐从"统治"变为"管理",又从"管理"变为"治理",按照上述理论的发展过程,区块链将随着社会治理理论与治理观念的变化而在其中起到积极的推动作用。之前在第五章已经分析了区块链可以作为一种调节资源配置的方式,与政府、企业形成一定的替代。将这种思路从经济学领域拓展至更广阔的领域,例如社会治理领域,同样可以把区块链当成一种治理制度,通过它设计和引入第三方治理力量,配合与完善政府的行政职能,发挥协同治理的职能,提高社会治理的效率与效果。

1. 低成本的去中心化,消除社会治理中的寻租问题

传统的官僚式社会治理是一种典型的单中心治理模式。所有中心化治理模式的前提都是要建立公众对中心化的信任,然而单中心治理模式的信任,又往往容易倾向于被政治化,权力会过度集中于少数人或利益集团手中,其中最容易出现的问题就是寻租。寻租是通过垄断社会资源或垄断地位,从而得到垄断利润的一种非生产性寻利活动。因为没有通过正常的生产活动就获取了生产所带来的利润,所获得的这部分垄断利润被称作租金。单中心治理的主体,因为缺乏约束者与监控者,并在追求决策效率的前提下,能够运用手中的行政权力直接干涉企业的经济行为,在此过程中容易出现单中心治理主体或代理人或与之勾结的利益集团获取超额收入的机会。寻租是单中心化治理模式很难避免的一个问题,源于治理主体或者代理人追求租金收入的行为容易导致资源配置存在浪费,加大经济主体的交易成本。

去中心化的多方治理有助于改变这种状况。从信任的角度看,区块链下设计的多中心治理机制,实现的是数字信任,或者叫作算法信任。一方面,互联网技术以及随之而来的 AI、5G、物联网等技术,改变了人们的生产生活方式,人与人之间的信任方式发生了变化,人与机器之间、机器与机器之间也存在着是否信任的问题。这期间能够达成多方认可的沟通工具是数字以及通过数字形成的信任,而并不是权威调节或某个中心化的治理机构。另一方面,就区块链而言,它本身已经搭建了一套信任机制。例如在共识机制中引入工作量证明,以算力作为

竞争记账权的依据,再如使用最长链确认机制,意味着经过最大多数节点验证认可的记账内容才会被接受,这也同时提高了造假和违约的成本。此外还包括智能合约推动交易按照代码自动执行等,都属于数字信任的范畴。因此,区块链下的社会交往与经济交换行为的信任支撑是数字信任,不需要第三方权威机构的背书,而通过双方认可的算法、共识机制来实现。

从执行的角度看,区块链形成的政治经济体系是一种多中心形成的自发秩序,既存在着大量竞争(比如竞争记账权)与监督,也存在着"用脚投票"的退出机制,通过消除一个中心化的垄断控制来消除寻租。在交易双方点对点的交易下,租金没有参与分配利润的空间,有助于降低交易双方的交易成本,减少因交易一致性所引发的摩擦。

2. 解决信息不对称问题,提高行政效率

泰勒·考恩(Tyler Cowen)和亚历克斯·塔巴罗克(Alex Tabarrok)(2018)认为,政府治理的一项重要职能是监管各种违法行为,而这些监管主要就是解决信息不对称问题。[①] 例如通过政府的监管与隐形担保,中央银行发行货币作为价值衡量与交易流通的工具,支持着经济行为的发生与宏观经济的增长。其中存在的问题是,政府作为治理主体进行监管必须掌握大量信息,而信息的掌握不仅花费大量的成本,而且影响执行效率。政府为了保证自己监管有效而且可信,必须通过一切手段,花费大量成本去搜寻信息并验证信息的有效性(例如进行审计),其间存在通过信息的发布消除或减弱信息不对称的情况,也有可能出现利用信息不对称谋取资源向着有利于自身的方向配置的问题。无论哪种情况的发生,行政效率都不可能不受到影响。

---

① Cowen,T&Tabarrok, A. Modern Principles: Microeconomics[M]. Worth Publishers, 2018.

经济理论视角下的区块链作用机理与发展逻辑研究

区块链能够相对较易并低成本地解决信息不对称问题,区块链运转系统的设计中就包含了所有发布的信息都需要全链验证真伪,发布后的信息需要全网分布式存储,大幅增加了信息扩散发布的范围和程度。各方信息获取的难度降低,又增加了信息的透明度。加上区块链设计中对信息的可追溯与难篡改难删除,又保障了信息的真实度。在这种情况下,信息不对称的问题天然得到解决,减弱了民众和经济个体对政府隐形担保信息真实性的需求。一方面,政府可由此减少信息搜寻成本,而把专注力转向其他治理领域,通过减少对社会资源的占有而提高行政效率;另一方面,可能会出现其他形式效率更高的政府服务与治理模式。例如,金融监管部门代表政府,对银行资金使用进行监管,既要防止信息不对称下银行经营中的过度风险损害储户的利益,也要防止信息不对称下的储户过度挤兑影响银行的正常经营。而通过区块链的引入,储户与银行之间信息不对称的问题可以不用通过中央银行或者银行监管部门的担保而得到有效解决,储户和股东都可以点对点持续监督商业银行的储备金状况和贷款、投资等的使用情况,甚至可以通过区块链实现风险偏好与时间偏好相同的储户与贷款者之间点对点相匹配。而作为监管部门,则可以把关注点从银行经营风险转向更多政策性、公共服务性,乃至公益性治理内容,节约因监管而耗散的资源,提高治理效率。

3. 通过激励相容的机制设计兼顾个人利益与公众的共同利益

社会治理的难点之一是如何实现公众利益同时还不损害个人利益。按照经济学中有关"理性经济人"假说和资源稀缺性的假设前提,公共品领域存在着"免费乘车"现象,市场失灵总会发生,个人利益和公众集体利益之间很难达到一致性同意,例如奥尔森(Olson, 1965)就认为,理性的、寻求自身利益的个体不会为实现他们共同的或群体的利益而采取行动。[①] 按照公共选择理论,政府所出台的政策,是否有助于提高全体公众的利益,其评价标准是当事人的主观判断,并不是外在标准。而评价公众利益时,只要所有参与者对政策和涉及的活动表示一致同意即可认定符合他的利益。对个人而言,只要是按个人意愿做出选择,就意味着这项选择能增进个人效用。对整体而言,只要其中所有的个人都没有受到强制,都是按自己的意愿做出的选择,这项政策或者这个群体的选择结果就是有效率的。然而,政策设计中普遍遇到的一个难题是:拥有信息优势的个体往往会通过损害集体利益,达到资源与利益向着更有利于自身的方向转移配置的目的,造成资源配置的帕累托无效。因此,政府在制定政策的时候也会因此而面临着抉择,还要不断应对个体行为对公众利益的损害。公共选择与个人利益的两难成为社会治理非常重要的内容。而通过区块链技术的参与,将会有效减少此类情况的发生,有助于帮助政府处理因个人利益损害公众利益的问题。

区块链在本质上是一套多种技术组合形成的激励约束机制,而且是能够通过机制设置达到个人利益与集体利益实现一致的激励相容机制。在区块链下,不仅通过全链公开、信息共享的方式和分布式记账、非对称加密等技术有效约束失信、剽窃等"恶"的行为,更是能够设置一套全链节点都认可的激励机制,充分提高节点内的积极性,减少信息不对称而导致的机会主义,提高社会治理的运转效率,优化治理生态秩序。

区块链的激励相容,与通证密切相关。按照瑞士金融市场监督管理局(FINMA)的 ICO 监管指南,把通证分为支付类通证(payment

---

[①] Olson, M. The Logic of Collective Action. Public Goods and the Theory of Groups[M]. Cambridge, Mass.: Harvard University Press, 1965.

token)、应用类通证(utility token)和资产类通证(asset token)。其中，支付类通证类似于加密数字货币，而资产类通证类似于股权。通证是一个很广泛的概念，只要能够证明权益和价值，能够交换与流动，都可以被称为通证。从技术和区块链运行的角度看，通证在实质上属于共识机制的一部分，通证的流通需要社会公众（区块链的参与节点）对其价值背书信用的认可。没有通证的区块链只是分布式账本，只有简单的记账功能，有通证的存在，区块链就不仅仅是一种技术和账本，而且成为一种有效的激励机制。运用区块链机制实现的社会治理，不仅能够记录依照共识机制执行的正确的行为，还能记录违背共识机制从而违背社会治理要求的"恶"的行为，同时，每个个体为维护共识机制和公众利益所作出的贡献（包括配合贡献与监督贡献）也会记录在案，并获取相应的通证奖励或者受到相应的惩罚。通过这样的激励，激发了经济个体参与的积极性，为社会治理的运行提供了内生动力。

区块链下的激励机制，还是一个能够引导个体利益和集体利益融合一致的独特机制。共识机制的事先建立，在规则上保证了个人利益与集团利益能够达到一致性；全链公开透明、交叉验证的证伪机制，使得节点除非控制50%以上的算力才能实现造假的可能，信息的真实程度大大提高，减少了信息不对称所带来的市场失灵现象，资源配置有望实现帕累托改善。因此，共识机制的设计有助于实现个体利益与公众集体利益的一致性，最终实现整个社会治理生态圈的自我形成、自我发展、自我运用和自我完善。执行层面的区块形成与智能合约，都可以保证只有符合共识机制的行为才能被全链验证录入账本，也就是其交易结果才能被认可是有效的，而共识机制就是个人利益与集体利益相一致的事先规则。从规则层到执行层，都保证了区块链的激励相容，这是解决社会治理个人与集体利益冲突难题的关键所在。

需要注意的是,有些通证(例如加密数字货币)具有数字资产的价值与权益证明的特性,但通证本身只是激励的体现,比加密数字货币范围更广、内涵更深,可以完全不通过加密数字货币的方式体现,而用某种权益或者某种功能也能充分体现通证中所包括的激励。至于已经在国内被禁止的 ICO(Initial Coin Offerings),更不能与通证画等号,ICO过于强调激励的金融属性,脱离了实体经济,监管缺失,最终导致投机、诈骗泛滥成灾,对社会治理不仅没有帮助,还为社会治理带来新问题,乃至违法犯罪现象,被监管部门直接取缔是理所当然的。

4. 通过区块链实现代表绝大多数人一致同意的投票机制

按照公共选择的观点,一致同意的投票才能代表公众的利益,然而在欧美主要国家的"民主表决"中,一致同意规则往往难以操作(因为一致同意意味着可以"一票否决",足见难度之大),甚至超多数同意都很难实现,普遍采用的方式是多数人同意即可通过。区块链下则有助于实现绝大多数人乃至所有人的一致同意,在实现一致同意可能性最低的领域得到集体选择的结果。区块链上的所有参与者都是在认可共识机制的前提下同意在区块链系统上实施交易,这意味着他们选择了一个相互约束的条件,接受了共识机制所确定的执行协议。区块链的共识机制是一种预设参与者一致同意实现政策制定与执行的选择。

在执行层面,工作量证明机制是最能代表多数人同意的共识机制。按照中本聪在其发布的文章《比特币:一种点对点的电子现金系统》中所述,工作量证明机制(PoW)采取的是一个 CPU 一票的投票原则,这是一种能够防止操纵的投票原则。因为如果按照互联网常用的一个 IP 地址一票的规则,拥有分配 IP 地址权力的机构则可以进行投票结果的操纵,51% 以上节点同意的原则就会被破坏。此外,PoW 下新区块的形成和链的确定,都是按照最长链原则实现的,这是一种特殊的多数通过规则：节点通过计算随机哈希散列的正确数值解争夺记账权，以此确定最长的链，由最长的链代表多数同意，由此将最新形成的区块附着于其后，最后形成的最长链表示全链对决策的通过，决策为全网所有节点所接受。最长链包含的是最多数 CPU 的验证同意，这是代表最大多数个体对投票结果的执行。

（三）社会治理不同阶段下的区块链作用机理

从马克思主义对社会治理的论断看，社会治理的主体是三位一体，包括国家、社会和人民，在不同的社会发展阶段，3个主体所起的作用是不一样的。在阶级社会，国家是社会治理的执行者和统治主体，也是社会治理最主要的力量。国家代表统治阶级行使统治与管理职能，保障统治阶级的利益。国家的长治久安，主要依靠国家机器强有力的统治，但为了确保政权的稳定，仍然需要进行一定的社会治理制度安排，为社会和公民提供部分公共服务。在社会主义初级阶段，内部阶级对立已经消除，国家的角色更多地由统治转变为服务，从管理转变为治理，由此会出现一些小的社会自治和相应的治理手段；从长远看，在发展到社会主义高级阶段，社会治理更加现代化，是有效治理和人民自律的高度统一，将来到共产主义社会，国家专政职能逐渐消除，社会自治成为对全体公民和公共事务提供服务的主体，成为社会治理的最主要方式。就人这一主体而言，马克思认为，人民群众是社会活动的主体，是社会治理不可或缺的重要组成部分。在人民民主专政的社会主义，必须实现真正的人民民主，使人民成为社会的主人，广泛地参与国家治理。当共产主义得以实现，私有制完全被消灭之后，人类获得彻底解放，人民当家作主，行使权力实现自主自治，成为社会治理的绝对主体，诚信成为社会的信条，这才是社会治理的终极方向，也是社会主义社会治理的

第四章　区块链作用机理的宏观研究

必然结果。

习近平总书记在社会治理方面也有非常精辟的论述,他明确提出,"人民对美好生活的向往就是我们的奋斗目标",①必须坚持以人民为中心的根本政治立场,确立了人民在政治、经济、文化、社会生活各个方面的治理上的出发点和立足点,充分表明了符合中国发展实际的具有中国特色社会主义国家的社会治理价值维度。从马克思主义的角度看,在社会治理不断发展的过程中,因为人的因素始终贯彻始终,那么去中心化的区块链与之结合,更能够发挥"以人为本"的治理理念,并在治理的过程中不断优化自己。

从区块链自身发展历程来看,1.0阶段的区块链因为技术属性而备受关注,2.0阶段则由于比特币的巨大成功和区块链技术的局限性(内存占用较大,更适应于高价值低频交易),金融属性成为区块链最突出的特质。在3.0阶段,随着公链、侧链和跨链技术的不断更新,区块链的优势将会更多体现在治理属性上,将会有效推动社会治理机制和治理方式的重大重构。

如前所述,区块链能促进人与人关系的变革,它所具有的去中心化、数据可靠以及算法培育信任的独特优势,对于建立政府公信力、提高政务透明度、提升监管水平等制度安排都能发挥有效作用,是现阶段显著提升国家治理能力现代化水平的重要一环,作为一种科技手段可深度配合深化改革,与当前中国所处的社会发展阶段和社会治理的内在需求高度吻合。

更重要的是,区块链的共享机制不仅实现网络社会的信任再造,提高上链主体的积极性,如果运用得好,更有利于通过共享与全链监督的

---

① 习近平.在"不忘初心、牢记使命"主题教育工作会议上的讲话[J].求知,2019(8):6.

独特机制，在一定范围内试点社群乃至社会在一定程度的有效自治。它会随着社会发展的不断变化，契合不同社会发展阶段，针对社会治理主体和治理内容的不同要求，在国家治理、社会自治、人民自治的不同发展阶段，有弹性地调整治理规则与算法，来适应各个阶段社会治理的内在要求。在这点上，它印证了马克思主义、习近平总书记关于社会治理在不同阶段侧重点不同的论断，为下一步提高人民当家作主程度提供了技术支撑和创新试点。

（四）区块链在社会治理的应用领域探讨

作为一种加密的共识机制，虽然区块链最初也是至今最成功的应用在比特币领域，因而其最受关注的领域是金融和经济领域，然而未来它应用最广也是对人类社会发展最有益的应用领域一定会是社会治理领域。区块技术的分布式存储和点对点传送以及信息共享等特性，可以使其参与到政府所提供的各项公共服务当中，解决现代政府治理中面临的诸多难题，增加信息的透明度以及政务公开的诚信力，提高政府治理效率，提升治理效果。例如公共选择理论所认为的"更好的政治家和选民不会带来民主，只有更好的制度才会"那样用于加密式民主投票。降低投票成本和增强信任，在社会治理领域发挥更大的作用，如托克维尔布的"多数人的暴政"以及有组织的少数族裔的剥削和理性选民的无知，都得以明显改善。本部分将从区块链功能的角度，对区块链可能涉及的社会治理领域的应用进行分类探析。

1. 时间戳应用：版权与证书领域

时间戳是区块链技术下一种独特的应用，它标明了某个特定时间之前已经存在、完整且可验证的数据结果，时间戳通常能够证明该数据唯一时间的标记。时间戳的应用主要在于通过产权归属时间决定产品价值归属的领域,例如在版权、证书等其产品价值与时间序列密切相关的领域,政府运用区块链技术提供确定时间戳从而确定产权归属的服务,对于杜绝造假、降低政府打假和信息确认成本,从而提高政府治理效率非常有意义。区块链时间戳方面的政务应用包括:知识产权登记、房产登记、文化影视音乐版权登记等。

2. 不可篡改性应用:数据真实性确认领域

与时间戳应用关注时间点与产权归属不同,不可篡改的应用更关注信息的保真和透明度,政府要对信息的真实性提供证明和隐形担保,因而可以利用区块链技术的难篡改性,确保信息发布的真实可靠。涉及此类的治理服务应用主要包括人事履历、档案管理、诚信记录、学历证明、电子病历等。特别是慈善捐款类社会服务,适合使用区块链技术,用于分布式存储捐款资金、资金流向、捐款效果等,以便于公众的监督。此外,政府审计、税务机关涉及企业财务数据领域的,也适合应用区块链技术对数据的真实性进行监管。

3. 可追溯性应用:追溯与鉴真领域

区块链下的数据还具有可追溯的优势,可以使用非对称加密打开各个区块数据,进行数据溯源。因此,当前区块链技术应用最多的领域之一是供应链的溯源、证据追溯、产品防伪等,有助于消除供应链流转过程中的假冒伪劣,农产品、高档食品、酒类的防伪保真,甚至刑侦证据的保存追溯。这些也是政府服务的一项重要内容。

(五)区块链社会治理应用的趋势

从多中心社会治理的发展研究看,奥斯特罗姆夫妇构建了最早的多中心治理共同体,在第一代多中心共同体中,他们发现存在着能够有效解决公地悲剧的制度安排,特别是在小型、可信任、可沟通的团体(例如封闭的熟人社会），在这样的共同体中引入第三方力量，其解决效果会优于市场和政府。由此开拓出多中心治理的初始模型：小规模私人领域的第三方治理。

之后，随着信息技术的发展，进入第二代多中心治理共同体，即在更大范围内运用大数据和开源软件进行的治理，主要是在一个互联网平台上的治理，在更大规模上如何通过数据处理维护公共品和准公共品的提供与消费。

前两个多中心治理共同体都没用到区块链技术，虽然比单中心治理有了很明显的改进，但依然由于技术问题而存在的信息不对称，使其很难应用于更大的范围和更复杂的社会治理当中。而区块链技术应用于社会治理，在理论上延续了多中心治理理论的理念，但实际应用中又有自己的特色，不仅表现在技术处理，更表现在各个中心的地位、协同与信息交换的能力上，将会随着社会治理的不同阶段而发挥更大的作用。

在社会治理中，出于对传统官僚式治理模式的否定，很容易出现的一个倾向是无政府主义，特别是运用区块链技术更容易存在无政府主义的误解。原因在于区块链的去中心化设计，其内在理念是一种自发形成的自然秩序，在自我运转中实现治理，对中心化代表的政府没有明显的需求。此外，区块链下智能合约的运行有可能存在"脱媒"的情况，不能被现有的治理机构所监管和制约，甚至不被知晓，类似于走私或地下经济。然而，区块链所试点创新的社会自治，并不等同于无政府主义或者绝对消灭中心化。就区块链本身来说，它是一种具有去中心化理念和能够实现去中心化、无中心化、多中心化等不同目的技术手段，是否去中心化、去中心化的程度，这些目的都取决于区块链的共识机制内容，通过共识机制确定的程序实现不同程度的去中心化。区块链并不等同于去中心,不是使用了区块链,就一定会完全消灭社会治理的中心。去中心化也并不代表无政府主义,技术不能解决人性深层的问题,区块链和无政府主义、自由主义并不能画等号。

另外,使用区块链技术的目的是提高政府社会治理现代化水平和能力,而不是为了取代政府。在现在的社会发展阶段,依然需要政府、国家、部分领域中心化的统筹管理,社会运行才能有序,有些领域如果过度去中心化,其结果并不是实现自由与民主,而是对人类的颠覆,有可能反而出现被几大巨头所垄断、操纵的过度中心化局面。因而,应当尊重社会发展规律,而不能超越社会发展阶段强行去中心化。此外,在中心化发展很成熟的领域,区块链并不具备更多的成本优势,在匿名性、隐私性上,区块链也未必比成熟的中心化技术更具优势。所以,不能把区块链视为可解决一切问题的法宝,必须要看到它的局限性和可能带来的新风险,必须进行改进提升。

社会治理发展至今,随着互联网技术的成熟和大数据、云计算等相关创新技术的发展,可以支持区块链相关的创新活动,部分地方政府可以通过地方立法的方式,在政府控制的一定范围内,引入区块链技术和第三方治理力量,探索多中心治理模式,提高治理效能和治理效率。当前,随着全球各国政府职能的转变,从"管理"到"治理"的社会治理改革已蔚然成风。通过区块链技术的逐步使用,将会使更多的公民与社会组织参与到社会治理当中,将会塑造出一种新型的政府与公民之间的关系,增加公民提供服务的功能,改善政府的运转方式与治理内容,甚至改变公民的身份:不仅是被服务者,而且还是服务的积极参与者,甚至成为社会服务的提供者,从而把社会治理模式从单向服务转为双向服务和交互服务,不仅提高社会治理效能,更能增强公民自主自助的主动性,成为一种新型互助社会治理。

二、区块链与公共卫生危机治理研究

"非典"疫情后,经过多年的不断改进,借助于高新技术的应用,我国政府公共卫生危机治理水平已有了日新月异的变化。然而,由于公共卫生危机自身具有一些"内生性"的问题,依靠现有的治理模式和治理技术还难以获得解决。本部分将以公共卫生危机作为研究对象,探讨公共卫生危机治理中容易出现的问题,搭建一个区块链应用的框架,分析区块链切入公共卫生危机治理的原理与途径,以微知著分析区块链对国家治理现代化能力的提高。

(一) 公共卫生危机的特征与治理原理

公共危机,通常是指一种危及全体社会公众生命财产和共同利益的紧急事态。公共危机通常具有"突发性、威胁性、不确定性、紧迫性和破坏性"[1]的特点,"都可能对社会公共制度的有效运作和公共资源的有效配置造成威胁和危害,导致某些社会基本活动的中断或瘫痪"。[2] 公共危机很有可能带来其他深层次问题,并且波及范围广,因而还具有"社会性"的特征:危机发生后,不仅该区域受到严重影响,还会殃及整个社会,成为全社会都面临的紧急事态;公共危机还会带来其他领域的连锁反应,对其他公共资源造成损害,这也是"社会性"的具体表现。

公共卫生危机不仅具有危机的普遍特点,而且因为属于健康医疗领域,又具有"传染性"这一独特属性,因此,"人与人的联系或关系"这一因素对"传染性"具有举足轻重的影响。此外,"传染性"的特征使得

---

[1] 肖鹏军.公共危机管理导论[M].北京:中国人民大学出版社,2006:12.
[2] 李志宏等.突发性公共危机信息传播模式的时段性特征及管理对策[M].图书情报工作,2007(10).

公共卫生危机的发生不会只局限于某一封闭区域,而会随着人口、病毒的流动向整个社会蔓延,并会迅速带来除了健康损害之外的其他深层次问题,例如经济发展、社会稳定、国际关系等问题。"社会性"这一特征在公共卫生危机中也较其他危机更为突出。综上所述,公共卫生危机来临时,正确应对"社会性",处理好"人"的因素,对于危机治理效果格外重要。

理论界对于政府治理和公共危机治理都进行了深入研究,形成若干理论与思路,指导着现实中的危机治理工作,成为公共卫生危机治理机制设计与协调模式的原理所在。公共卫生危机治理依然是以整体治理理论和多中心治理理论为其背后的理论支撑,两者既有一定的对比性,也有一定的互补性,对公共卫生危机治理均具有一定的指导与启发意义。

如前所述,整体治理理论由英国学者希克斯为代表,它主要是对公共服务功能碎片化和服务裂解性的反思与修正。对于公共卫生危机,整体性治理理论至少有两方面的积极借鉴:1. 关注分散化治理造成的部门冲突与资源浪费;2. 关注信息共享,推动政府组织结构的扁平化,加强治理主体之间联系,促进人际关系和治理流程的紧密化。

与之相反,经济学家奥斯特罗姆夫妇提出的多中心治理理论更关注公共部门、私人部门和第三方力量共同在公共治理领域发挥作用。对于公共卫生危机,多中心治理理论至少有两方面的积极借鉴:1. 充分整合多种力量参与社会治理,特别是自发组织对于改善完全由政府主导而出现的信息不畅、民间积极性不足等问题具有明显效果;2. 多中心治理依然需要一定的集体行为规则和统一目标,需要各方进行协调合作。

总体上,无论哪种治理理论,都不能否认公共危机治理需要三方面的要素：1.政府主体地位必不可少（虽然政府在治理结构中未必是唯一而且绝对的中心）；2.其他力量的必然加入并进行协调合作；3.必须以公众福祉为统一目标。随着社会开放度的不断提高，公共卫生危机"社会性"的特征日益突出，相应的危机治理必须格外关注"社会性"和由此带来的复杂性。政府虽然在危机治理中处于核心地位，并有助于公众福祉这一目标不会因私人机构的加入而走样，但仅仅依靠政府应对危机远远不够，需要引入多方参与，既能弥补治理中政府在应对危机"社会性"上的不足，又有助于降低政府救治性公共支出。

（二）公共卫生危机治理存在的问题

在治理理论的指导下，随着科学技术的广泛应用，各国公共卫生危机治理水平都有了长足进步。以我国为例，我国自"非典"之后在全国范围内上线了"传染病自动预警系统"，并建立各级疾病控制中心（以下简称CDC），指导传染病的预防治疗。互联网的普及又推动了政府信息透明化进程。然而，由于公共卫生危机的特征特别是"社会性"所带来的复杂度，导致其治理存在一些依靠现有技术能力和治理机制难以充分解决的内生性问题。

1.过度依赖中心化治理机制，严重影响公共卫生危机治理效率

公共卫生危机的突发性和传染性交互在一起，这意味着反应效率对治理结果至关重要。有些国家例如美国，CDC负有治理全国公共卫生危机的职能，这是一种典型的中心化思路。如果各个地方（例如美国各州）又具有一定独立的治理权限，两者协调不当的话，会出现公共卫生危机治理的脱节。而有些国家则是以各地政府作为公共卫生危机治理的中心化主体，例如我国对公共卫生的管理模式是以地方政府为第一责任主体，危机治理的效率与效果取决于地方政府的管理水平，地方

政府是公共卫生治理机制中的绝对中心。CDC只是开展"突发公共卫生事件和疑似预防接种异常反应监测及国民健康状况监测与评价,开展重大公共卫生问题的调查与危害风险评估",[①]并非治理主体。这种模式又过度依赖地方政府的治理速度与水平,当出现公共卫生危机时,地方政府采取封城、集中收治、科学隔离等治理措施的反应速度越快、措施越得当,控制效果就越好,反之,凡是滞后出台措施的地方,往往容易出现疫情恶化、传染严重的情况。单一中心的决策模式导致治理成本被大大抬高。此外,在单个地方政府针对公共卫生危机的治理过程中,一些明显违背治理措施的行为,例如私下聚会、虚假隔离等屡禁不止,也显示出地方政府内部不同职能部门也未形成良好的协调关系,与传染性强、传播速度快的疫情所需要的治理方式不相匹配。

就慈善捐款而言,普遍观点认为点对点捐助透明性差,且成本远高于慈善机构统一调配。事实上,如果过度依赖慈善机构集中调度,一旦存在滥用职权、黑幕交易、调配低效等问题,不仅严重影响物资调度,还会影响到政府公信力。数次公共卫生危机事件后爆出的捐款质疑,正是对过度中心化的慈善机构治理方式的否定。

2. 信息滞后和信息孤岛现象,严重影响预警、防控等治理效果

公共卫生危机治理决策离不开真实、丰富的数据信息的大力支持。如果缺乏深度而专业的信息,将会出现治理失控。信息滞后与信息割裂是公共卫生危机治理过程中普遍存在的且难以解决的问题。从各国处理公共卫生危机的实际情况看,一般来说,从最初出现感染到公共卫生危机爆发,政府反应和治理行动往往存在至少1—2个月的时滞,有的国家与地方甚至时滞更长。在这些强传染性疾病的治疗过程中,由

[①]《中央编办关于国家卫生健康委所属事业单位机构编制的批复》(中央编办复字〔2018〕90号),http://www.chinacdc.cn/jgxx/zxjj/.

于每个医院是独立的个体,医院与医院之间存在着信息割裂,患者医疗数据不能同步共享,容易导致聚集在医院的易感人群遭受感染,甚至导致许多不知情的医护人员被传染。而公共卫生危机爆发后,即便政府宣布封城和禁止人员聚会流动,但人员私下流动与私下聚会从而导致传染的情形时有发生。在当前的技术水平下,移动定位技术已经非常发达,但在几乎所有的国家中,由于数据仍归特殊部门所掌握和使用,城市治理部门(例如我国的基层社区)并未享有这些数据带来的治理便利,还在依靠人工排查了解流动人口信息,瞒报漏报时有发生。信息传递不畅成为阻碍部门联动综合治理的最大障碍。

出现这一问题的原因,虽然各个部门都在建设自己的大数据信息平台,然而部门间却存在数据割裂、信息孤岛和数据鸿沟,甚至政府主管部门也未能统筹掌握全部信息。政府的一个重要职能在于收集、保存、维护个人与组织的关键信息和数据,这相当于记账与保存账本的功能。然而,这些信息被记录和分散保存于不同部门的不同系统。自上而下的金字塔式层级的治理结构,以及各个部门的各自利益不同,使得信息共享基础下的协调整合治理没有真正实现。当前全球政府所推动的信息化升级只解决了信息收集和保存的效率,并未解决数据管理与分享的问题。不仅影响部门与政府决策的速度与水平,影响公共卫生危机治理效果,还可能造成治理分割、治理冲突和治理失效的结果。

3. 虚假信息蔓延,严重影响政府公信力

信任是社会治理的基石,关系到治理效果,也是社会稳定程度和化解风险危机能力的重要指标。公共危机治理与政府信用两者之间有着天然的联系,在正常情况下,社会稳态运行,政府职能正常履行,社会治理平稳有序,公众较为理性,对社会发展的预期也是确定的。即便出现一些虚假信息,也不会对社会治理造成根本性影响;而在公共卫生危机下,由于危机的不确定性和传染性,很容易给公众带来恐慌,产生非理性行为,并存在群体跟风的羊群效应。如果突然出现恐慌性传言和虚假信息,将会严重改变公众的预期与判断,促使不信任情绪的蔓延滋生,"除了过度轻信以外再无其他能力",[①]公众心理与行为都会发生重大改变,例如在欧美国家出现了"抢购卫生纸"等非理性行为,甚至可能从卫生危机演变为经济危机,乃至政治危机,严重影响政府公信力。

当前,互联网为载体的自媒体已经成为信息时代公众获取信息的主要渠道之一,危机发生时,"互联网迅速成为最终的信息源"。[②] 与传统媒体不同,互联网媒体速度快、传播便捷且缺乏信息真实度的甄别,虚假信息反而成为传播力最强、网友最相信的信息。正如考林(Cowling)等认为的,安全距离是人们产生恐慌的更大因素,所谓安全距离就是网民从他人那里感受到的事件的危险程度。[③] 政府在公共危机治理时出于"稳定"的诉求,本质上依然偏好"内紧外松"的旧式舆情治理理念,担心公开信息会造成公众恐慌,导致公众转而关注互联网自媒体的大量虚假信息,反而影响公共卫生危机治理的传导机制,也会影响公众知情权与政府公信力。

4. 激励惩罚手段不足,影响与阻碍各方力量的发挥

公共卫生危机考验的不仅是政府治理水平,也是对人性的拷问与教化。当前各国政府在公共卫生危机治理中普遍缺乏有效的激励机制,监督约束机制相对单一僵化。例如对治理能力不足、尸位素餐的对象,欧美国家大多是责令辞职,我国更多的是免职问责,这两种惩戒方

[①] 勒庞.乌合之众——大众心理研究[M].赵丽慧译,北京:中国妇女出版社,2017:27.
[②] 黄成,余天星,赵文龙.社会网络环境下健康舆情关键词幂律特性及信息服务干预研究[J].情报杂志,2015(6).
[③] Cowling B, et al. Community Psychological and Behavioral Responses through the First Wave of the 2009 Influenza A (H1N1) Pandemic in Hong Kong[J]. Journal of Infectious Diseases, 2010(6):867-876.

式都较为简单粗暴,缺乏多层次的监督约束过渡方式,也没有相应的激励机制。这些会影响公共卫生危机治理参与者的积极性,使得担心出错因而受到惩罚的顾虑超过果敢决策尽快消除危机的成就感。而对于公民出现的违背社会公德、破坏公共安全等恶性行为,当前的治理又缺乏多层次多样化惩戒教化手段,对忘我工作成绩斐然的治理执行者和热心参与、积极监督、自觉隔离的社会大众,除了表彰之外,也没有更多抑恶扬善的激励机制。这些都暴露出公共卫生危机治理对各方力量重视不够、激励与监督机制都不够有效的问题,容易削弱危机治理效果。

（三）区块链：提高危机治理现代化水平的必要手段

上述问题充分显示,公共卫生危机治理中,由于危机"社会性"的内在特征的存在,使得危机治理必须紧紧围绕"社会性",从"人"的角度着力解决治理难题。虽然大数据、云计算等高新技术的普遍采用已经大大提高了政府公共卫生危机治理的现代化水平,然而如果对危机"社会性"认识不足,再多的技术堆砌也不能解决这些治理难题。治理现代化不仅仅是要求技术先进,更是需要能够有效处理好危机"社会性"的新技术。互联网、大数据、云计算、人工智能、5G等高新技术,主要用于链接、数字化、信息收集处理传递等方面,通过提高生产力水平实现治理现代化,而区块链则是聚焦于"人"的因素,优化人际交往形成的各类关系,解决"社会性"带来的复杂矛盾和难题,通过生产关系的调整变革实现治理现代化。

本质上,区块链既是一种混合了密码学、分布式存储、智能合约等新技术在内的集成技术,更是一种能够优化人与人关系和治理模式的新思路。它对公共卫生危机治理现代化的促进作用可以体现在以下几个方面：

1. 改变过度单中心化的治理机制,协调多元组织合作关系

多中心治理理论分析了政府或者市场在社会治理中会存在非帕累托最优,应当引入第三方治理,形成多元化治理主体,从而提高治理效率。当前,主流治理格局已经从政府单一主体逐渐呈现治理主体多元化趋势。虽然在公共危机治理中政府主体地位不能改变,但通过相应的制度安排整合政府各部门、医疗机构、企业、社会组织的力量主动积极参与,适度改变危机出现时依靠地方政府这一唯一中心决策指挥才能发起治理的僵化模式,有助于确保治理效率。

区块链技术的最大特色之一就是去中心化,因为区块链的信息传递和智能合约的履行,并不需要都经过中心的存储、批准和调度,只要在事前约定好共识目标以及是否履约的奖惩,就能够通过体系内节点之间点对点高效率的信息传输通道推动系统运转,即把信息不对称下过度依赖中心指挥的多层次树形组织,变为去中心的链条式扁平化网络化组织结构,分权决策,层级较少,反应迅速,有助于提高危机时期的治理效率。在公益慈善领域,更能够通过区块链实现低成本点对点捐助,淡化某一慈善机构的过度中心化调度角色,快速把善款物资用于最适合最需要的领域,最大限度发挥慈善事业的救助功能,提高善款使用效率。此外,区块链实行分布式存储和分权决策的模式,能够降低若某一治理中心出现障碍后影响全系统正常调度运转的风险,保障危机治理机制运行的安全稳定。

2. 打破信息孤岛,优化汇报上报难题

公共卫生危机的"传染性",使其治理一定是跨域的,工作领域涉及面广,若要取得良好的治理效果,必须掌握好来源多头的巨量信息,仅靠政府一家自有数据信息,并不能实现预期的效果,更何况政府内部还存在"信息孤岛""信息鸿沟"等问题,严重影响着政府对信息的掌握和

调度。即便政府掌握了全部信息,内部的信息共享依然存在障碍。

区块链有助于解决信息割裂与孤岛问题,首先,由于区块链的特殊架构,能够改变政府数据的管理方式,从单一所有者拥有信息转变为整个记录周期中可以共享,在加密保护的分布式平台上安全运行。腾讯研究院所发布的针对药品溯源的研究报告中提到,"区块链是天然的共享账本,双方只要把对账逻辑连接到区块链上,就可以完成信息、资金的核对,对于涉及环节较多的业务非常有竞争优势,同时监管机构也可以参与到共享账本的记录中"。[①] 作为一种全链广播的分布式共享数据库,一方面,可以在全区块链内部实现信息的共享,节点所有行为都需全网发布,并经过证明机制才能被认可并记入区块链账本;另一方面,区块链通过 P2P 技术和共识机制,在不同个体间构建一个点对点传输、分布式存储的对等网络,通过点对点的传送解决信息滞后问题,不需要中心机构的权威审核,即可送达需要送达的节点,例如有患者感染的医院直接送达直报系统而不需要地方政府核准,通过系统与算法优化当前难以解决的"组织汇报"这种"社会性""关系型"难题。它通过形成这样的信息共享,有助于实现资源共通、价值共创、集体维护,信息公开透明、传递通畅的效果,减少因为信息滞后而延误治理时机的情况。而在联盟链中,又能通过权限设计的同时,实现点对点信息高效传输与隐私保护双重目的,有助于建立有效的信息共享渠道,提高信息搜集广度,提升处理速度。在公共卫生危机这类跨域治理中,由于多元化主体参与,能否实现信息及时共享,对于实现各个主体的协调合作格外重要。区块链对信息孤岛的打破,能够改善各个部门各自为政、信息碎片、职能分散的状况,帮助治理者及时掌握执行者的工作进展,提高决策的时

---

① 腾讯研究院.从疫苗风波,看区块链在药品溯源上的应用及挑战[EB/OL]. https://m.sohu.com/a/242879696_455313.

效性。同时通过权限设计,解决医疗信息的隐私保护和监管审计以及病情跟踪的可追踪性问题。

3. 提高信息真实性,增强政府公信力

实现信息透明公开和真实,对于增强公众对政府的信任极为关键。然而,对政府而言,杜绝虚假信息或者防止媒体扭曲解读造成公众误解非常困难,(1)因为旧舆情治理理念导致政府对信息公开主动性不足,(2)因为政府发布的信息数量有限,远不能满足公众对获取更多信息的渴望,信息海量又获取便捷的自媒体信息正是填补这种迫切愿望的渠道。涉及媒体扭曲、过度解读和虚假信息的情况,政府除了认定造谣、"删帖"之外并无其他手段,甚至有时候会出现越辟谣公众越信谣越传谣的情形。

在区块链技术下,链式数据记录与信息传递及存储,不仅有时间戳维护,也有去中心式的分布式存储,还有信息发布后的全网广播与监督,因而具有不可篡改、不可伪造、不可否认,全程留痕、可以追溯的保障特性,能够有效确保发布信息的真实可靠。那些曾经发布不实信息的节点,会因为不可否认和全程留痕,被全网谴责,虚假信息也会打上不可篡改的烙印,而发布真实、中立信息的节点,则会得到更大的发展空间。通过区块链这一特性,有助于减少由信息不对称、虚假信息泛滥所造成的公众信任缺失和由此带来的非理性行为,能够疏导公众情绪,保障政令畅通,稳定社会秩序,为危机治理的高效能运转创造出一个各方支持、公众配合、舆论良好、信任度高的外部氛围。

4. 实现激励相容与有效监督的共识机制,提高各方积极性

政府是公共卫生危机的被动应对者,对危机的治理往往是跟随情况变化相应采取措施,本身容易存在决策滞后。特别是政府组成部门与下一级政府和基层社区,一般是等上级部门决策后才会照此执行,更

不会主动出击。应当借鉴多中心治理理论中关于提前设置好机制的思路,设计出激励与监督约束机制,增强政府的主动性,发动更多社会力量积极参与,对于公共危机治理效率格外重要。

区块链在本质上就是一套多种技术组合形成的激励约束机制,全网公开、全网监督、分布式记账、信息不可篡改、不可逆转等有效方式,能够有效约束那些违背共识机制、损害公众利益、妨碍公共安全、破坏社会团结等违法行为和不道德行为,依靠共识算法这一现代化高科技的"制度"设计实现人性的教化,自动运行智能合约执行可追溯、不可逆转和安全的契约内容(治理方案),保障参与节点的权利义务。区块链更能通过事先设计出通证(Token)等方式实现有效激励,提高节点及时发布信息、主动参与治理的积极性,提高组织内运转效率,优化全链氛围,激励监督(共识机制与智能合约问题)。

(四)运用区块链技术推动公共卫生危机治理现代化的初步框架

1. 建立多层级公共卫生危机治理联盟链

不同于公链的全网公开、无障碍进入,联盟链的优势在于可以选择节点,兼顾数据安全与传输效率,非常适合社会治理领域。不同于类似于"传染病"的直报系统,公共卫生危机治理联盟链中会包括多个治理中心,进行紧密式信息交互与治理安排。联盟链节点应当包括国家级的公共卫生主管部门、各级政府、各级公共卫生主管部门、各级医院,还包括与治理内容相关的其他部门和社会组织,例如城市管理部门、交通运营部门、慈善组织、社区服务部门与组织等,条件具备时部分影响力大的互联网媒体也应该加入。当然,这些节点并非都在一个链上,可以根据职责不同进行分层,设计成多层级公共卫生危机治理联盟链,最高级别的链上链可由国家公共卫生管理部门发起、各个不同级别的公共卫生管理部门构成,形成跨域危机合作治理机制;后续各个地方可以根据不同情况发起成立地方的公共卫生危机治理区块链。在此基础上,还可以根据治理深度逐步加入新的节点或做新的分层。这种安排不仅有助于改善治理过度中心化和打破信息孤岛,也有助于改变当前公共卫生体制的二元结构。

2. 设计完善的信息共享与披露机制

信息滞后是很多公共卫生危机预警失灵的最重要原因,因此,公共卫生危机治理联盟链必须运用好区块链,设计出好的信息共享机制:节点每提交一次新数据,都会在联盟链中进行广播,其他节点对发布信息进行交叉验证后才能形成新的区块,既能保证数据的真实性,又能消除节点(例如医院)积极上报后万一被确认为虚假信息的顾虑,确保了数据的客观性、及时性和完整性,交叉验证又增加了数据的真实性,有助于各个节点及时掌握信息,快速推进治理工作。国家级链上链则可早发现、早确定、早调度,其他省也能及早做好预防准备。同时,联盟链中要设置数据获取权限,比如对患者医疗数据读取权限进行设置有助于保护个人信息安全;疫情进展与捐助内容对某些权威媒体适当透明化披露,让公众享有充分的知情权等。

3. 确定与数据决策相结合的共识机制

在公共卫生危机治理联盟链的运行中,共识机制格外重要,一旦治理工作开始启动,依靠的是共识机制而非中心权威指挥推动。可以探索设定一定的共识:例如传染病的认定上,可以事先诊断标准、危险阈值,发布标准、应急类别等,全链形成疫情诊断、认定、防疫、治理方式的共识,一旦达到触发条件即可启动。由此,让客观数据和共识机制掌握决策权,减少对人为和机构决策的依赖,缩短反应时滞,提高治理效率。

4. 设立穿透性激励机制和监督约束机制

一方面,在继续鼓励无私奉献道德情操的基础上,设计适当的激励机制,例如使用公共财政收入奖励积极主动发现与报送信息(该信息不仅包括发现新病例、感染病例等疾病信息,还包括危机治理执行情况、是否发现新问题、提出新解决方案等,是广义的信息)并通过交叉验证形成新区块的节点;另一方面,对于无能力、不作为、腐败、妨碍公共安全等行为同样全链广播,不可撤回,不可篡改,把对个人与机构的信用评价机构也适当引入联盟链当中,提高监督约束效果。

5. 适时建立慈善公链

社会救助与慈善捐助等慈善行为虽然只是公共卫生危机治理的一小部分内容,但杀伤力极大,一旦出现问题将严重影响政府公信力。由此,在区块链技术更加成熟后,可以建立相应的慈善公链,让公众参与慈善捐款的运行监督工作中,提高善款到账与使用的透明度,实现善款数据完全可追溯,提高公众信任度。

第四节 区块链与社会正义及诚信体系建设研究

一、区块链与社会正义

与大数据、云计算、人工智能等关注于效率提高的新技术相比,区块链是一种更关注人与人的联系与关系及主体间性问题的技术,在区块链中,众多节点形成了密切的社交网络型关系和交易行为,其间不可能没有制度与伦理的考量。由于区块链的应用离不开互联网这一普及型技术基础设施,而且将会随着数字经济的到来,依托互联网获得更多的发展空间。本部分将以此为背景,分析区块链本身蕴含的经济学所专注研究的社会正义原则,试图探讨网络时代区块链如何在维系社会正义方面发挥重要作用。

(一) 区块链是否符合正义标准

经济伦理中关于正义的理论研究最重要的前提是资源的稀缺性:由于资源是稀缺的,经济行为必然存在着竞争,而竞争必有取舍,否则就不为竞争。因为有竞争,经济行为就不仅仅是限于私人个体领域内的行为,而是处于群体中的优胜劣汰。竞争中的个人福利,也并不是不考虑他人的个人效用最大化,而是需要公众所认可的福利实现。由此,竞争的本质成为公众选择对个人福利的取舍,是公共选择后对一些事物和一些人的放弃,是对一部分个人福利的不认可。正如黑格尔所言,"个人主观地规定为自由的权利,只有在个人属于伦理性的现实时,才能得到实现",[1]从经济学角度看,这显然意味着一个自由意志的实现需要放弃一部分自由,而另一部分自由是否实现,需要全体自由意志的认可。如何判定哪些事物和人是被放弃的,需要一套标准,这套标准按照阿尔奇安的说法,就是"歧视"。[2] 那么,社会正义实质上就是一系列公众选择的(取,舍)的组合集,也是(选择,歧视)的组合集,前者体现的是"结果"加"放弃"的部分,后者体现的"结果"加"选择"的规则。

罗尔斯在《正义论》中对社会正义进行了高度评价,"正义是社会制度的首要价值,正像真理是思想体系的首要价值一样。一种理论,无论它多么精致和简洁,只要它不真实,就必须加以拒绝或修正;同样,某些

---

[1] 黑格尔.法哲学原理[M].范阳、张企泰译,北京:商务印书馆,1995:153.
[2] Armen Alchian. Some Economics of Property Rights. In Il Politico,1965(30)30: 816-829.

经济理论视角下的区块链作用机理与发展逻辑研究

法律和制度,不管它们如何有效率和有条理,只要它们不正义,就必须加以改造或废除"。① 正义标准为评价一套社会制度好坏优劣奠定了评价的基础。而正义与否该如何评判,按照罗尔斯的正义原则:"第一,每个人对与其他人所拥有的最广泛的基本自由体系相容的类似自由体系都应有一种平等的权利;第二,社会的和经济的平等应这样安排,使它们在与正义的储存原则一致的情况下,适合于最少受惠者的最大利益",②其中,第一条原则高于第二条原则,机会平等原则高于差别原则。由此,我们来判断,当区块链作为互联网世界中的一种制度搭建,它是否符合正义标准。

1. 区块链的去中心化符合罗尔斯第一条正义原则

如前所述,罗尔斯的正义原则中第一条原则是平等原则:"每个人对与其他人所拥有的最广泛的基本自由体系相容的类似自由体系都应有一种平等的权利。"区块链不仅是一种技术,更是一种点对点传输、分布式存储的技术与制度安排,是一个去中心化的记账系统。从它的网络结构看,是一种多节点并存的开放式开源性结构,各个节点平等连接、自由交易。全网运行只依赖算法,依赖事先约定的共识机制,而不依赖中心节点的数据存储、认可与调控。去中心化是区块链世界中的常态,即使具有某些中心节点,也并不是其他节点的代理,而是区块链网络赋予其特殊职能。映射到人类现实社会中,去中心化意味着社会中的每一个体都是中心,个体之间直接连接,相互影响,信息传递与决策不依赖任何其他中介,金字塔式结构被扁平化结构取代,社会形态呈现开放化、平等化态势。这一特色赋予区块链世界呈现出平等、透明、公开的特性。

① 罗尔斯.正义论[M].何怀宏等译,北京:中国社会科学出版社,1988:3,14.
② 罗尔斯.正义论[M].何怀宏等译,北京:中国社会科学出版社,1988:3,14.

第四章 区块链作用机理的宏观研究

2. 共识机制体现了作为正义基础的社会契约。

按照休谟的正义观点,正义是整体之事而不是个人行为,正义是全体成员都同意遵守的,那么其基础是社会契约。在这个层面上,正义的形成又是一种公众共同遵守的契约的形成,需要公众达成共识,形成契约。在布坎南看来,共识和社会契约是"全体一致的同意",即便不能达到"全体一致的同意",也需要超多数比例的同意所形成。区块链运行的前提基础在于先形成一套"共识机制"。由于区块链没有绝对中心组织,而是一套分布式账本,是去中心化的点对点协作网络系统,在缺乏中心管理和指挥的情况下,完成区块链世界中的交易与合作,必须要有一套各方接受的基本规则,确定例如谁来记账、如何认可交易等关系到基本运行的问题,以尽可能短的时间完成账本记录,确保交易的安全可靠和难以篡改。这种基本规则类似布坎南定义的第一层共识的含义:"规则在逻辑上先于公正,"[①]所以首先应当确定正义的规则。

3. 区块链"最长链"原则是一种多数人的公众选择。

区块链本身是一种公共选择,是按照时间顺序将记载着交易记录的区块顺序相连后形成的链式数据库。每一个区块都是一条条的账户交易记录,每一个区块的创立是竞争的结果。区块链中每一节点所记载的交易记录,首先要在全网传播后,每个节点都会依据标准,对交易记录进行独立验证。只有获得超过51%节点的认可的记账工作量才会被承认,该交易记录才会被确定和被记录入新的区块。

然而,区块链中经常会出现两个节点几乎同时计算出新的哈希值和随机数,获得工作量证明解从而形成新的区块。随后,新区块会传播到邻近节点,最终到全网,形成各自独立的区块链条,这一过程叫作区

[①] 布坎南.宪政经济学之规则的理由[M].冯克利等译,北京:中国社会科学出版社,2004:124.

块链的"分叉"。因为每一个区块都是在上一个区块的计算结果上形成的,为了确保区块链的稳定性,区块链则会选择最长的一个链条,也就是累计工作量最大的那条链,作为有效的区块链。因为最长的链最难以推翻和篡改,该链条上所有节点提供的工作量才能得到确认与奖励。

从这个意义上看,最长链原则实质上也是一种共识,一种契约。区块链的形成过程充分显示出,它以"竞争—记账—激励"为途径,形成了一系列公众选择后的(取,舍)组合集和(选择,歧视)的组合。区块链所形成的区块是公共选择后的结果,按照工作量证明与最长链原则确定的有效区块链,是歧视的体现。

4. 通过明确产权体现正义

休谟认为,基本判断一个社会是正义还是非正义,要看它是否尊重产权三大原则:稳定的财物占有的法则;依据同意而进行的财产转移;履行许诺的法则。哈特(Hart)则认为这三大原则是人类道德的最持久的核心元素。[1] 孟德斯鸠也认为,"所有权是道德神"。产权是否能够实现,是否稳定,是否可以交易,是否可以履约,决定该项制度是否正义。本部分,我们先讨论第一项原则:区块链下是否可以实现产权的稳定。后两项原则,我们将在第二部分深入分析。

产权不是孤立于社会的个人界定,它需要公众认可,即黑格尔所认为的"我占有某物,它在无主状态中被我占有因而成为我的所有物,但这种占有还必须经过承认和设定才能作为我的"。[2] 如果用经济学分析方法,则可以画出一条产权的边界曲线,边界曲线之内的部分,是不考虑他人的经济个体可选择的配置方案集合,也就是传统经济学中所研究的个人福利集合。边界曲线之外,则是社会福利公共选择问题。能

---

[1] Hart, H. The Concept of Law[M]. Clarendon Press, 1961.
[2] 黑格尔.法哲学原理[M].范阳,张企泰译,北京:商务印书馆,1995:227.

让边界线稳定的确定下来的规则,就属于休谟所言的"稳定的财物占有的法则","只有通过社会全体成员所缔结的协议使得那些外物的占有得到稳定,使每个人安享他凭幸运和勤劳所获得的财物"。

区块链是一种低成本的知识确权,区块链是加密的分布式账簿,而账簿则可以通过描述记载经济社会关系来反映所有权,是确认所有权的基础,一个全员认可、公开透明、稳定安全的账簿对产权的稳定格外重要。一方面,共识机制是区块链实现确权的"法则"。无论是工作量证明共识还是权益证明共识,这些不断发展的共识,都是公共选择对产权的认可,都为确保节点产权的稳定性提供保障。从加入区块链世界伊始,参与节点就能形成明确的收益模式预期(产权明确预期)。另一方面,区块链的分布式存储、可回溯且难以篡改的特性,体现了一个理想账簿所能实现的功能:以较低的信息成本与交易成本,显示产权的拥有者,并确保产权不被篡改,通过区块链进行产权登记来"建立一个可靠和透明的产权保护制度",[1]保证这一预期的长期稳定性与安全性,降低了行为的不确定性,从而促使区块链节点之间的长期有序协作。

(二) 区块链对社会正义的支持与维护

在第一部分,我们分析了区块链固有的共性特征是如何符合社会正义的判断标准的,本部分我们将继续深入探讨区块链在互联网世界中所展示的更具灵活性的个性化设计,如何有助于实现与维护社会正义。

1. 区块链能够模拟"无知之幕"[2](Veil of ignorance)状态

美国学者哈维提出的"时空压缩"理论,主要分析了新技术如何对

---

[1] Shin, L. Republic of Georgia to pilot land titling on blockchain with economist Hernando De Soto, BitFutry[EB/OL]. http://www.forbes.com, 2016.
[2] 罗尔斯.正义论[M].何怀宏等译,北京:中国社会科学出版社,1988:12.

时间和空间进行分解和重构,以此解开时空因素对人际交往的束缚。互联网正是这样一种拓展人际交往时间与空间维度的新技术。不同于现实世界中的熟人交往模式和约定俗成的规则遵守,互联网世界中的社交行为更多展示的是陌生人之间的跨越时空,伴随其他新技术所共同带来的经济社会发展数字化趋势,不仅使资产数字化,经济行为与个人身份也逐渐数字化。区块链在互联网的基础上进一步将之强化,如果公有链足够大,节点足够平等,去中心化程度足够高,将会出现一个非常类似于"无知之幕"那样的初始状态,在一定程度上有助于实现因为前提假设过强而难以在现实社会实现的罗尔斯式社会正义。

在这种状态下,区块链推动着去中心化的节点设计,减弱某些权威性的决策干涉;以编码与运行替代人为的法则解释,减少欺诈违规行为的发生;以加密算法重塑陌生人之间的社会信任,以共识机制的执行消除现实社会中源于利益、权力、亲疏以及意识形态的矛盾与障碍。由此,区块链在虚拟世界中通过分布式技术和共识算法有选择性地重构现实世界,剔除那些干扰共识机制和智能合约运行的因素,共同维护一个公开透明、不可伪造篡改的类似于"无知之幕"的中性化运行系统。

2. 以共识机制实现不同诉求的"一致同意"

区块链共识机制的形成体现着一定的价值取向。不同的共识机制,具有不同的价值判断,转换到社会正义领域,意味着共识机制不同,参与投票的节点范围和投票方式也不同,对社会正义的判断标准也不相同。总体上看,区块链跟投票有关的主要共识机制包括工作量证明机制(PoW)、权益证明机制(PoS)、股份授权证明机制(DPoS)等。

工作量证明机制的本质是一个 CPU 一票,而不是一个 IP 一票,有助于防止具有发放 IP 地址权限的节点滥用权限进行算法操纵,这类似于现实生活中全民投票一人一票的机制;权益证明机制在投票权上设置了一定门槛,类似于柏拉图认为男性40岁才能有投票权那种限制;股份授权证明机制更类似于股份公司董事会一人一票而非股东大会一股一票的投票机制。那么,究竟哪种共识机制最正义,最能提高社会福利?是依赖"少数"代理人还是所有公众的"直接民主"?事实上,区块链中不同的组织和交易行为,对效率、频次、能耗与成本的要求与承受力也不相同,区块链可以根据不同情况与诉求,根据具体问题来具体设置。这也是区块链分为公有链、私有链和联盟链等多样化形态的原因。

无论哪种共识机制,在投票规则与投票结果的接受度上,所采用的都是布坎南式个体主义效率标准,即公共选择是否有效率,不需要客观标准来评判,只要参与者自愿而非强制性的"一致同意"即可,公共选择的结果以具有投票权的节点实现的"最长链"为最终结果,最长链原则代表着最广泛的投票,最终结果为所有(无论有没有权利参与投票的)节点所接受。这与布坎南所追求的"全体一致同意"或"超多数同意"的民主投票机制也完全一致。

互联网世界的进入、退出成本很低,参与者既可以通过投票建立符合自身利益诉求的共识机制,又可以选择具有符合自身利益诉求的共识机制的区块链平台,加上区块链的去中心化和信息公开透明的特性,其投票机制与投票结果很容易为全网接受,且的确符合大多数参与者的利益。现实生活中的民主投票则不相同,后者由于存在进入与退出的高门槛与高成本、信息的不对称和专业知识的匮乏,即便是多数人投票赞同的提案,其结果也未必真正涵盖多数人的利益,甚至有可能出现"多数人的暴政"。

3. 通过算法实现程序正义

正如经济伦理中的公平与效率目标两难,社会正义通常分为程序正义(procedural justice)和结果正义(outcome justice)两类,无论是理论研究还是实践运行,两种正义很难被同时兼顾,要么侧重程序正义,要么侧重结果正义,前者类似于诺齐克的"entitlement"原则,后者与罗尔斯的"最小最大原则"的正义主张更相一致。而区块链可以通过合理地设置不同程度实现两种不同的正义,本部分先论述区块链如何实现程序正义。

区块链推动程序正义的实现主要依据布坎南所区分的两个层面共识:(1)在立宪层面,选择规则;(2)在基本规则确立后,依照规则行事。从人性角度看,规则的执行是一个反人性本能的难题,正如哈耶克在《致命的自负》中认为的,社会秩序的维系面临着人的本能和理性的反抗,人的本能使其不愿意发自内心地遵守程序正义,人的理性使其总有机会主义的冲动。因而,如何确保规则的执行以及进行规则执行的有效监督,对程序正义的实现都非常重要。

就第一层面的程序正义,进出区块链的低成本使参与节点投票所形成的共识机制具有自愿性和一致同意性,对此前文已经详细论述。在第二个层面所强调的规则的执行方面,布坎南认为如果没有合适的规则结构,以及落实这些规则的安排,就无法实现社会契约和人与人之间的合作。区块形成的节点验证是一种自动确认新区块以及分布式数据库内容是否一致的过程,一方面由于所有节点参与,体现程序正义;另一方面,验证是全自动化的,按照既定算法,不需人为干预,不需任何第三方权威,就能保证既定规则的执行,确保第一层面所确定的规则执行到位。区块链2.0所发展出的可编程、可追溯、隐含触发条件和终止条件的智能合约,是更深一步的规则落实的算法保障。智能合约是在共识机制的基础上自发形成、自动执行的契约,通过技术方式杜绝与减少违约的可能性来保证交易按照共识机制的规定自动执行。点对点的去中心化交易方式,避免了中心化因素对契约运行的干扰,进一步解决了区块链交易中的效率问题、违约问题和自由裁量问题。

此外,区块链具有数据可追溯、不可逆和难以篡改的优势,能够实现整个交易过程透明可追踪,避免恶意篡改和不履约行为的发生。这种低成本高效率的契约运行保证,让计算复杂的数字化契约能够按照第一层面所确定的规则正确执行下去,满足执行层面的程序正义。

4. 实现分配上的结果正义

与程序正义类似,如果经济体在正义选择上侧重于分配正义,完全可以在事前明确符合正义原则的分配方案,将之纳入区块链的共识机制来实现。这不是本书讨论的重点,本书更关注互联网经济下知识、信息、数据这类资产及其原创者如何通过区块链实现如前文所述的休谟所认为的产权三大原则中后两项内容:依据同意而进行的财产转移和履行许诺的法则。

互联网上的知识与信息具有类似于公共品的非竞争性和非排他性特征,在互联网技术下存在着知识共享、低成本复制与高成本界定与追溯侵权难题,使得信息和知识的专利产权保护成为极大难题,然而毕竟知识是具有私人产权并具有一定收益的商品,而不能真当成免费乘车的公共品对待。互联网知识传播由此存在具有正外部性的市场失灵问题,知识创造的成本与收益不相匹配,知识产权边界线模糊难以确定,产权转移和履行许诺法则无从谈起,以至于知识这类互联网上的公共品成为私人物品,原创者很难利用知识创造获利,互联网平台企业反而成为知识创造的最大获益者,产权分配存在着严重的非正义。其收益如何分配取决于制度安排和产权界定成本。

如前所述,通过区块链实现了的产权第一原则:知识确权。在产权第二原则方面,确权后的知识通过共识机制的意愿表达来进行价格确定,通过最长链原则来记录交易内容,确保最新交易内容能够被全网准确发布和在全网存储一致,通过区块链形成的难以攻破、难以篡改的分布式记账系统抵御恶意攻击,实现交易信任的算法再造,最终通过智能合约的执行低成本进行知识产权的点对点转移,实现节点上的价值转移。这是产权第二原则:依据同意而进行的财产转移。

至于产权第三个原则,履行许诺的法则意味着用什么样的方式实现有效监管,确保产权交易的履约,而且产权交易还存在"双重花费"难题也需要一定的监管与确认保护履约。所谓"双重花费"是由于记账系统的信息滞后或安全性不足,同一交易成本可能会重复花费(计算)两次。一方面,区块链的验证机制和区块生成,都必须全体节点参与,交易行为全网留痕,如果有违约行为将会全网得知,且可追溯、难以篡改、不可伪造,影响该节点信用状况和未来交易行为;另一方面,区块链使用了"时间戳"并在全网发布,保证知识产权的唯一归属和交易费用的唯一支付,有效解决"双花"问题。由此,区块链通过对产权三原则的有效确保,改善了分配过程中的结果正义:对知识的有效确权、权利保护、支持交易以及监督履约,使原创者真正获得知识收益,促使知识的成本与收益相匹配,实现分配正义。

(三) 不可忽视的疑虑

虽然区块链具有符合社会正义的共性特征,也具有可灵活调整的推动社会正义实现的特性特征,然而,并不能就此把区块链与社会正义完全画等号。特别是它还有一些特征,可能会损害社会正义。

某些区块链极端主义者过度强调区块链的去中心化,试图以此证明无政府主义的正当性,甚至还以哈耶克"货币非国家化"鼓吹货币自由化,自行发行非法币加密数字货币。去中心化与无政府主义并不完全等同,去中心化也并非区块链的目的,而是一种技术手段,区块链的世界中有可能完全去中心,也有可能设置出多点中心,还有可能进行分布式监控。是否去中心化、去中心化的程度主要依赖于不同场景下对效率和成本(能耗)的要求,以及构建区块链网络时所确定的共识机制的内容。即便在互联网世界中,政府对网络的管理也依然存在,以去中心化实现无政府主义和全面自由化只能造成社会治理的混乱、货币发行与流通的紊乱,干扰货币政策的有效实施,最终损害社会福利与社会正义。

(四)区块链作用于社会正义的结论与展望

随着对区块链研究的深入,我们会发现,区块链不仅是一种推动生产力发展的高新技术,更是一项具有制度色彩的技术,一项有助于交易成本降低和优化社会秩序的治理性技术,甚至它是一种治理手段,一种协调公众经济行为和利益分配关系,从而有助于推动社会正义的制度安排。通过构造以"竞争—记账—激励"为核心的运行秩序,把区块链自身也变成了一个具有弹性自治能力和实现民主氛围的新型经济体。

然而,能够支撑区块链实现这一角色转变的并不是简单地使用区块链技术安排经济体和交易上链就能完成。区块链能够展现其有效的正义性,取决于很多外部因素,例如文化、伦理、经济机制与政府行为。其中最重要的依然是它自身的技术能力以及与其他新技术的融合能力,以技术的进步减少一些客观存在的制约,使之能够面对更广阔的空间去游刃有余地发挥作用。

说到底,区块链作用的发挥依然是一个经济学中的选择问题,当预算集足够大,可供选择的空间也足够大,对资源的配置能力就会足够强,能够发挥的作用与实现的角色也会足够多;反之,处于简单技术水平的区块链只能是一种"无实花"。① 当前,区块链还处于发展的雏形状态,自身还有很多尚待完善的地方,例如过高的能耗、分布式存储对服务器的高要求以及各个区块链平台之间的相对割裂,使它在应用初始就不断陷入经济学中竞争与"歧视"问题的挑战,身不由己地进行类似于公平与效率的选择难题。那么,它的技术进步程度就格外值得期待,通过跨链、侧链、扩容、降低能耗等方式,逐步放宽区块链作用发挥的前置条件,配之以宽容支持的姿态、契合本土文化与伦理的共识机制、丰富多彩的应用场景与开放互联的平台空间,相信区块链的未来,不仅是技术上的重大突破,实现对生产效率和人际关系的重要改善,更是形成了以加密和激励为特征的经济制度,成为一种网络数字经济时代符合理性自发秩序的新经济体范例。

二、区块链与信任再造和社会信用的经济伦理分析

经济学中对经济行为的研究,主要是从个体对资源配置的角度出发,随之发展到个体行为对集体行为和行为结果的影响,是一个从个体选择到公众选择的过程。其间,个体在集体中的行为选择、个体与个体之间的价值交换,都需要人与人之间建立足够的信任。信任既是一个社会学范畴的问题,又是一个经济伦理范畴的问题。在人类发展的历史长河以及随着人类经济活动而出现产业变迁的过程中有着很多正式或非正式、具体或者抽象的手段,或弱或强地发挥着规范和约束个体行为的作用,推动信任的产生与维系,保障交易、交换、分配等协作行动的通畅实施。而信用,则是长时间积累的信任和诚信度所形成的结果。没有信任的建立与积累,就没有个人与社会信用的形成。本部分将着

---

① 列宁专题文集哲学卷[M].北京:人民出版社,2009:152.

力分析区块链对人际信任与社会信用的重塑再造过程,以此论证它对社会诚信的重要作用。

(一)信任与信用的定义与分类

信任是人与人之间相互相信对方的一种行为,同时还是一种心理活动,一种强有力的信念,一种对未来结果的预期。信任水平是衡量全社会道德文明水平、经济社会发展阶段、社会稳定进步程度以及化解风险危机能力的重要指标,也是社会治理的重要基石。一个人与人彼此充满信任的社会,有助于降低社会治理的交易成本,简化社会治理的复杂性,提升社会治理的效率与效果,反之,长期的信任缺失则易导致传递低效乃至机制运转失灵,社会治理无效乃至社会崩塌。

而信用则是信任积累后形成的结果,同时也是一种是否能够获得别人信任的客观描述。从严格的定义看,《辞海》指出信用有3种含义:1."信任使用";2."遵守诺言,实践成约,从而取得别人对他的信任";3."以偿还为条件的价值运动的特殊形式,多产生于货币借贷和商品交易的赊销或预付之中"。

在经济学的语境里,"信任"是一种行为策略,与"不信任"或者"背叛"相对应作为经济主体的备选选择,而信用可以被看作一个动态的主观概率水平,代表了他人对经济个体的信任程度的描述。从期望值的角度看,一个人守信与不守信的概率所算出的期望,则可以描述他的最终选择:守信行为下所得到的潜在收益与守信行为的概率的乘积大于不守信行为下出现的潜在损失与不守信的概率的乘积时,理性经济人会选择守信,反之则会选择不守信。

从信用的概念继续深入分析,信用由宽至窄、由浅入深可划分为3个范畴,即社会范畴中的诚信、经济范畴中的履约、金融范畴中的偿债,形成社会信用、商业信用和金融信用等3个领域。

社会信用是一种基于诚信的社会关系，是一种公民以诚信为基础履行经济社会责任的社会治理机制。商业信用是在社会信用的基础上衍生出来的，在商品交易中由于延期付款或预收货款所形成的企业间的借贷关系。商业信用是使用价值和价值的双向转移，基于购销合同而非借贷合同。随着经济社会发展，尤其是交付物种类及服务贸易量的增加，交易双方更加关注合同的全面、有效履行。广义地讲，商业信用可看作市场主体间的一种契约关系。金融信用是最关键、最狭义的"信用"，即以偿还为条件的价值运动的特殊形式，即提供贷款和产生债务，也可以指借债方偿还债务的信誉和能力。

从道德和社会经济的约束力来讲，可将三类信用范畴勾画成一种包含和梯次关系。诚信可视为道德层面的约束，是一种社会关系契约，约束力较弱，约束机制较为松散；商业信用可视为法律层面的约束，是一种经济关系契约，约束力较强，约束机制较为健全；金融信用同样为法律层面的约束，也是一种经济契约关系，但更狭义地限定于债务偿还契约，约束力强，约束机制最为健全，违约产生的社会影响最为严重。

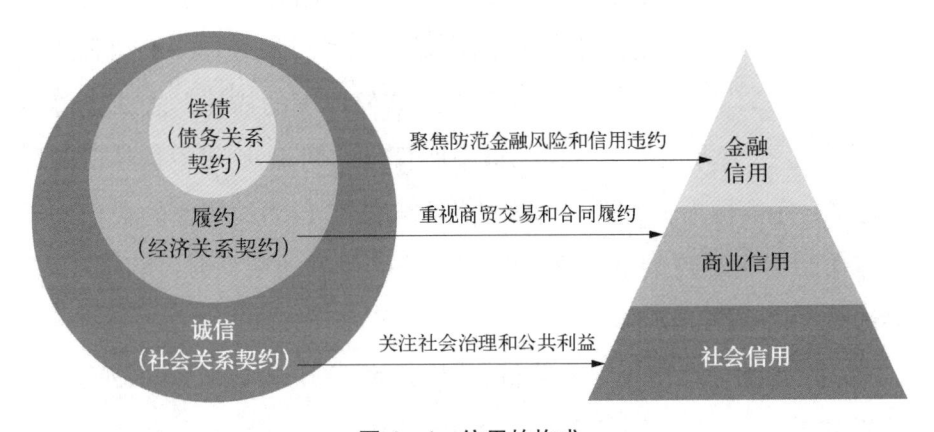

图 4-4 信用的构成

（二）信任与信用的维系因素

由于信用是信任的结果，本部分主要分析信任产生与建立的因素，当人与人之间的信任程度较高时，整个社会的信用水平也会较高，反之，社会信用水平则会很低。

追溯历史，社会生活中信任的产生和维系源自某种或者几种因素，主要包括血缘、道德、制度和权威等。结合人类发展历史分析，产业结构、社会阶层以及人与人社会交往与经济协作的范围不同，维系信任的交易成本不同，这几种因素发挥作用的强弱也不相同。在漫长的农耕社会，血缘、宗亲、地缘等因素构成的血缘信任成为圈子封闭、协作简单、效率低下的农耕社会最重要（甚至是唯一）的信任维系主体。血缘本身就是信任最原始也是最强的维系因素，因而很容易在一个较小范围内形成人与人之间基于情感认同的信任。费孝通曾指出，中国人与人之间的关系，是以亲属关系为主轴的网络关系，是一种"差序格局"。在差序格局下，每个人都以自己为中心结成网络。"好像把一块石头丢在水面上所发生的一圈圈推出去的圈子的中心",[1]在四周形成一圈一圈的波纹，波纹的远近可以标示社会关系的亲疏。

随着社会阶级的变化，出现了非血缘的权威，对社会治理和资源配置的掌控力量逐渐加强，从部落到城邦，再到封建王朝，再至各个政权政府，人际交往与劳动协作的范围逐步扩大，合作主体多元化，交换行为越来越频繁，交易内容越来越复杂。随之，权威对信任维系的作用日益增强，权威信任成为调节与维系社会信任的重要力量。工业革命之后，权威信任的盛行，与工业化大生产对经济合作行为的诉求密切相关，金字塔式自上而下的管理模式有助于提高效率和使组织内分工极

---

[1] 费孝通.乡土中国[M].北京：北京大学出版社，2012：39-48.

其繁杂的各环节之间的协作更加通畅。在全社会范围内,随着工业化生产的不断深入,人际交往和跨组织合作范围的不断扩大,对维系信任的权威越来越依赖,形成了信任维系的中心化。需要说明的是,所谓权威,并不仅仅局限于政治权力,凡是对资源配置、人际交往、法律规制等具有制定、决策、执行的权力的机构和组织,例如银行、垄断组织都可以认为是一种维系信用的权威。

除了血缘和权威两种信任维系因素之外,制度与道德也有着一定的信任维系作用,但在迄今为止的人类发展史中,两者一直都是社会信任维系的辅助存在,而非主要因素,多数情况下作用较弱。从交易成本的角度看,除血缘之外,维系信用的这三种因素,外力强制程度随着道德、制度、权威的顺序而增加,实现信任所付出的交易成本也随之递增,但维系信用的复杂度与难度依次在递减,公众主动参与程度也逐渐降低,信任的稳定程度随之逐渐降低。道德约束是产生信任的高级途径,也是实现与维系难度最大的途径:道德能否发挥作用主要依赖于公众的道德水平高下,一旦社会信任是通过道德约束产生的,所需要的交易成本非常低,而公众主动参与积极性非常高,信任的稳定性也非常强。制度是一种稳定性居中的因素,然而制度能否发挥作用,更多取决于制度本身的设计好坏,例如股份公司就是一种解决公司所有权和管理权分离问题以及在两权分离后如何建立股东与管理层的信任和兼顾股东利益与管理层积极性的制度安排,[①]在公司治理中成为维系信任的重要因素。某些时候,制度与权威交织在一起发挥作用,例如非人格化的法律、契约等,它们对交易信用的保证往往与权威的威慑效果密切结合。

---

① Lipton, Phillip. The Evolution of the Joint Stock Company to 1800: An Institutional Perspective (May 10, 2016). Monash U. Department of Business Law & Taxation Research Paper No. 19. https://ssrn.com/abstract=1413502.

权威主要通过外力强制实现信任,实施方式简单,但公众往往是被动接受,而不是主动形成发自内心的信任,维系信任的交易成本最高,信任的稳定程度最低。

(三) 互联网下信任与信用出现的问题

从社会学角度看,公众信任水平是衡量道德文明水平、经济社会发展、社会稳定进步以及化解风险危机能力的重要指标。公众信任分为两个层次:1. 最直观的人际互动形成的人际信任;2. 在整个社会体制下出现的制度互动和由此产生的制度信任,两个层次不分高低,相互影响。

一项调查研究显示,[1]我国公众对陌生人的信任度只有5.6%。远远低于其他类型的人际信任,甚至低于上一年的调查结果(陌生人信任度也少了近1个百分点),而对亲人的信任程度接近100%,显示出巨大的人际断裂。

在对制度的信任上,对教育领域(教师)的信任程度最高,随后是医院(医生)、工作单位(同事),公检法和党政机关排在较后的位置,对商业(商人)的信任最低,仅为29.8%。

出现这一结果,主要原因在于经济发展过快而上述的信任影响因素未能充分发挥作用,更在于,互联网时代人与人的交往方式发生了巨大转变,而相应制度设计滞后、与社会所需要的公众信任建设方式及路径不相匹配。刨除血缘与道德因素,民主化建设是全球法制发展大趋势,使强权因素发挥作用的空间越来越小。由此,制度因素在公众信任建设与维系中就显得格外重要。然而,制度不完善,或者说当前还没有

---

[1] 邹宇春,周晓春.以制度建设提高社会信任度[N].中国社会科学报,2016-6-1.

找到一种适合互联网时代人际交往中培育信任机制的制度安排。

市场经济下,交易行为的发生以及金融业的发展,相互信任直至个人信用的形成是不可或缺的重要支撑。而在互联网时代,社交、电商、直播等新的人与人交往与交易方式成为主流。人类从古至今从未像当下这样与数量和种类都如此庞大的陌生人交往,也从未经历或旁观过如此繁多让人眼界大开的来自陌生人的线上诈骗、网上开撕、病毒传染、隐私泄露等。网络虽然彻底改变了商业和社会的很多方面,提高了社会运行效率,推动了社会极大发展,但人们和组织相互间进行交易的基本方式乃至信任程度并未随着互联网的普及而得到优化。甚至由于网络隔离了人与人的实体接触,跨越了人与人的物理空间,市场经济下逐利行为本身就很容易产生的拜金与贪婪以及贫富差距扩大出现的戾气与暴躁,在互联网的有效隔绝下更加肆无忌惮的凸显出来。在人与人素不相识且非实名的社交网络中,由于缺乏有效的制度安排,各种被现实生活中由于法律、圈子、道德等抑制着的恶言相向、制造传播谣言、贩卖伪劣商品、骗人骗财等行为得到尽情宣泄,甚至随着O2O的发展和社会征信机制的缺失,已将网络虚拟诈骗引向线上接单线下作案。这些行为无疑强化了公众心理上对陌生人的进一步戒备,出现了互联网对人们生活方式渗透得越深,人们跟陌生人打交道的机会越多,对陌生人的信任度越低这一怪圈。

究其主要原因在于,互联网改变了人们的生活方式,但人与人之间信任产生与维系的途径并未随之创新与改变,然而这些传统的信任维系因素,例如道德、制度并没有同步发挥作用。特别是,互联网时代的人与人交往方式发生了巨大转变,社会治理的制度设计相对滞后,当前针对公众信任的社会治理制度安排,对解决线下纠纷和犯罪行为更为有效,而对发展迅猛的互联网领域则束手无策。以往的社会治理者并没有设计出一种适合互联网时代人际交往中能够有效激发互联网时代公众信任的制度安排,从而影响到商业信用、金融信用乃至全社会的信用程度,随着互联网使用范围的扩大和上网人数的增多,必须关注到互联网时代这一独特的信任缺失和信用水平较低的社会现象。

(四)区块链是互联网时代构建公众信任与提升社会信用的新机制

区块链在信任缺失的互联网时代具有显著优势,由于它所具有的去中心化、数据可靠以及算法培育信任的独特优势,对于建立公信力、提高透明度、实施全社会谴责等制度安排都能发挥有效作用,有利于降低互联网下的诈骗、虚假信息等不良不法行为,这在一定程度上能够推动互联网时代公众信任的构建和维系。从技术上看,区块链至少在以下几个方面解决制度所无法解决的信任难题。

1. 依靠算法而不是中心化解决信任问题

区块链视角下的信任建设,不同于传统"中心化"的信用担保。在它的世界中,不需要第三方权威提供的证明,也不依赖个体的道德约束,只依靠算法来防止欺骗造成的负外部性。每个参与人是一个节点,代表一个具有主观性的个体,由此形成一个主观性林立的分布式世界,通过发挥自我的力量,兼顾自我约束和他人监督,来打通陌生人间的信任障碍。这一点与互联网时代的自媒体精神非常契合,甚至在一定程度上,中心权威的角色与作用被淡化,人们拥有更多的建立信用和实现信任的方式,在发挥自我动力上拥有更多的主观选择权。

2. 数据可靠真实提供信任背书

区块链技术所形成的数据可回溯不可篡改,为人与人信任搭建提供了一种更安全的一致性解决方案,可公开共享且可靠可信的数据成为陌生人相互信任的技术背书,这种背书不同于道德自律、第三方担保或法律制度的事后惩罚,是一种事前可以帮助陌生人信誉背书、事后通过全网传播实现有效惩罚的新机制,成为一种新的更强的信任背书。

3. 超强纠错减少无效干扰

区块链2.0版本的"智能合约"能够自动剔除冗余和错误的信息,特别是虚假信息、欺诈信息以及多次重复交易等信用类信息,减少无效信息的干扰,提高信息质量,把鱼龙混杂、真伪难辨、水军蔓延、少数派人为操纵的互联网环境,优化为客观真实、不可篡改、去中心化,从而传递信任的互联网环境,有利于建立客观真实、诚信厚重、公平公正、非歧视、规范有序的网络空间,重塑现有网络的文化、价值观和价值取向。

4. 传播范围广泛,有望形成全球信用的基本协议

全网记账备份的模式重新定义了数字化资产和大数据的内涵。它构建了一个公开记账的分布式平台,数据在传输中实现自我证明,节点参与信用创造,并在信用创造中实现相互信任,降低信任建立成本,这种不同于互联网TCP/IP基础协议的新协议框架可以成为全球信用的基本协议。

从经济伦理角度分析,区块链至少从3个层面重塑了公众信任,从而提升社会信用水平。

(1) 从人类记账技术演进过程看,区块链技术的发展有助于确保账本的安全可靠,从而作为支撑信任和信用的强大支撑与保障

追溯人类有经济活动的历史,只要有交易的存在,价值的确定和分配这两个问题就会随之而来。而与价值衡定和价值分配相关的辅助工具是各种记账方式与记账技术。记账技术是随着人类协作生产方式的变革与价值分配的变化而不断演化的,同时也推动着分工协作生产方式的演进和价值分配体系的变化,人类协作生产方式最早源于以家庭

为单位的自给自足与物物交换,只需要简单的结绳记事即可明确人与人的利益分配;随着生产力水平的提高,生产交换规模逐渐扩大,生产的复杂性日益展现,大规模商业交换开始出现,社会治理的主体——国家,通过税收来调节人们的协作生产方式与相应的生产关系,并通过收税这种行为参与到价值分配体系当中。毛笔、钢笔、纸张等书写工具的发明,让记账从简单的结绳变为用文字和轻便载体体现的工具,易于回溯,篡改难度远远超过结绳记事,为价值分配提供了强有力的凭证依据;股份公司与银行的出现,标志着现代金融业成为人类协作方式中不可或缺的新生力量,人类协作生产中从此出现了资产与负债,随之而来的金融资本参与到价值分配体系当中,与之相适应的复式记账法应运而生;在互联网时代,电子商务、网络社交的海量数据,仅靠人工人脑记账,算力和速度难以匹配,大数据、云计算为代表的新型技术广泛运用于记账方式,对新技术下的非纸质化记账依赖程度提高,技术进步的作用在价值分配中得以体现。随着互联网持续深入的改变人类生活与生产方式,与陌生人的生产协作将占据越来越高的比重,产生信任的交易成本不断提高,由此,降低这类交易成本的数据、信息、算法、规则等新的生产资料也会在价值分配中占据重要地位,改变了股东和金融资本在价值分配中独大的局面,与之相对应的记账技术则是以分布式记账为基础、所形成的数据可回溯不可篡改,甚至自动生成智能合约的区块链技术。

(2)从区块链内在理念看,它有助于催生信任、达成共识,促使新的生产协作关系产生

一方面,所有的交易行为都需要提前建立信任关系,无论是基于血缘的亲人合作还是通过制度安排所实现的交易,记账这种运行机制本身就是信任维系的隐形支撑,区块链也不例外;另一方面,作为当今最

先进的记账技术,区块链的内在理念进一步催生和强化了信任再造。不同于传统互联网模式中依靠集体共同信任的第三方机构(如征信系统)或中央节点(如银行数字证书)实现信用积累或信息匹配验证,区块链是依靠算法的自我约束解决信任问题,其系统逻辑关系保证了交易的真实安全。区块链中,节点参与者进行交易时不需要知道交易对手的信用情况,也不需要第三方机构的交易背书或验证担保,只需要信任事先认可的算法和通过共享机制形成的可信任数据,节点之间不能也无法欺骗其他节点,任何恶意欺骗系统和篡改数据的行为都会遭到其他节点的排斥和抑制。这种依靠基于密码学的非对称加密和全链传播形成的可靠数据库,为信任的产生与维系提供了一种更安全的一致性解决方案,成为陌生人相互信任、实现交易的信用背书。这种背书不同于道德自律、第三方担保或法律制度的事后惩罚,是一种事前可以帮助陌生人信誉背书、事后通过全链传播实现有效惩罚的新机制,成为一种新的更强的信任背书。

此外,传统互联网模式下的信任背书需要参与人对于中央节点或第三方机构足够信任,而随着参与网络人数增加,信息不对称程度加大,系统安全性会随之下降,信任程度反而会降低。区块链网络中,节点上的参与人不需要对任何人信任,但随着参与节点增加,数据存储方也在增加,数据库信息数量更多,系统的安全性反而增加,对系统数据库的信任程度得到加强。

陌生人之间信任再造与隐私数据的全链共享,打破了资源流动的边界,降低了交易成本,促使在各个领域达成共识。内含共识机制的智能合约,推动着那些原来那些无法参与分工合作的主体进行生产协作,使得那些原来不能产生协作的领域构建新的协作生产体系,并促使新的生产协作关系和利益分配关系的产生。

(3)区块链有助于明晰产权,把资源由稀缺独占变为付费共享,通过确权调整了人与人的关系

传统西方经济学主要研究经济人假设下实现利益最大化的资源配置方式,资源稀缺性是其哲学基础,如何把有限资源进行有效分配则是经济学的永恒主题。由资源的稀缺性形成了资源的排他性占有,并通过形成的各方可以接受的资源的价格体现资源的价值(回报),资本、劳动等生产要素的稀缺性不同,在经济利益生产与分配格局中的地位也不同。互联网时代的共享经济又走到了另一个极端,某些资源理论上可以无限复制,而且可以免费享用。虽然资源稀缺性的假设在一定程度上遭到挑战,但并未改变资源配置或者说利益分配的格局,因为资源的非稀缺性和共享只能带来资源免费使用的结果,它既不能参加利益分配,也没有改变传统生产要素(资本和劳动)在利益分配中的格局,只是通过互联网技术推动了生产力的进一步提高。而区块链技术下的全链传播和信息共享,不仅在一定程度上改变了资源的独占性和稀缺性,而且因为它促使信任再造所衍生出的确权功能,能够使数据和信息有明确的产权归属(大多以全网首发知识产权或者记账权来体现),且能保证数据资产产权唯一并可全网转移。这样的共享资源才能克服互联网下的资源过度免费因而无从体现价值的弊端,明确产权和利益的边界,减弱与消除部分由于权利不明、边界不清而出现的市场失灵现象,由此导致人与人的利益分配关系在一定程度上也会随之改变。有人比喻,云计算、人工智能是新生产力,大数据是生产资料,而区块链是生产关系的探索,贯穿于整个技术体系。

然而,区块链仅仅是一种技术,它只是在如何兼顾有限资源和共享资源的诉求上进行了设计,但对于基本的生产关系只能做一些技术性调整而不能全然颠覆,这也印证了生产力决定生产关系,生产关系的形

成不以人的意志为转移的论断。

（五）从信任改善衍生出的现实意义

由于区块链改善了互联网时代人与人的相互信任，从而提高了社会信用的整体水平，更进一步看，它至少还能在3个方面对社会伦理氛围和社会文化起到积极作用。

1. 有助于社会诚信氛围的再造

区块链作为一种信任再造机制，事先约定的共识机制与算法所形成的智能合约，能够自动剔除冗余和错误信息，特别是虚假信息与欺诈信息，减少无效信息的干扰，提高虚拟世界的信息质量，改善网络氛围。它虽然不能直接增加人与人之间的信任，但能够使人们通过信任共识机制与算法而衍生出新型信任，重塑人际关系与合作方式，从而有助于在全社会范围内形成真实客观、诚信有序的网络文化。

2. 形成勤劳致富的价值取向

区块链建立的确权机制对知识产权形成了有力的保护，在区块链的世界里，劳动付出和知识创造能够得到更好收益，而盗版、剽窃等不劳而获的行为，则会受到全链公开与唾弃，因而劳动、资本、土地、知识、技术、管理和数据等生产要素，能够更科学地按贡献参与分配，有助于形成公平公正、勤劳致富的价值取向。

3. 改变互联网企业商业伦理

互联网平台盈利的一个重要渠道是利用所谓的"大数据""核心算法"无偿而且随意将用户隐私商业化，实则侵犯了个人隐私。区块链能够实现共享信息价值，用户隐私无法被互联网平台随意侵占，有助于改善当下不良的商业生态，重塑商业伦理底线。

第四章　区块链作用机理的宏观研究

(六) 本部分小结与发展中的反思

数字经济将是未来经济生活不可抵挡的发展趋势,与之相匹配的数字信任底层,应当是基于算法的制度安排,特别是随着人工智能、虚拟现实等技术的发展成熟,会对整个经济运行和社会关系产生颠覆性,甚至是伦理性的影响。我们不仅要面对人与人之间的信任维系,还要应对人与机器、机器与机器之间的关系。数字经济时代多元化主体之间的共识语言将是非人格化抽象的符号和数字,人格化的信任维系因素,已经无法满足瞬息万变的数字信任诉求。由此,基于算法的制度信任,会成为新一代信用维系核心因素。数字化趋势不可阻挡,区块链只是恰逢其时而成为承接时代需求的创新技术。可以预言,未来的数字经济将会形成由区块链承担信任底层、以 5G 为承载的物联网成为技术基础设施,以大数据、云计算成为处理工具的格局。在此基础上,实现共享型经济发展模式和自治型社会治理模式的经济社会重大变革。

然而,并不能由此对区块链报以完全乐观的态度,区块链自身依然有着尚未被解决的技术问题,比如高耗能、计算效率不高等问题。理论上,区块链能够在任何需要建立强信任和去中心的场景中无障碍应用,但在它现有的技术水平下,存在着类似于"稳定币值"和"经济增长"的抉择,即区块链在"效率、安全、去中心化"[1]之间的也存在目标抉择,不可能同时被满足,因而决定了它在当前的应用领域也比较有限,更适合于不追求效率而迫切需要迅速建立信任的领域。

此外,以区块链为基础的信任维系以及经济交易行为可能会游离于现有的中心化权威的监管之外,所执行的智能合约可能会存在合法性问题,带有地下经济的色彩,甚至一丝无政府主义的色彩。在区块链

---

[1] 陈一稀.区块链技术的"不可能三角"及需要注意的问题研究[J].浙江金融,2016(2):17-20.

发展规模不断扩张的过程中,可能会酝酿着另外一类意义上的政治风险与法律风险,反而违背了其信任再造的初衷,这也同样需要高度关注。

三、关于区块链经济哲学的进一步思考

在传统经济学下,追求利益最大化的"经济人"是基本假设,资源稀缺性是经济学研究的哲学基础,如何把有限资源有效分配则是经济学的永恒主题。而互联网时代,共享经济与技术事实上已经对传统经济原理,特别是其哲学基础提出了一定程度的挑战:人类不再以独占作为配置资源的结果,某些资源可以(在某些IT技术下)以近乎于零的成本复制,稀缺性不复存在。如何兼顾有限与共享,实现有限资源的共享又保证资源能够实现其内在价值,建立"价值互联网"和进行确权只是其中的一步。在这个意义上,区块链并未摆脱经济学资源稀缺性假设的前提,反而是对互联网经济下如何确保资源稀缺性和维护其有效配置资源的作用提供了一种解决方案,是一种对互联网时代"有限"与"共享"共存的妥协式尝试。它并未跨越出传统经济学的假说边界,随着社会经济的发展和生产水平的提高,当资源由稀缺变为无限时,它可能不复存在意义。然而在当下这个阶段,无论是从经济学还是从伦理学方面看,都迫切需要区块链所提供的解决方案,确保每一项资源能够在配置中发挥最大价值,改善和修复人与人之间的信任和社会信用,在良好的社会氛围下同时提高个人福利和社会福利,让社会更加正义。

事实上,从经济伦理的角度看,区块链是一个更偏向悲观的命题,个人必须为自己的存在和一切行为"承担责任",因为信权威、信上帝、信他人均无效,那就只能信算法、信自己、信理性选择,在不相信他人的过程中实现相互信任。

第五章 产业变迁视角下的区块链发展展望

第一节 产业变迁视角下的区块链发展逻辑

一、从农业社会到工业 4.0 的产业变迁

（一）四次产业革命的历史变迁

按照施瓦布（2016）的观点，迄今为止，在人类发展的历史上，先后经历了 4 次重要的产业革命，每次产业革命的出现都不约而同地与技术发明的创新紧密相连，通过新技术推动生产方式发生重大变革，同时引发经济体制和社会结构的深刻变革。

人类发展历史中首次出现的产业变革是农业革命，大约发生在 1 万年前。[①] 生产方式由野外狩猎转变为有意识的种植与驯养动物，同时出现了农耕工具制造。由此，人类从采集时代过渡到农耕时代。农业革命的主要特征是人力与畜力的结合，畜力在一定程度替代人力，提高了粮食产量，"有效促进了人口增长和人类聚居地面积的扩大，并由此催生了城市化和城市的崛起"。[②] 农业革命的重要特色是自给自足，还

[①] 施瓦布.第四次工业革命：转型的力量[M].李菁译,北京：中信出版社,2016：3.
[②] 施瓦布.第四次工业革命：转型的力量[M].李菁译,北京：中信出版社,2016：3.

没有形成规模性生产协作。农耕社会的经济制度主要是围绕土地而展开的,土地作为主要的生产要素,其所有权归属成为经济体制的集中体现,社会结构的主体是地主与农民。

农业革命之后,在18世纪60年代,随着蒸汽机的发明与应用,人类进入第二次产业革命,亦即第一次工业革命(被称为工业1.0时代)。其间,人力和畜力(主要指肌肉力量)被机械动力所替代,通过蒸汽机械的大量运用,实现了批量化复制,大大提升了产能。

工业1.0通过机械化提升了生产效率,但机械自身存在4个问题:1. 动力种类有限,只有蒸汽这一种能量;2. 运动单一,做不了较为复杂的工作;3. 场所有限制,机械和人都只能在固定的场所工作,且蒸汽能量的产生与产品生产不能分离;4. 生产协作程度较低。因而,机械对人力的替代有限,对生产效率的提升也比较有限。从工业1.0时代开始,经济制度中资本的作用开始凸显并逐渐强大,随着工业生产的规模扩大,主要的生产要素变为劳动和资本,蒸汽机提供者通过出售或出租参与价值分配,社会结构中出现了资产阶级和无产阶级。

随后,人类的产业发展进入第三次产业革命,即第二次工业革命(也被称为工业2.0时代)。其间,随着电力的发行和普及应用,解决了工业1.0时代存在的问题:

1. 动力种类更加丰富,能量转化原理的成功应用,使得能源使用范围大大扩大,不再仅仅是热能转化蒸汽动能,而是可以通过热能变为电能,再变为动能,产生更强的动力,且能源来源不仅仅是煤,还有石油、汽油等,近现代还出现了柴油、太阳能、风能、页岩气等新能源。

2. 通过大型机械电机的组合和细化分工,把生产过程分解成若干个简单的工序,这些工序组合起来,可以承担较为复杂的生产活动。

3. 电能一定程度上实现了人与机械的分离,能源的生产与产品的

第五章 产业变迁视角下的区块链发展展望

生产与形成突破了时空限制,能源可以集中生产,并分散供应距离遥远、不同种类的产品生产。更为重要的是,无线电的发明与应用和电话广播电视的迅猛发展,不仅带来新的媒体行业的诞生,更是带来信息传播途径和速度的颠覆性变革。这些发明创造带来了新的能量形态:无线电、光电、原子能等没有具体形态的能量,跨越了二维空间的限制,提供了更多能量产生与发挥作用的途径,进一步实现了人与能量分离。

4. 产品生产更加复杂和进一步细化,生产协作程度明显提升,流水线式生产成为典型代表。由此,在工业 2.0 时代,电力的普及和机器的广泛使用,实现了机器和多元化能量对人类劳动更大范围的替代。"电力化"与"流水线化"成为工业 2.0 的主要特征。与工业 1.0 类似,主要的生产要素依然为劳动和资本,机器等固定资产加入生产要素的范畴,机器与电力提供者通过出售或出租参与价值分配,机器与电力使用者通过投资参与价值分配,社会结构中不仅资产阶级和无产阶级并存,还因为生产的过度集中,出现了卡特尔、托拉斯等垄断组织。

工业 2.0 到来后,新技术进入一个前所未有的迅猛发展期,生产效率大幅度提高,生产力呈现跨越式发展。但依然有 3 个问题没能得到充分的解决:

1. 场所问题,虽然解决了能量供应与产品生产的场所分离,但并未实现产品生产的场所分离,或者虽然通过各类车间实现产品生产的场所分离,但并未实现人与生产场所的分离。

2. 虽然生产流程已经充分细化,但协作效率依然不高,特别是跨企业和跨行业的协作效率,制约了整个生产系统的效率。其关键原因在于信息不够通畅,信息技术处理能力弱,不能支撑复杂的生产协作。

3. 生产过度集中,垄断问题比较突出。如前所述,工业 2.0 带来了垄断,到 19 世纪后期,主要的资本主义国家先后出现了垄断组织。众所周知，垄断是影响社会化大生产规模进一步扩大的主要障碍。

随着电子计算机的普及应用，以及信息技术在产业中持续而不断深入的应用，产业发展进入第四次产业革命——第三次工业革命（也被称为工业3.0）。其间，电子技术和信息技术得到充分发展，被称作是信息技术革命的工业3.0，推动信息传播方式的彻底改变。大型计算机逐渐融入生产的各个环节。在生产过程对信息的需求开始增大，随着人们获取信息能力的不断提升，对数据加工整合利用的能力不断提升，信息不对称程度逐步减少，信息处理与数据应用对生产的贡献度逐步提高。进一步提高了工厂的规模化生产能力并使得生产效率大幅度提升。

工业3.0的使命，除了延续历次产业革命追求的目标——追求更高的生产效率之外，也在逐步解决工业2.0所带来的问题：

1. 通过电子计算机实现了一定程度的人场分离，有助于延展生产的空间，减少物理场所空间对工作效率进一步提升的制约。

2. 通过自动化与信息化提高协作效率，一方面，通过"自动化"解决大型机器之间的协调运转；另一方面，通过"信息化"解决因为跨国公司、大型公司过度集中造成的人与人之间信息沟通不畅、协作效率低的问题。由此，实现了大型计算机信息化处理对人工协作的替代。规模化、自动化和信息化是工业3.0的主要特征，社会化大生产程度进一步扩大。信息和数据首次被当作重要的生产要素参与价值分配，资本与生产分离的现象愈加突出，金融资本作为独立于生产之外的要素不仅参与价值分配，而且所占的权重越来越大。社会结构没有明显变化，资源与资本集中度继续加大，出现了IT类产业工人。

工业3.0虽然解决了生产中的效率与协作问题，然而有些问题依然没有得到解决，甚至带来了新的问题。

第五章 产业变迁视角下的区块链发展展望

1. 由于自动化的快速发展,生产效率达到极致,带来了供给方产能过剩

与此同时,信息化的快速发展,打破了信息不对称带来的产品垄断,同样导致产品过度生产,制造业领域利润下降明显,甚至难以为继。

2. 互联网带来的资源免费复制和价值实现问题难以解决

互联网的共享机制与网络信息和知识几乎无成本地复制与传播技术,使工业 3.0 这一互联网经济时代存在着一个难以解决的问题是,原创的网络信息如何实现自身的价值,如何参与到价值分配当中。再深入一步分析,信息几乎无成本地无限复制,有可能改变经济学"资源稀缺性"假设前提,对经济增长路径和资源配置方式提出了挑战。在这种"信息互联网"条件下,信息得不到有效的保护,也很难参与到价值分配体系中,将会对信息化的长远发展造成不利影响。

3. 如何实现更大规模的分工协作问题

互联网技术和与之相配套的大数据、云计算、物联网等新技术,无不是为生产范围的进一步扩大乃至无边界扩大提供技术上的有力支持,而相应的生产关系,特别是人与人之间的信任关系并未同步建立,甚至因为网络诈骗和个人隐私泄露等现象的普遍存在而出现了信任关系的倒退。如果这一问题不能解决,必将影响大规模生产协作的有序推进。此外,虽然工业 3.0 是信息化为主的大发展时期,然而"信息孤岛"问题却非常突出,互联网平台之间的相互竞争与相互割裂阻碍了信息的流动,不利于生产协作的进一步扩大。

4. 随着信息化程度的加深,出现了资本的过度集中,旧时的生产企业对生产资料的垄断问题转化为资本的过度垄断

在互联网时代出现了互联网巨头平台公司,例如 Facebook、阿里巴巴等,用户数量众多而且跨越了国界,集中的用户量和消费习惯的养成

培育出工业3.0时代的寡头垄断,将会对生产资料的占有与价值分配产生巨大影响。

总体上看,在工业3.0阶段出现的问题大部分不是生产效率的问题,而是生产关系领域的问题,是生产规模的进一步扩大需求与相应的协作关系不能适应一致的问题。一方面,在信息化手段强有力的支持下,生产规模和生产所能涉及的领域越来越广;另一方面,生产关系出现了寡头垄断与信任破坏,两者的不相匹配,成为工业3.0时代最突出的问题。

(二) 对前四次产业革命的总结

产业革命并不只是简单的生产效率提高,而是生产方式的颠覆性变化。总结上述产业革命的发展脉络,如表5-1所示,从力量替代的角度看,第一次产业革命是用畜力一定程度替代了人力,工业1.0是用蒸汽机替代了人力,工业2.0是用电力代替了人力,工业3.0是用计算机替代了人力。这也可以表示为,4次产业革命是人类逐渐使用非人力动力的过程,无论是畜力、机械力、电力,还是计算机,这些力量(power)越来越走向抽象化、无形化,不仅力量越来越摸不着看不到,最终施力的对象也从具体的产品变成了无形的协作与管理。

表5-1 四次产业革命的基本特征

	主要特征	替代性	人物分离程度	生产要素
第一次产业革命	养殖化	畜力替代人力	未分离	牲畜、农耕工具
工业1.0	机械化	机械替代肌肉	未分离	蒸汽机

第五章　产业变迁视角下的区块链发展展望

续　表

	主要特征	替代性	人物分离程度	生产要素
工业2.0	电力化	机器和多元化能量对人类劳动更大范围的替代	能源与生产场所实现分离，劳动与场所未分离	机器
工业3.0	信息化	大型计算机信息化处理替代人工协作	劳动与场所实现一定程度的分离	计算机

虽然 4 次产业革命的核心内容不同，但本质上，都解决了生产力提升的问题。即将或者正在到来的第五次产业革命（也被称为工业4.0）应当是由这个逻辑发展而来，而并不仅仅是人工智能对人力的大范围替代。此外，如前所述，工业3.0 的核心问题已经不是生产力本身的问题，而是生产关系束缚了生产力发展的问题，因而下一次产业革命的变动将会更多地转向生产关系的变革。

(三) 对工业4.0 的发展预测以及区块链在其中的作用

工业4.0 最早起于法国，当时法国称之为新工业计划，之后德国明确提出工业4.0 这一名称。我国也随之进行研究，并命名为智能制造，于 2015 年 5 月 19 日正式印发《中国智造 2025》。从上述分析的产业变迁逻辑看，能够被称为第四次工业革命的工业4.0，一定不是只包含技术发展带动生产效率提高这一方面的特征，而应当会出现生产方式和生产关系的颠覆性变革。

按照上一部分的分析逻辑，工业4.0 的特征至少要在以下几个方面得到体现。

1. 在力量替代上，工业4.0 会沿着两个方面实现替代

（1）机器人对人力的替代，甚至实现部分领域人工智能对人力的

全部替代,例如无人化工厂、无人化超市等。用更高的自动化水平,算法更复杂的人工智能力量,实现生产的智能化提升。

(2) 算力对能源力的替代。数字经济为主的工业4.0,信息处理能力和计算能力将取代前3次工业革命时代中的中心力量之一——能源,成为对竞争力起决定性作用的核心要素。

2. 在生产场所上,将会实现生产要素的全流动,进一步摆脱生产场所的禁锢

这不仅表现在人与场所的完全分离,还包括大部分实物对物理场所的分离,表现形式是"万物皆数"的数字化及其在全网络的流通交易。此外,信息也将出现对附着平台的分离,摆脱各个平台的"信息孤岛"状态,实现在全网全社会的全流动。

3. 在核心生产要素上,不仅包括信息、计算机等沿袭工业3.0的主要生产要素,还会包括算力以及能实现生产关系变革相关的技术或非技术要素,比如程序化制度、提高计算能力的技术以及相应的软硬件集成等。

可以说,构成工业4.0核心技术底层的,不仅仅是以物联网、大数据分析、云计算、人工智能为基础的智能制造系统,实现生产关系变革与依托算力运行的区块链技术也将会发挥更大的作用。由此,工业4.0将会在以下几个方面解决工业3.0存在的上述问题。

1. 通过实现产业结构调整和生产方式的变革解决供应量过剩

可以预言的是,除却人工成本的大幅度降低和生产效率的大幅度提高外,工业4.0的历史使命,必然包括创新生产协作方式,来解决工业3.0所带来的产能过剩问题。工业4.0的重点将会从提高生产效率和进一步降低人力成本(加大对人替代的程度),转为调整新的生产方式,通过新技术重新设计新的生产流程,淘汰以往追求高产出、低次品目标的集中设计、大规模生产标准化产品的生产线,从原来的规模化标准化

生产变为点对点式流水线型个性化定制化生产，消除标准化产品的供给过剩，代之以高效个性化定制化生产，精准满足客户需求，提高制造业的利润率。

2. 通过解决信息原创价值体现与信息共享存在矛盾的问题实现价值互联网

工业4.0时代将会通过生产关系的变革，把所有可抓取的行为、信息、数据数字化，使之成为工业4.0时代的主要生产要素。如前所述，工业4.0的关注重点将会在生产关系的变革，通过生产关系的变革明确信息流转的时间戳和权益归属，使信息能够更深入地参与到价值分配当中，把"信息互联网"变为"价值互联网"。

3. 产业升级至"数字经济"，以此实现更大范围的生产协作

工业4.0时代能够实现全社会产业的整体数字化变革，一方面会建立新的适应大规模生产协作的信任关系，实现人与人之间更紧密的联系与合作；另一方面，以生产要素与社会关系数字化为基础，加快经济运行的自动化、智能化运转，实现数据与资产合二为一的自动运行。此外，信息的交互与相互作用力更强，信息割裂与"信息孤岛"不复存在，更大范围地实现信息数据的共享。

4. 解决过度集中垄断的问题

与信息全流通相一致，互联网平台的寡头垄断局面被打破，会出现一些对数字资产的自治型社区管理，社会化大生产规模进一步扩大。

工业4.0的发展模式与区块链技术的应用密切相关，特别在解决工业3.0的突出问题上，可以说基本离不开区块链的作用，这也意味着互联网发展的下一阶段将是以区块链为主导的新型模式。区块链至少在4个方面帮助解决工业3.0存在的问题，并实现工业4.0阶段的主要发展特征。

1. 区块链使用点对点的传送交易,满足流水线型个性化定制化生产要求,精准生产,提高制造业利润率。

2. 区块链的时间戳与数据可回溯与难篡改,有助于明确信息的产权,保护知识产权的根本利益,推动实现从"信息互联网"到"价值互联网"的转变。

3. 使用基于算法的制度型信任再造,有助于改善人与人之间的关系与生产要素与价值的分配;同时通过智能合约的运行实现数据带程序的自动化运行。

4. 去中心化的设置推动更扁平化的数字经济社会结构,有助于打破各个平台和垄断集体各自封闭的信息数据孤岛,打破互联网平台的过度集中,从而优化资源要素的配置与价值分配。

需要格外注意的是,产业革命的变迁并不是几个产业阶段的完全迭代。虽然在产业的发展过程中,从畜力到机械力,到能源力,再可能到工业 4.0 的算力,一直都是各种外力对人力的替代。然而,人的作用不可抹去,不同阶段的产业类型也不可完全消亡。工业化的 4 个阶段会在很长的时期是一种并存的关系。因为消费诉求不同,并不是每个行业每种产品都要进化到工业 4.0,每个企业都要进行工业 4.0 改造。在一个生产效率对于竞争与产品价格具有决定作用的行业,产能存在过剩,工业 4.0 是目前唯一的出路。而一些行业与市场并不需要工业 4.0,比如本身就是以手工制造为卖点与核心竞争力的行业,像瑞士钟表业,在纯手工的 1.0 阶段反而比 4.0 阶段更具竞争优势。

二、互联网的发展变迁与区块链出现的逻辑

区块链的发展离不开互联网技术,甚至可以说,区块链的发展必须依托于互联网这一技术基础设施。本部分主要讨论互联网的发展过程

第五章 产业变迁视角下的区块链发展展望

以及区块链为何在互联网发展的过程中出现并成为下一阶段互联网主力的逻辑关系。

(一) 区块链是解决互联网发展问题的技术保障

截至目前,公认的互联网发展有3个发展阶段,分别为互联网1.0、互联网2.0和互联网3.0,各个阶段的发展情况如下。

1. 互联网1.0时代:门户网站为主要代表

互联网1.0以门户网站为主要代表,主要方式是通过静态的门户网站,展示信息,内容为主要展示特色和竞争力的体现,几乎没有相关服务。内容提供的方式主要是一条条独立存在的信息,偶尔会有部分信息流。用户获取信息的途径:(1) 通过门户网站的单向提供而被动获得;(2) 通过搜索引擎主动搜寻内容。由此,互联网流量入口主要是通过搜索引擎链接,搜索引擎是用户与内容的连接中介,是网站获取用户(流量)的最重要方式。

互联网1.0时代存在的问题是:用户分散,且被动接受信息,内容作者和用户之间缺乏互动,无法提供个性化、持续性服务;用户与网站之间黏性不够,主要依靠搜索引擎实现链接。

总体上,在互联网发展初期阶段,人与人之间因为缺乏互动,没有出现新型人际关系,但由于搜索引擎大大降低了信息获取成本,并增加了信息收集的准确程度,"内容为王"的互联网有助于推动生产力的发展。

2. 互联网2.0时代:社交网络为代表

在互联网2.0时代,互联网网站和社交网络型(例如网站论坛BBS和Facebook)并存,而社交网络逐渐成为主要代表。其主要方式依然是"内容为王",但出现了少量服务,出现了内容作者与用户之间的互动,

245

内容提供的方式不再以静态信息条为主,而是以内容流为主,消息流为辅。用户获得信息的途径,不仅有搜索引擎,更出现了用户的网络账号,由此引导用户发言、互动、订阅消息。此时,用户成为互联网的中心,内容创造者、用户以及用户之间的互动,还有统一的账号体系,增加了用户的黏性。动态内容推动成为获取用户(流量)的重要手段,内容成为新的流量入口,搜索引擎的流量价值大大降低。

2.0时代存在的问题是:互动与服务相对割裂,互动以内容为主缺乏更多其他服务,互联网服务主要集中在淘宝网等网络平台,这些平台普遍缺乏好的内容与互动;其次,网络互动主要集中在PC端,用户黏性受到一定影响。

3. 互联网3.0时代:移动互联网为代表

当前正处于互联网3.0时代,移动互联网(手机下的各种App)与消息流社交网络(例如微信)并存,移动性社交网络成为主要代表。其主要方式是内容与服务的交织提供。内容提供方式主要是动态的信息流,内容型题材的重要作用被淡化,成为消息流为主、内容为辅的形态。内容的提供方式不再是搜索引擎和内容型社交网络,而是通过各种App,把信息流与服务深度结合,让用户直面服务,App成为内容中心。例如淘宝网已经不再只是购物平台,而是通过淘宝直播等方式,把知识传播、信息传递和购物深度结合在一起,而视频型App,比如抖音,同样也是把视频拍摄与购物密切结合。

从互联网2.0和3.0阶段的发展看,内容创造的主体由1.0时代的门户网站转变为自媒体用户,而且内容生产的目的已经不再是内容本身,而是通过内容搭建与扩展个体在网络社会中的关系。人与人之间的互动性大大增强,社交网络、"关系为王"成为互联网发展的主流,互联网上形成了庞大的虚拟人文社团和组织,互联网方式的购物、交往、交流甚至带动着生产方式都发生了变化，信息获取与交互的边际成本几乎为零，大数据、云计算等技术进步又进一步提高了信息的精确度，推动了行业的数字化转型。互联网技术通过打破信息孤岛、实现信息共享推动了生产力的发展。

互联网 3.0 时代的主要问题在于：

（1）为了保持各自的客户黏性，各个 App 人为设置了相互屏蔽与相互隔离，妨碍了知识信息的流动。现行的操作系统，无论是 PC 端的 Windows，还是手机端的 iOS 和 Android，由于底层相关机制和协议的缺失，均无法实现行为主体相关信息的自主管理与控制，无法适应万物互联时代对操作系统的需求。

（2）互联网越发达，带来的人际交往方式与人际关系的改变越大，所附带的新问题越难以靠自身得到解决，因而在一定程度上成为阻碍生产力发展的障碍。一方面，网络安全成为首要问题，互联网诈骗、网络暴力、个人隐私被泄露和利用，甚至危害社会和国家等行为，增加网络交易的风险性。现行的互联网和物联网，由于缺失对接入网络的人、机、物及其发布信息的真实性、安全性和可追溯性等的底层机制和协议，实际上是一类不可信或不完全可信的信息网络，由此引发的网络诈骗等行为时有发生。从某种意义上讲，通过带来网络不良行为的互联网手段寻求从根本上治理现行网络不良行为的解决之道是一个悖论；另一方面，原创信息的价值并没有得到体现，互联网打破了信息孤岛，降低了信息不对称程度，但由于缺乏有效的知识产权识别与保护机制，数据、信息、知识的产权容易遭遇侵权，且价值难以得到体现，难以找到合适的付费方，或者经济利益被超级平台 App 攫取。

4. 互联网 4.0 发展展望：以区块链为核心的互联网基础设施

根据上述互联网 3.0 出现的问题以及互联网迭代发展的内在机理，

可以预言，区块链必将通过解决上述两方面的问题而成为互联网 4.0 的主要代表。

1. 位于区块链节点和运行于区块链网的操作系统既不是现行的 PC 操作系统，也不是现在的手机操作系统，而是面向个人、企业、机构等行为主体，管理和控制人、机、物协同运作过程，完成一切经济社会活动的全息化智能操作系统。这是一种与万物皆数、万物互联相匹配的新型操作系统。

2. 区块链有助于创建和修复网上信用。众智网络时代的信息网络社会赖以生存和发展的基础与前提是：必须发展一类支持人、机、物深度互联的可信网络。以人、机、物等任何行为主体为平等节点，通过行为主体相互之间的社会经济关系形成的区块链，由于其底层的机理和协议可以保障行为主体之间可信互联，网络中的信息可以安全存储、传输，且不可篡改、不可否认、可追溯，实质上是一类可信网络。由此，支持人、机、物深度及可信互联，以虚拟机方式运行于任何电子信息网络的区块链将是众智网络时代信息网络社会的新型基础网络。

3. 区块链能够通过对数据、信息、知识的确权，改变传统互联网的利益分配格局，削弱中心化平台在利益分配中的垄断地位。由区块链主导的互联网平台将会是参与者共享的新型平台，互联网中所形成的收益将会根据节点参与者的贡献进行分配。这就是业内公认的从"信息互联网"到"价值互联网"的演化。

(二) 基于网络协议的互联网发展路径

协议 (protocol) 是互联网存在的前提和基础。互联网中的协议是指网络硬件、操作系统在进行通信时要遵守一些规则。当前，互联网通用的协议通常是指 TCP/IP 协议，它不是一个单独的协议，而是一组多层协议组成的协议群。TCP/IP 协议包括 4 层：应用层、传输层、网络层和链路层。链路层是将一些数据放在电线上；网络层对数据进行路由；传输层将数据持久化；应用层以应用的形式提供数据抽象。TCP/IP 协议族就是分散在各层的一组协议，包括：TCP 和 IP 两种基础协议，邮件传输的 SMTP 协议，超文本传输协议 HTTP、HTTPS，域名系统 DNS 等。互联网下的网络协议具体构成如图 5-1 所示。

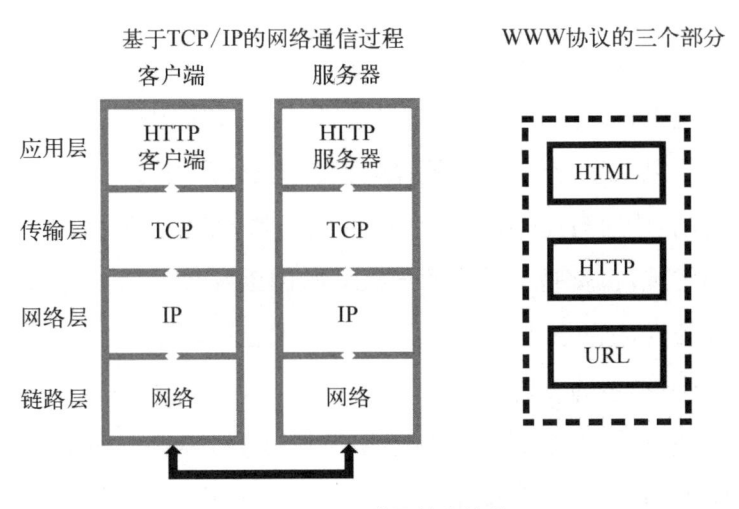

图 5-1　互联网基本协议

网络协议的发展历程远早于互联网的发展，1960 年，美国人泰德·尼尔森（Ted Nelson）设想出一种超文本（hypertext），可以通过计算机处理文本信息，构成了 HTTP 协议标准架构的基础。1973 年，网络传输层 TCP 协议就已经诞生，在 10 年后正式得到广泛接纳，推动了全互联网的链接得以实现。1989 年，WWW（万维网）协议被提出，它包括 3 个部分：文本标记语言 HTML、文档传输协议 HTTP 和指定文档网络地址的统一资源定位符 URL。1991 年，应用层的 HTTP 协议发布，专业性互联网公司出现，域名成为当时互联网公司非常重要的战略资料，互联网开始进入一个长达 30 年的快速增长期,至今长盛不衰。

HTTP 协议是互联网运行的基础性协议,促进了互联网的共享与发展,但也存在着一些弊端,最突出的是,这种协议造成现有互联网高度中心化,网络使用效率低,成本高,甚至损害用户利益。使用 HTTP 协议每次需要从中心化的服务器下载完整的文件,包括网页、视频、图片,存在浪费带宽、成本较高的问题,速度慢、效率低。HHTP 协议下,互联网行业中最大的受益者是中心化平台,用户在内容和流量上起到了决定性作用,但并未由此受益,而且,中心化平台还有可能滥用权力,随意改变规则,进行删帖,删除用户账号,从而损害用户利益。再次,互联网下的信息共享与传递,不能体现信息的价值,因为理论上信息可以无限的复制、传播与储存,知识产权难以明晰,那么原创性信息的价值无法得到体现,也就是产权不明导致互联网以及数据、信息和知识等存在正向外部性的市场失灵现象。这将导致互联网价值得不到充分体现,影响其下一步的发展。

而区块链作为互联网的升级版,对 HTTP 协议下两个问题将有很好的解决,可以通过区块链,基于点对点协议,由此改变 HTTP 协议形成的模式,形成新的基础性协议框架,成为新型互联网基本协议。

1. 区块链本身就是去中心化的,点对点的传输模式,有助于提高网络传送效率,淡化中心化平台对网络管理权力的滥用。

2. 如前所述,区块链通过对数据、信息、知识的确权,改变传统互联网的利益分配格局,使"信息互联网"演进为"价值互联网",它的深刻内涵就在于形成新的应用层基础协议。

虽然,在当前区块链技术自身存在不足的条件下,尚不足以改变 HTTP 协议,因而无法构建新的互联网协议架构。但是,随着区块链技术的发展,有可能在原有基础上形成一个新的价值层,不通过第三方帮助来证明价值的实现与交易后形成的价值转移,而是通过节点用户点对点的交易在全网留下不可篡改的记录,来证明价值和价值交易,以此体现互联网的"正外部性"价值。

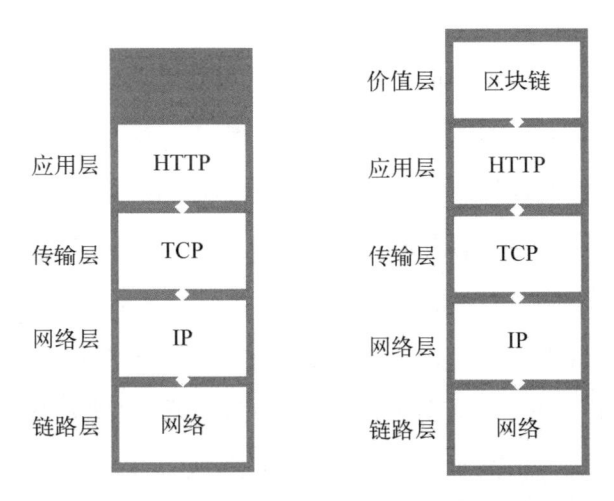

价值层			价值层	区块链
应用层	HTTP		应用层	HTTP
传输层	TCP		传输层	TCP
网络层	IP		网络层	IP
链路层	网络		链路层	网络

图 5-2 区块链对互联网协议的重新构建

三、区块链发展的历史变迁与发展逻辑分析

(一) 基于数字化思维的区块链发展

区块链的发展与数字经济密切相关,如果在未来 20 年间出现了数字经济发展停滞或者退后,区块链也不会有更大的发展机遇,只有随着数字化的发展进程实现数字上链才能真正发挥区块链的作用。因而,研究区块链自身的发展变迁过程必须先要分析数字化思维在不同阶段的发展变化。

1. 第一代数字化思维:程序固定,数据可变,程序与数据分离

第一代数字化思维的创始人是被称为"计算机科学之父"的图灵,他发明了第一代计算机——图灵机。在图灵机上,程序就是事先制作

251

的电子管硬件,程序与数据也是截然分开的。由于程序是提前确定好的,不能改变,因而计算机的体积很大。第一代计算机只能输入数据,但不能输入程序。一台计算机就只有一个程序,只能完成一个任务,处理效率和处理能力都比较低,成本非常高,只是对人力计算的初级替代。

2. 第二代数字化思维:程序可变,数据可变,程序与数据分离

第二代数字化思维的创始人是"计算机之父"和"博弈论之父"的冯·诺依曼。他对计算机做出了重大改进,这是沿用至今的二代计算机思维。二代计算机是通用的计算机,程序从硬件变为软件,可以在计算机上录入程序,同时把数据也录入进去,由计算机把程序与数据结合起来统一处理,得出最后的处理结果。这样,就不需要每换一个程序就要重新制作一台计算机,推动了计算机语言与软件业的大发展,提高了计算机的处理效率,拓宽了其使用范围,并降低了计算机的投入成本,由此奠定了计算机在第三次工业革命中的重要地位。

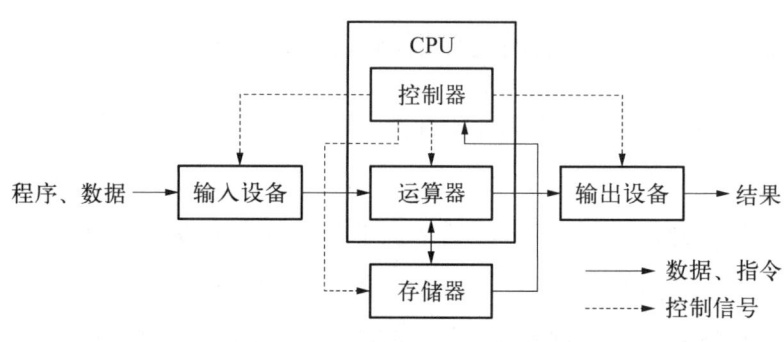

图 5-3 二代数字化思维示意图

3. 第三代数字化思维:数据自带程序,数据与程序合一

第三代数字化思维的代表人物是区块链白皮书的发布者中本聪以及之后推动区块链关键技术发展的业内人士。在区块链的模式下,程

序与数据的关系又发生了不同于传统计算机系统的改变,不再是先编写程序再录入数据,在计算机上统一处理得出结果,而是通过共识算法和之后的智能合约,让数据与程序合二为一。所录入的数据都是带着符合共识机制和智能合约要求的程序化数据,在区块链系统下自行运行,自我约束,自我形成数据库账本。数据自带程序,这样的数据才能摆脱上一代互联网时代数据可以被无限复制而得不到保护的问题。数据的确权才有利于推动数据在价值分配体系中占有权重,数字经济才能真正得以实现。从这点看,第三代数字化思维不仅仅是提高计算机处理效率和降低成本的问题,更是推动数字经济的实现和确定其发展模式的问题,关系到未来经济的发展方向。

(二)区块链技术发展的理论沿革

区块链技术是一门集大成的技术,是在密码学及货币银行学等理论、技术与思维的基础上发展起来的,而不是凭空出现的。密码学家大卫·乔姆(David Chaum)在1982年提出了盲签名这一技术构想,这奠定了未来数字货币的理论技术基础。盲签名技术兼顾了现金匿名化与电子货币易于携带的优点,并通过加密保护了个人的金融信息隐私:付款方将序列号使用盲函数转化后发给银行,银行在不知原始序列号的情况下签字,该过程称为"盲签"。由于对应的序列号存储在银行数据库中,无论是商家还是个人使用E-cash,其序列号都需要被数据库进行验证。由于该模型依然是传统的以银行为中心数据库的思路,不适合交易量较大的情况。之后乔姆进行了商业化实践,但因为中心化的问题最终失败。

1991年,哈伯(Haber)和斯托尼塔(Stornetta)发表了名为"How to time-stamp a digital document"的文章,构建类似于区块链字段结构的

系统,并设计了通过"时间戳"确定交易顺序的构想,提出了对区块链非常有启发的思路:如果不能信任某个人或者机构,"那就去信任每一个人,也就是说,让世界上的每一个人都是数字文档记录的见证者"。[①] 这与区块链分布式存储的去中心思路一脉相通。

1992年,密码学发展历史上出现了一个重要组织"密码朋克邮件名单",该组织由美国的工程师蒂莫西·梅等人共同发起成立,汇集了相当多的密码学、加密货币和互联网技术的顶级专家,并从邮件分享演变成一个活跃的论坛。1998年,该组织成员戴维发布了B-Money白皮书,推动了"数字加密货币"这一概念的诞生。B-Money是第一个引入分布式账本、P2P等技术的加密货币思想,其内在核心思维是去中心化,为比特币的诞生提供了创造性的启发。然而,B-Money与比特币有很多不同,最重要的一点在于货币发行量上,B-Money要求所有账户持有者共同决定计算量的成本并就此达成一致意见,最终形成货币供应量,其发行量可以没有上限限制,而比特币则是固定发行总量。另外,B-Money并没有解决数字货币中的"双重花费"难题,因而并未在实践中得到应用。

2005年,尼克·萨博(Nick Szabo)设计了Bitgold这一代币体系,在其中引入PoW共识机制,设计出以新币作为记账奖励的激励机制,并以此解决了"双重花费"和"货币发行量确定"难题。Bitgold从原理上已经非常接近比特币,但因为缺乏编程设计并没有得到实际的开发应用,仅仅是一种理论上的探索。

2008年,同样在"密码朋克邮件名单"论坛上,化名中本聪的学者发表了经典论文《比特币:一种点对点的电子现金系统》(被称为"比特币

---

① Haber, S &.Stornetta, S. How to time-stamp a digital document [J]. Journal of Cryptology, 1991(3): 99-111.

白皮书")。这篇论文援引的第一个参考文献就是戴维的B-Money白皮书。在该论文中,中本聪提出了一种全新的去中心化的电子现金系统,其核心思想之一是通过分布式的对等网络方式消除单个中心化依赖,实现点对点交易。同时,利用哈希算法加密和时间戳,以对应每次交易记录。这一底层支撑技术就是区块链的核心内容。

由此可以看出,区块链的发展不仅仅是技术的组合与不断修正创新,也不仅仅是"去中心化"理念与"分布式存储"方式,一定程度上,它的确组合了密码学、分布式存储、P2P网络与PoW等共识算法,但并不是简单的组合,而是一种思维的重大创新;所具有的优势并不仅仅是可回溯、可共享、不可篡改、不可伪造;而是通过技术实现智能执行与算法信任来支撑数字经济发展;形成的并不只是一种区块类的分布式存储数据结构,而是一种崭新的更为偏平、交易更高效透明的经济社会范式。

(三) 区块链的发展历程

虽然区块链未来的潜在意义非常重大,但是现在仍然处于发展的初期。从区块链的发展来看,从2008年它出现开始至今,从应用层面看,它大致经历了3个阶段:比特币兴起、去中心化平台与智能合约、创新发展阶段。

1. 比特币兴起阶段

区块链的第一个阶段,主要是以比特币的出现为代表,它于2009年1月上线,虽然在我国处于不被接受的状态,但也不能否认它是比特币技术应用中最早的应用场景。比特币(Bitcoin)的概念最初由中本聪于2008年11月1日发表在论坛上的白皮书中提出。2009年1月3日,第一个序号为0的创世区块诞生,几天后出现了序号为1的区块,并与序号为0的创世区块相连接形成了链,标志着区块链的诞生。

比特币不依靠特定的货币机构发行私人加密数字货币,而是根据事先确定的算法,通过各个节点积极参与,进行大量的算力消耗得出。它在没有中心化的机构监管、约束的情形下,安全而且稳定运行超过10年。它在运行过程中的确存在币值价格大起大落、过度耗能、蕴含金融风险等突出问题,但它作为区块链技术试行的一个场景,至少成功验证了区块链技术下账本与交易的安全性与可靠性,验证了区块链技术的可行性,这为区块链技术向其他场景扩展提供了一个技术上成功的验证案例。

比特币阶段的区块链发展较为单薄,除了探索出PoW共识算法和区块链运行机制的稳定性之外,最主要、最核心的贡献就是建立了一套基于密码学的去中心化账本,提供了一套新的记账方法,和传统的复式记账法有明显区别。如前所述,比特币发展阶段只是区块链的初级阶段,存在一定问题,主要表现:(1)区块链的运行效率较低,每一个区块需求全链所有节点的验证。(2)扩展性不强,这一发展阶段只有一种可以交易和运行的产品——比特币,且所有的规则都是事先写好,节点既不能自定义另外的符号,也不能修改任何的规则。所有参与者只能是被动的接受者,而不能兼容其他代码,不支持其他的开发,因而缺乏改进的空间。(3)产业链单薄,主要围绕比特币生产(矿机生产)、交易(比如一些交易所)与应用(主要是比特币的支付)展开,这一雏形仅仅是区块链广阔的发展空间中微不足道的部分。当然,这一阶段的发展过程中,区块链软硬件技术在逐渐提高,例如挖矿硬件(处理能力)的增强、一些交易平台的出现、数字钱包的出现,都为下一阶段区块链的发展奠定了坚实的基础。

表5-2 区块链第一阶段发展大事记

时间	大 事 记
2008年	中本聪发表论文《比特币：一种点对点的电子现金系统》（"Bitcoin：A Peer-to-Peer Electronic Cash System"），提出区块链概念，区块链首次进入人们视野
2009年	中本聪挖出第一批50个比特币，被称作创世区块
2010年	第一个比特币交易平台MT.GOX成立
2011年	每个比特币价格首次与美元平价，达到1美元
	比特币与英镑、巴西币的兑换交易平台上线
	MyBitcoin遭到黑客攻击，超过7.8万个比特币下落不明（当时价值80万美元）
	莱特币诞生
	第一次比特币会议和世博会在纽约召开
2012年	Rippel系统发布，跨过转账引入区块链技术
	法国比特币中央交易所诞生，这是首个在欧盟法律框架下建立的比特币交易所
2013年	美卡币区块链断裂，交易中断1天
	德国承认比特币合法地位
	泰国封杀比特币
	中国央行明确比特币为"网络虚拟商品"而非货币
2014年	MT.GOX因安全漏洞关闭网站
	区块链并购投资火热，Chain获950万美元投资
	Tilecoin发布集成物联网实验设备

资料来源：根据网上相关资料整理。

2. 去中心化平台和智能合约发展阶段

针对比特币扩展性不足的问题,出现了以太坊这一区块链底层技术平台。从私人加密数字货币发行角度看,一方面,以太坊发行了自己的私人加密数字货币;另一方面,它搭建了一个扩展性较强的区块链技术底层,开发者可以在以太坊上快速搭建应用,并发行类似比特币的私人加密数字货币。在此期间,ICO这一独特的非法定数字货币发行机制开始盛行。通过以太坊,运用区块链技术建立各自经济社会项目的成本与效率都得以改善,并出现了大量的区块链项目以及私人加密数字货币,ICO出现后,通过区块链白皮书即可发行代币的融资方式,诱发了大量的投机、诈骗现象,产生了虚假泡沫,使得区块链技术蒙受了很多不利影响,同时也使得ICO受到各国政府的严厉监管,例如2018年我国央行联合七部委发布公告,认定ICO是未经批准的非法融资行为,在中国被禁止。

抛开私人数字货币之外,以以太坊为代表的区块链发展第二阶段最突出的贡献是它搭建了一个去中心化的平台,并在平台上可以实现二次开发应用,在开发应用中能够自行搭建去中心化数据库。与此同时,PoS这一新的共识机制开始出现并得到广泛应用,智能合约也随着以太坊的开源模式而出现。智能合约是一套保证协议能够在不借助于第三方的情况下得到执行的计算机程序。它能确保双方在签订合同后实现自动执行,这为区块链深度应用于经济领域和其他领域提供了重要支撑。

区块链第二个发展阶段存在的问题:(1)处理速度问题,在以太坊平台上还不能支持大规模的商业应用开发。(2)过多的发币和炒作行为,造成了本来就资源有限的区块链领域资源更加有限,对区块链本身造成了非常不利的影响,不利于区块链技术的提升。

3. 自我创新发展阶段

随着区块链技术的继续发展和对区块链应用场景的规范,区块链的发展也进入自我创新发展阶段。截至目前,在区块链3.0阶段并没有出现技术上更具有颠覆性的突破,但在应用领域出现了破冰,不仅场景纷纷落地,还拓展出诸如DeFi(Decentralized Finance,去中心化金融)、NFT(Non-Fungible Token,非同质化代币)等创新思维与应用。与此同时,区块链领域开始吸引投资机构进入,成为投资领域关注的热点之一。特别到2019年底,随着习近平总书记高度评价区块链的作用后,区块链政务民生应用落地速度加快。此外,由于闪电技术等不断探索,区块链处理速度有所提高,部分实验室数据的处理速度可以达到或近似于当前金融机构水平。例如Zilliqa的测试性能达到每秒处理2 400个交易以上,Elrond的模拟性能在2个分片下超过了Visa的平均水平(3500TPS),在16个分片下,接近Visa最高水平(5.5万TPS)。理论上来说,通过各种优化技术,区块链系统的性能有望接近传统金融系统的常态性能。

2017年底,以太坊上推出去中心化金融模式DeFi,是金融融资模式的创新,对传统金融思维与运行模式也产生了一定的冲击,虽然DeFi的应用目前主要围绕以太坊下的私人加密数字货币和数字资产,但它背后的技术验证和运行逻辑值得传统金融发展借鉴,有可能为数字经济中期金融业发展打造一个先行样板。随后出现的NFT,则是把线下拆分权益的模式用于私人加密数字货币,在加密艺术品领域获得了成功应用。同样地,当前NFT存在一定的投机风险,但它所提供的思路对数字资产交易具有积极探索作用,是区块链确权功能的体现,为数据产权、互联网经济行为产权等确定提供了先行样板。

总体上,区块链发展的第三个阶段是一个创新不断、应用扎实的阶段,它所探索的很多模式对未来数字经济的发展具有启发性,也为其作为数字经济基础设施的地位实现奠定了坚实的基础。

(四) 区块链发展变迁的逻辑

区块链的出现与发展与互联网技术、货币发行以及去中心化思维的出现密切相关,也离不开人类产业革命发展变迁的内生诉求。从互联网发展的角度看,它是为解决互联网发展带来一定的信任问题与信息确权问题而出现的;从货币发行的角度看,它是为实现发行与结算机构去中心化与保障货币安全的货币自由发行诉求而设计的;从产业变迁的角度看,它是随着生产范围日益社会化、生产方式日益智能化个性化的大趋势和数字经济崛起后产业发展的核心决定力量由能源变为算力的大趋势中获得了更广阔的发展空间。

从区块链自身看,它也经历了从简单的比特币应用拓展到更多加密数字货币发行,最终与实体经济密切结合的发展过程。从数字化思维看,它是自动化智能化的程序与数据合一运行思维;从技术发展的角度看,它从简单的低效高耗能逐步变成处理速度加快、扩容能力增强、多链对接共享的高适配技术,将会越来越与实体经济发展与社会治理诉求密切结合;从对经济社会发展的贡献看,它也将从边缘化的数字货币游戏或投资炒作,逐步变成多场景广泛应用,成为主流的经济发展与社会治理的技术基础设施。

第二节 区块链发展过程中存在的问题与风险探析

一、区块链发展过程中存在的问题

区块链技术出现10多年,除了比特币之前,尚未有大型的应用场景落地,最重要的原因是其底层技术上存在着一定障碍还未能得到有

第五章　产业变迁视角下的区块链发展展望

效解决,此外也有一些安全方面的隐患。

(一) 处理效率

区块链的去中心化导致新区块的形成往往需要很多节点乃至全节点的验证,因而处理效率比较低,数据写入区块链所花费的时间很长,交易延迟屡见不鲜,即时交易难以得到保障。从更具体的指标看区块链的处理效率,可以从交易吞吐量和响应时间这两个指标来看。交易吞吐量指的是系统在每秒钟能够处理通过的交易数。响应时间指的是系统完成事务执行准备后所采集的时间戳到系统完成执行事务后所采集的时间戳之间的时间间隔,是衡量特定类型应用事务性能的重要指标,标志了用户执行一项操作大致需要多长时间。

在区块链的实际应用中,这两个指标需要综合进行考察,如果只考虑交易吞吐量而不考虑响应时间是不正确的,长时间的交易响应会使得用户的使用受到阻碍,从而影响用户的体验;同样地,如果只考虑响应时间而不考虑吞吐量也是不正确的,这样的结果是导致大量交易排队,耗费更多的时间,所以交易吞吐量和响应时间应该同时被考虑。

以比特币为例子,目前来看,比特币每秒理论上最多只可以处理7笔用户交易,每10分钟才能够出一个区块,这就相当于响应时间为10分钟、交易吞吐量为7。而在实际交易中,由于考虑到延迟和交易分叉情况,一般等到最终确认需要实现6个左右的区块,这表示实际交易响应时间需要高达1个小时。以太坊的处理速度要高于比特币,但也不能满足一般商业交易的需要,离追求高效即时的金融交易的需求更是相差甚远。

目前影响区块链性能的因素主要包括广播通信、信息加解密、共识机制、交易验证机制等几个环节方面。例如,共识机制的任务使得参与节点的信息一致,但是在高度分散的系统里,达成共识就是一件非常耗时的任务,而且还不得不考虑会有个别节点"作恶",从而增加了处理的复杂性。面对这样的情况,一些链接从性能角度考虑引入了一些弱化的共识算法,但是往往只能用来处理宕机恢复等容错,并不能处理节点的恶意行为。这种方法对于特定的平台可能具有一定的可行性,但是如果是开放的公有链平台,这种方式会严重威胁到数据的安全性。

由此,在目前的技术水平下,区块链只适合运用于高价值低频率的交易场景。这些场景大多与金融有关,而金融领域适合区块链的场景例如票据,都是保密程度较高而开放度较低的领域,出于安全的考虑,很难把票据交易客户与银行核心系统链接,因而限制了当前区块链的应用领域。

(二) 使用门槛高,普及率低

总体上,区块链是一个较为小众、专业性强、进入门槛高的领域。甚至许多公有链项目都需要参与者掌握很多专业知识才能使用,而众多普通人连钱包都不知道。涉及虚拟数字货币的区块链领域进入门槛也比较高,例如一个比特币的市场价格在 6 000—10 000 美元,价格较高。其使用范围与门槛远远高于移动互联网的其他 App。

此外,区块链技术不可逆转、不可伪造的主要特征也让用户望而却步,因为非对称加密形成的私钥由用户生成和维护,无需第三方参与。然而一旦私钥丢失,用户自身也无法对账户资产进行任何操作。

(三) 高能耗的成本过高

除了效率问题,区块链使用当中最突出的另一个问题是能耗与成本问题。区块链中新区块的形成是算力竞争的结果,特别在工作量证明机制下更是如此,因而存在着高能耗问题。此外,分布式存储也是一种高能耗的体现,能耗与经济性的兼顾问题也是区块链所面临的难题。每个节点都会运行区块链以维护区块链中的共识。这提供了极高水平的容错能力,确保了零停机时间,并且使存储在区块链中的数据永远不会改变,还可以抵御审查。然而,在另一面,这意味着资源的冗余,因为每个节点都会重复执行一项任务,以达成共识,燃烧电力和时间。

以电力为例,当前电费的普遍价格是每度电 0.6 元左右,每一个节点都运行区块链的话电力成本将会非常高昂。比如在比特币挖矿中,中等规模矿场的电力成本平均过亿元。有区块链研究机构曾经预测,2 年后比特币挖矿、交易耗电量将会与目前全球用电量持平。

(四)缺乏有区别的隐私保护

区块链的优势是信息公开透明,每一个区块链的节点都有完整的数据备份,所有的数据都具有公开性和透明性,公有链上任何节点都能够查看到里面所有的信息,每个参与者都可以获得完整的数据备份,然而这种不加区分的公开透明会在实际应用中遇到阻碍,也不利于个人隐私的保护。企业的商业机密、专利产品配方、交易信息、企业的资产等这些问题缺乏隐私保障,将会出现大量对个人和企业隐私侵犯而引发的犯罪案件,也会对区块链的推动形成巨大的阻力。如何做好权限区分也是区块链技术上继续突破的问题。

(五)区块链平台自身的安全性问题

2016 年,虚拟货币中最大的众筹项目,在以太坊上的 The Dao 出现了由于智能合约的漏洞而造成资金被黑客转移的安全事件,之后类似事件又出现了几起,使得以安全性著称的区块链技术本身的安全性

遭到了各界质疑。不可否认,运用区块链技术所形成的项目乃至平台本身存在着一定的安全隐患,主要包括:

1. 算法安全

由于各种密码技术在区块链的大量应用,这种算法高度密集的项目在实施中相对容易出现问题。历史上曾有过这样的先例,比如国家安全局在RSA算法中嵌入缺陷,使得破解他人的加密信息变得容易。一旦这一级别的漏洞出现,可以说构成区块链的整栋大楼的地基将不再安全,后果极其可怕。此前,比特币因比特币随机数发生器出现问题而被盗。理论上,私钥可以通过在签名过程中使用相同的随机数两次来导出。

2. 使用安全

如前所述,区块链技术的特征之一是不可逆转和不可伪造,保障安全的私钥丢失,即便是用户本人也无法找回和操作账户;而私钥一旦被黑客获得,数字现金就能被黑客转移,而用户本人则无法挂失与取回。

3. 系统设计的安全

区块链平台同样有单点或者多点故障,导致系统容易受到黑客攻击,甚至人为盗窃虚拟货币。当前,区块链项目中或多或少出现了一些黑客利用系统安全漏洞和业务设计缺陷来实现攻击目标的事件,对区块链系统的安全造成了越来越大的影响。

目前,已经出现了很多区块链技术上的创新与尝试,例如闪电网络、分片、DAG等在实验室环境下有助于提高处理速度,再如针对隐私问题,也在试用同态加密、零知识证明等技术努力弥补区块链自身存在的不足与缺陷,为区块链的进一步发展争取更多的机遇与空间。

二、区块链发展过程中可能引发的风险探析

就技术本身而言,区块链是一种具有一定创新性和先进性的技术,技术本身是中性的,对社会经济发展是否有益或者有害,在于使用者如何使用。亦即区块链技术具有防止数据被篡改和中心化被攻击的风险,但它是否会带来新的交易风险,或者它本身是否也成为被黑客攻击因而带来动荡和风险的源头,关键取决于它所应用的项目是否本身蕴含着交易风险,以及它所设计的项目是否存在巨大的交易漏洞,最终取决于设计者和节点参与者所达成的共识以及随之而形成的智能合约内容。同理,就制度设计而言,区块链作为一种有利于降低交易成本的经济制度,能够解决过度中心化和信息不对称所带来的风险。它是否会带来新的社会经济运行风险,同样在于制度设计之初所形成的共识规则。因此,对区块链风险的把控和监管,不仅在于出现风险后坚决予以制止与处理,更需要把握区块链的本质与发展规律,充分认识在区块链运行过程中所蕴藏的思路倾向,才能预先掌握风险苗头,见微知著,防患于未然。因此,关于区块链发展过程中的风险问题研究,不能局限于政策建议对策等就事论事的层面,更要把握其发展脉络中隐藏的各种思潮和发展轨迹,高屋建瓴把控其可能带来的风险。

(一)微观交易隐含的风险:从现象到深层逻辑的分析

区块链所带来的微观交易方面的风险相对比较具体,主要包括两方面:1.对区块链应用的项目进行投机炒作所带来的风险;2.区块链项目有漏洞而存在的被攻击盗窃的风险。

1.投机炒作风险

区块链技术最早应用的领域是比特币,这是一种非法定的虚拟货

币,作为一种投机工具,内在地具有投机性风险。比特币在出现之初曾经被多国视为非法而禁止交易,之后又被很多国家定性为商品,而非货币。随着比特币价格的迅猛上涨,参与者与交易规模不断增加,包括日本、美国在内的许多国家都开始接受比特币支付。再加上比特币本身临近挖掘币量过半,造成了比特币价格几年来数次出现大起大落、暴涨暴跌的行情,既有短时间内飞速上涨,也会突然出现断崖式下跌。其间炒作各种概念题材的痕迹明显,例如,2020年2月比特币突然出现暴涨,突破1万美元整数关口,创2019年9月以来新高,主要是"比特币减半"预期带来的投机性上涨。2018年6月—2020年6月这短短的两年间,比特币价格就出现多次大幅度波动的情形。

如果说比特币作为最成熟的私人加密数字货币之一,在市场规模已经如此之大的情况下还存在大量投机炒作风险,那么其他那些市值与市场规模更小的非法定数字货币,更是不可避免成为全投机的工具。其中,最典型的是一种叫作"首次公开代币发行"(Initial Coin Offerings,ICO)的发行方式,所发行的各种虚拟货币(Token),大部分成为投机泡沫,而ICO本身演变成为愈来愈疯狂的风险事件,最终于2017年9月被我国人民银行联合七部委予以取缔。

ICO的发行方式主要是指,区块链的初创企业为了筹集发展所需要的资金,设计出一种英文名字叫作token的数字代币,在某一平台面向平台公众或特定投资人进行预售,token可以与比特币、以太坊等更具流动性的私人加密数字货币进行兑换,甚至可以兑换成法定货币。就企业而言,它需要不断运营其区块链项目,使其代币升值;就投资人而言,他不仅依靠持有代币获得增值收益,更需要作为节点积极参与到区块链项目当中,帮其扩展影响范围,促使代币升值,还可以获得新币奖励。ICO构建出一个投资人与企业共同融入区块链社区运营的企业成长范式,改变了传统模式下企业与投资人相互分离的独立关系;此外,ICO发行代币的模式使得投资人虽然具有代币收益权,但并不拥有公司股权,这种两权分离的方式有助于保护初创股东的权益,是一种发行机制的重大创新。

ICO诞生于2013年7月,之后就逐渐受到市场追捧。然而,作为一种创新的发行模式,由于受到过度追捧,ICO的泡沫越来越大,所蕴含的风险也越来越大。多数ICO项目并没有实际上线,而只是向投资人提供了一份项目说明书(白皮书)即可融到上千万美元的资金,而投资人很多并没有任何区块链的专业知识与比特币的交易背景,由此导致ICO彻底沦落成为投机载体,所发行的各类代币成为投机泡沫。

从其发展逻辑上看,ICO所隐含的投机风险事实上在其设计之初就有体现,并不是在发生了若干仅仅投机风险事件后才展现出来,也不是因为各国监管尺度不同或者存在法律监管空白地带而无从监管。ICO发行项目中最多的一种发行就是股权发行,这一发行方式明显与国内有关股权发行的规定相悖。根据证监会、中央宣传部、中央维稳办、国家发展改革委等十五部门联合公布的《股权众筹风险专项整治工作实施方案》(证监发〔2016〕29号)文件的规定,"平台及平台上的融资者进行互联网股权融资,严禁从事以下活动:一是擅自公开发行股票。向不特定对象发行股票或向特定对象发行股票后股东累计超过200人的,为公开发行,应依法报经证监会核准。未经核准擅自发行的,属于非法发行股票"。由此可见,发行股权的ICO本身就是一种典型的非法证券活动,与是否投机和投机的程度并无关系,不应当在出现风险事件后才出手制止,而应当在它违背现行法律之初就予以坚决取缔。

2. 黑客攻击盗窃风险

与所有新技术相似,区块链技术所应用的项目中可能存在一定漏洞,因而有被黑客攻击的危险。而因为区块链有助于解决陌生人交易之间的信任问题,目前大多用于与资金有关的领域,再加上ICO这样的类似于众筹的发行方式获取大量资金,因而有较大的黑客攻击风险暴露。2016年6月出现的"the DAO"被黑客攻击和盗窃事件是其中最知名的一次区块链风险事件。"the DAO"是一个基于以太坊区块链平台的迄今为止世界上最大的众筹项目,2016年5月28日完成众筹,共募集1150万以太币,在当时的价值达到1.49亿美元。而融资后不过半个月的时间,就因为其智能合约的源码中存在的一个函数技术漏洞而被黑客攻击两次,盗窃了价值6 000万美元的以太币。

从发展逻辑上进行更深入的分析,除却技术上漏洞外,"the DAO"在设定之处即存在很大的风险隐患,一方面表现在有违法律的风险;另一方面正是因为这种游离于法律空白与边缘地带的"创新设计"导致其出现风险后没有得到任何法律的保护。

"the DAO"是一种智能合约下的公募基金融资模式,不需要特别发行方式,只需代码推动即可自动募资,且投资人可以随时转让其持有的ICO份额,并在某些特定条件下还可以随时赎回,非常类似ETF的申购赎回和交易机制。这使得ICO更加复杂化,兼有"风险投资"和"公募基金"的特点,也兼顾了它们的风险,不仅对很多国家现有法律规范提出了挑战,更重要的是,"the DAO"不具有法律上的独立人格,无法拥有独立财产,无法独立承担法律责任。"the DAO"没有运营实体,负责开发和维护"the DAO"项目的Slock.it公司并不插手干预项目实际运作,这也是该项目受到袭击而损失之后无法获得法律救济的重要原因。

(二) 宏观领域隐含的风险:从内在思潮的深层逻辑分析

区块链在宏观领域所可能隐含的风险,更与其内在思潮有密切关系,此外也有其他客观外部因素会把区块链作为操控资源和攫取暴利的手段,引发社会不公的社会风险,也应当予以警惕。

1. 监管淡化甚至无政府主义的风险

区块链极端主义者认为,当今组织和社会存在的最大问题之一就在于中心化,中心化就意味着决策仅仅体现了少数人的意见与利益,大多数人的意见与利益得不到反映与体现。由此提倡完全的去中心化,区块链节点上的每一个成员都应该进行投票和决策,投票结果应该是反映与融合了所有人的意见。

从公共选择理论看,并不是参与投票的人越多,投票的结果越正确和科学,越代表更多数人的意见。一方面,多数人投票只适合小国寡民式体制,效率低下,众口难调,难以得到投票结果。当前区块链应用受限的主要原因也在于此,分布式记账处理速度慢、消耗的存储空间多,只适合低频高价值经济活动,还处理不了海量高频数据。另一方面,盲从现象、羊群现象等行为的发生,是多数人/全民投票机制所不可避免也难以解决的问题,依然会出现被少数人操纵的情况。正如法国社会心理学家勒庞《乌合之众》所述:"作为独立的个体,一个人可能会是一个有教养的个体;而在一个群体中,他就是一个野蛮人。"[1]情绪化、无异议和低智商是一个群体典型的三大特征,群体盲从在互联网虚拟世界更容易发生。全民决策的机制很容易被别有用心的野心家利用和操纵,产生的结果可能不代表全民利益,而仅仅是操纵投票的个体利益的体现。

由此,区块链所具有去中心化、自治的特点,有可能会让国家或中心化机构的监管变得淡化和弱化。监管淡化和弱化会出现很多难以预

---

[1] 勒庞.乌合之众:大众心理研究[M].赵丽慧译,北京:中国妇女出版社,2017:19.

料的结果,有可能出现一些监管的真空地带,使得一些不法分子把区块链技术运用于这些真空地带,区块链成为违法活动的天然保护伞。

更特别需要指出的是,要警惕区块链应用中的无政府主义倾向和风险。区块链下的去中心并不等同于无政府、无组织、无管理,区块链与无政府并不画等号。区块链是一种可以去中心化的先进技术,为去中心化提供了技术解决方案,但是否去中心化和去中心化的程度,不取决于是否使用了区块链技术,而在于全链共识是否同意去中心化,在区块链世界里依然会有中心节点的存在价值。要警惕打着区块链去中心的口号行无政府主义、自由主义之实,给社会治理带来危害,给经济社会的有序发展带来不稳定因素。

此外,区块链应用的领域很多本身就是监管力度不到或者监管法律法规没有涉及的领域,监管意识、监管手段落后于新技术的法律和制度建立,既不能预警防范新技术所带来的潜在风险,也会因为监管机构在出现风险时往往"一刀切"全部否定新技术而阻碍、破坏新技术的发展进程。因此,对于区块链这样具有一定颠覆性的新技术,必须提前认识它的发展本质与各种发展轨迹和背后隐藏的思潮,正确评价区块链的优缺点,监管预案先行,扬长避短,限制其可能出现风险的应用领域,而支持其能够促进社会稳定发展的应用领域,这才是对区块链风险揭示与风险防控的真正意义所在。

2. 以去中心化为名培育新的垄断中心的风险

区块链虽然有助于实现去中心化,然而在运用过程中,也有可能培育出新的垄断中心。一方面,区块链的机制上隐藏着垄断产生的可能,区块链的数据信息难以篡改并不意味着不能篡改,如果某种力量能够控制全区块链超过51%以上的市场、规模、流量和算力,即可认定产生了垄断。其结果不仅是数据有可能被操纵、被篡改,共识机制和分配方

第五章　产业变迁视角下的区块链发展展望

案也会倾向垄断方。在区块链广泛使用的非法定加密数字货币领域，毫无例外地都出现过垄断力量控制算力获取暴利的情况，花旗分析师曾经研究过比特币的基尼系数高达 0.88，比特币交易机构克劳沃（Clovr）的研究显示，2019 年比特币的基尼系数为 0.64，比特币现金为 0.75，以太坊为 0.78，存在着财富的过度集中，这与算力垄断不无关系。加密数字货币不仅成为投机工具，也在一定程度上成为少数发行人发起"货币战争"、争抢货币发行权和攫取铸币税的工具，消除了旧的"中心"，新的"货币中心"又逐渐显现。

另一方面，复杂的区块链运行机制下，各个节点的地位并不完全平等，可能会存在一些中心节点或者超级节点，随着交易规模的扩大，可能导致"大者恒大"的局面。如果区块链机制下的联盟链是每个行业的巨头所组成，那么从一开始，多中心化会被一个更大的中心体取代，联盟链自身就是一个垄断中心。因此需要在共识机制设计之初就要加入对垄断预防控制的措施，比如应当在《反垄断法》中对区块链领域的垄断做出相应的规定。

3. 资本过度操纵的风险

当前，金融资本对产业和社会发展的影响与控制已经渗透到各个领域，区块链领域自然也不例外。资本的本性是逐利，区块链技术与应用所带来的巨大经济利益会吸引大量资本热涌其中。资本固有的逐利本质又会驱使着区块链应用场景倾向金融、加密货币等高利润产业，而对区块链也有迫切需求的一些领域，例如公益领域、社会治理领域等，投资盈利性不高甚至完全没有盈利性，则很难享受到新技术带来的效率提升、服务边界打开、成本降低等红利，本应为人类谋福祉的区块链技术，在资本的控制下却成为资本逐利的工具。

区块链本身是打破中心与垄断，然而在资本的操纵下，区块链底层技术、公链平台等有可能被直接垄断在少数人手中,通过更高的专利使用费、信息费、服务费等进行技术垄断,增加下游企业和节点用户的应用成本。新技术的诞生并未降低社会化大生产成本,反而帮助资本攫取了更多的整个社会所创造的利润。

此外,资本过度逐利,还导致区块链的服务对象脱实入虚,甚至完全脱离实体。如前所述,比特币是当前区块链最成功也是影响最大的应用场景,随着比特币价格的节节高涨,给投机资本带来了巨大的收益,出现了多种虚拟加密数字货币。随之出现的 ICO,本应当是发行机制的一种重大创新,却因为资本过度投机的浓厚色彩,导致加密数字币成为投机诈骗工具,ICO 被定性为非法集资,被许多政府取缔打击和严管,为区块链的发展带来了恶劣的社会影响。因此,应当高度重视资本对区块链项目的投资方向,支持与引导其投向涉及民生服务的项目,限制其投向支付清算、票据等金融领域,而对于虚拟数字货币等投机炒作盛行的领域则应当予以严格管控,甚至彻底取缔。

4. 分配不公的风险

区块链技术的去中心化和确权机制虽然有利于优化互联网经济下的价值分配,但这并不意味着有了区块链就万事大吉,无论是数据资源的所有权和收益权保护,还是数字劳动者的权益在区块链下是否得到充分保护,依然需要对区块链所设计的共识机制和智能合约的运行内容予以识别与监管。

作为一种与互联网技术共存互补的新技术,资本对互联网技术所形成的数字商品和数字资本价值占有同样有可能发生区块链身上,当前要警惕区块链下财富的过度集中。区块链是一种点对点传输、分布式存储的技术,天然不需要"中心"的指挥调度,有助于减少中小平台对巨头们的流量依赖,从而改善中小平台在价值分配中的地位。然而在实际运行过程中,区块链应用领域依然存在着财富的过度集中,主要表现在共识机制中有关价值分配的事先确定。因此,区块链技术中性,但区块链技术被资本与垄断者利用时就会成为新的获利工具,甚至在新技术的掩护下成为牟取暴利的工具,加大贫富差距,引发社会分配不公的风险与矛盾。我们应该充分把握区块链使用中可能出现的这一倾向,深入研究区块链在收入分配上的机理,利用财产税、垄断税等方式调节区块链应用领域的收入分配,减缓其带来的新的分配不公风险。

总之,区块链是一种新兴的、被各国列为国家战略的技术与制度创新,在鼓励、支持其发展的过程中,必须充分认识到它可能带来的风险,特别是这些潜在风险背后的产生逻辑。区块链带来的潜在风险,不仅仅是一种现象,更是一种隐含其可能的发展轨迹和发展方向的必然趋势,支撑这种发展趋势的是背后隐藏的一些深层次思潮,这才是提前发现区块链可能引发风险的根源所在,也是建立科学监管预警机制的基础。从经济发展逻辑和思想内核分析区块链的风险正是本节研究的出发点与意义所在。

第六章 基于数字经济发展逻辑的区块链发展展望

2021年10月18日,中央政治局在集体学习中指出,"数字经济发展速度之快、辐射范围之广、影响程度之深前所未有,正在成为重组全球要素资源、重塑全球经济结构、改变全球竞争格局的关键力量"。[①] 区块链作为数字技术的重要组成部分,将在未来的数字经济发展中发挥不可或缺的作用。当前,随着新技术的快速发展与迭代,以包括区块链在内为核心突破技术的第四次工业革命逐渐蔓延和向经济社会各个领域纵深扩展,经济社会展现出鲜明的数字经济特征,行为与信息的数字化和数字的资产化逐渐成为不可逆转的发展趋势。未来10—15年的经济社会发展蓝图雏形初显,区块链要想获得更广阔的发展,必然要在符合经济社会发展规律的道路上进行,它的角色,既是在康庄大道上的顺势而为,又是引领时代前进的舵手。因此,我们首先需要分析经济社会发展规律中较为清晰的、具有明显规律性的愿景,在此基础上方能推演区块链的发展态势。

一、第四次产业革命触发至今出现的问题

互联网技术普及所带来的互联网经济无疑是第四次产业革命开拓

[①] 习近平主持中央政治局第三十四次集体学习:把握数字经济发展趋势和规律,推动我国数字经济健康发展[EB/OL]. http://www.rmzxb.com.cn/c/2021-10-22/2971041.shtml.

者,它的盛行带来了人们工作和生活方式的巨大改变,带来了传统经济的技术升级、产业转型与结构调整,带来了商业模式与盈利模式的颠覆性变化。然而,互联网经济毕竟是第四次产业革命所带来的数字经济业态中的初级形态,随着数字经济的发展完善,纯以互联网技术为基础设施的互联网经济将不再适应数字经济快速发展的要求,甚至有可能成为阻碍数字经济进一步发展的因素。数字经济 1.0 阶段的互联网经济,其主要特征是平台主导,用户为辅,由此而带来的问题:(一)平台的过度垄断对经济技术进步和实体企业的严重损害;(二)平台主导的中心化发展损害了用户的权益,不仅包括用户"数字劳动"创造的利润(具体内容可见第三章有关内容),还有对用户知识产权的侵犯,对用户个人隐私的侵犯。数字经济 1.0 主要集中在消费领域,对生产领域虽有触达,但并未动及生产领域的根本发展模式与发展脉络。

随着用户主动性的加强,数字经济进入 2.0 时代,其主要特征是用户主动创造内容,借用平台进行传播。早期的数字经济 2.0 依然是以平台为主,用户为辅,平台把巨大的流量加注给用户,提升其人气,帮助人气高的用户创造价值,并在利润分配中占较大比重。随着进入数字经济 2.0 中期,创造内容的用户话语权逐渐增大,本身自带一定流量,但依然离不开平台的支撑,用户与平台在利润分配中势均力敌,原有的平台为主的互联网经济秩序受到挑战。当前,数字经济发展正处于从早期向中期过渡的阶段,网络直播领域的头部,例如薇娅、李佳琦,已经具有较大话语权,但也并未完全摆脱对平台的依赖,而大量中小直播跟平台商讨的话语权依然较弱。数字经济 2.0 的后期,具有较高人气的用户数量更多,平台将需要依靠用户吸引流量而生存,其主导地位将会进一步弱化。在数字经济 2.0 时代的突出问题依然集中在利润分配模式上,付出"数字劳动"的用户,特别是素人用户,利益受到损害,隐私受到侵犯。

此外，用户创造内容的价值生产模式也使得几个平台间竞争更激烈，数据割裂、数据孤岛现象愈加突出。数字经济 2.0 时代依然以消费部门为主要服务对象和经济增长点，在这一领域的垄断特征也较为明显，生产部门中工业互联网布局初步成型，因为实体经济的庞大规模而以服务者角色存在，生产领域依然需要探索与数字技术、消费需求更贴近的新的数字经济模式。与此同时，政府将会加强对互联网平台的监管，流量为王的传统互联网模式将会被逐渐淘汰，了解消费者的内容和熟知生产环节的服务是数字经济 2.0 最大的经济增长来源。

在上述数字经济 1.0 和 2.0 时代带来的问题、平台垄断问题以及对用户权益与隐私侵犯的问题是其中最突出的问题。除此之外，与现实世界的脱钩，使得虚拟世界不可避免地存在着大量信息不对称、不透明而引发的互联网犯罪，导致社会信任度下降，人与人之间的信任度不仅远远低于熟人圈的信任度，甚至还因为数字经济的扩张而信任度进一步下降，这无疑会影响到包括数字经济在内的整个经济体的进一步深入发展。

二、新技术推动下数字经济发展愿景展望

随着数字经济的不断发展，数字经济的发展阶段将会由 2.0 逐渐演变为 3.0。数字经济 3.0 既延续了数字经济 2.0 的发展特征与趋势，又有不同于数字经济 2.0 的新特征，其发展模式有可能的颠覆性创新型，将会改变当前的产业结构、生产消费流程、生产关系等，展现出与以往不同的崭新经济社会面貌。

（一）数字化横扫整个经济社会方方面面

在数字经济 3.0 时代，数字经济在当前已经成为经济增长中最有潜

力、增速最快的拉动因素后,将会成为未来的发展中经济增长的绝对主力,支配与主导经济社会的业态与存在方式。随着技术不断的突破创新,数字经济蓬勃发展,经济社会发展越来越展现出数字产业化、产业数字化的特征,行为个人则显现出行为与信息的广泛数字化与数字的资产化特征。随着信息基础设施逐步完善,"万物皆数"的数字经济将与实体经济深度融合,浑然一体,密不可分,变为经济增长的绝对主力与支撑,并转为新的"传统产业"。数字身份、数字资产、数字货币将成为类似于身份证、房产证、现金这样的普遍存在。

(二) 虚拟与现实实现了深度融合

在数字经济 2.0 以及之前的互联网经济时代,虚拟与现实生活是割裂的两张皮,经济个体沉浸于虚拟世界,同时也清醒地意识到现实生活的存在。其原因在于技术与应用的限制,使得数字经济对经济生活的渗透性还不够深,提供的服务还不够多,例如数字技术率先用于游戏、动漫等脱离现实的领域,而未在日常生活领域进行大规模商用,在生产工作领域数字技术构建的虚拟应用更是寥寥无几。由于缺乏更多搭建虚拟与现实连通的桥梁,数字经济 2.0 之前虚拟等同于网络,现实等同于线下,互联网应用的不足,这实质上是数字经济还不够深入的体现。而在数字经济 3.0 时代,数字经济应用成为普遍情形,个人行为自动数字化,被投射于数字经济当中,游戏只是虚拟世界的一个应用,大量生产生活中的场景通过数字技术转变为虚拟化协作场景,例如 AR 版婚礼聚会、人工智能+虚拟现实的汽车制造等,在数字经济 3.0 这个被当前各界称为"元宇宙"的发展阶段,虚拟与现实深度融合,虚拟世界的内容与现实世界双向深度映射,深度交织互动,实现虚拟与现实的共同发展。

(三)生产与消费实现统一

数字经济1.0和2.0对消费领域的贡献远大于对生产部门的贡献,主要原因在于现有条件下的生产与消费就存在割裂,而作为第三产业主要构成的消费领域更容易实现流量变现,盈利模式清晰快捷,由此成为数字技术最早的应用点和数字经济发展的突破口。然而,消费最终需要生产的发展和用户就业与收入的支撑,这样才能形成经济良性循环的闭环。流量为王的模式不足以支撑数字经济的未来,而数字经济3.0必然要真正深入生产领域,实现生产与消费的和谐统一。主要表现在两个方面:

1. 通过智能化与规模性非标定制化直接打通生产与消费。供给侧全面数字化、智能化、与规模性非标定制化和产业互联网赋能将是供给侧最鲜明的发展特征。数字化与智能化超越产品终端电子商务的范畴,贯穿于全产业链,链接到产业每一生产交易环节的上下游,全流程优化要素禀赋结构与产业的微观结构。在此基础上,信息滞后时代的标准化规模化生产被能够快速规模化定制化个性化的非标生产取代。同时,通过产业互联网,为全产业链集中性赋能,提高信息交互共享的效率与透明度,实现要素的优化配置与产业结构的及时调整。

2. 数字经济3.0的产业结构将会发生重大挑战,许多适用于线下工作生活的产业将会随着"元宇宙"生活方式的变化而被淘汰,更多应用于虚拟与现实结合的产业相继涌现,消费者同时也是生产者性质的产业成为主导产业,为经济个体提供更多工作机会,导致生产与消费产业深度融合统一。

(四)用户为主的各类无边界组织共存,数据互联互通,真正共享

与数字经济2.0以及之前的超级平台垄断为主不同,数字经济3.0时代的运行依靠的不是平台而是用户的内容创造,用户在创造过程中

不断形成各种社团、组织,无边界组织成为微观组织结构的常态。互联网、大数据、云计算、人工智能与 5G 的交互融合进一步模糊了组织的边界,组织与组织、个体与个体之间的接触更加纷繁复杂。微观组织世界中会存在类似于苹果、阿里巴巴这样的超级数字平台,更有大量相互交织、互为平台的中小组织,还有个人、社团等并非法人实体的"自组织",只要能够形成共识,即可在合作交互深入过程中形成无边界组织,以取代传统组织成为常态,甚至把传统组织自身也转换为新的无边界组织。由此,数字经济 3.0 平台中心化的主导作用不复存在,它们也转化为能够形成某类共识而一起运营的载体,垄断与数据孤岛自然而然地被打破,用户获得与其劳动付出相匹配的利润分配,数据实现互联互通,真正成为数字经济共享开放氛围下推动经济增长的核心要素。

(五) 社会形成高度协同的新型契约关系

人与人之间的交往、交易等行为发生彻底变化,人际关系高度社会化、网络化、自动化、智能化,经济社会出现更大范围的高度协同,由此催生出基于大数据与算法推动与制约的新型契约关系,从而形成智能化新型契约社会。

三、区块链在数字经济 3.0 中的作用与发展趋势

(一) 数字经济 3.0 可能存在的潜在限制因素

区块链的发展趋势要依托整个数字经济发展的大趋势大背景,如果不能在时代发展的道路上作为主流技术服务于时代的需要,再领先的技术也终将会淹没于历史而成为尘埃,区块链也不例外。总结上述数字经济发展的主要特征与存在的问题,可以看出有三方面的内容需要予以格外关注,这既是数字经济 3.0 发展的制约因素,也是区块链肩

负的重要使命,决定了区块链的发展趋势。

这些制约因素大多与数字化网络化和虚拟化的特征密切相关,也是互联网出现以来普遍出现的问题。

1. 信息安全的保护与维护

经济发展对技术的依赖程度越大,信息安全问题越重要,处理不当甚至导致经济社会发展出现历史性严重倒退。现阶段网络信息安全问题就已经非常突出,黑客入侵、病毒植入、信息泄露和被篡改等问题几乎涵盖了社会生活的所有领域,而在"万物皆数"的数字经济时代,因为所有行为信息都在数字化当中,数字又与资产与价值挂钩,因而数据信息的风险暴露只会更大,安全问题将会更加凸显。

2. 数字经济时代的信任危机

如前所述,互联网、人工智能、5G等技术改变了现有生产生活方式,社交与交易行为从现实走向虚拟,从实体走向数字,也带来了网络诈骗等恶性事件,数字经济1.0起,信任危机就成为常态,直至数字经济2.0也未能有效解决,这将影响数字经济的影响力,甚至可能成为促使其倒塌的关键一环。一个人与人之间无法实现信任的社会是不稳定的,一个缺乏信任的经济体也是不可持续的。数字经济1.0到3.0的发展过程中需要找到有效解决信任问题的途径。

3. 数字资产收入的实现与保护

以互联网为代表的技术,开创了共享经济时代,但由于信息复制成本低,缺乏知识产权保护机制,数字资产难以确权,也难以实现自身价值——没有价值的数字资产难以称为资产,缺乏数字资产的数字经济也难以称为数字经济。数字资产是数字经济的支撑,数字资产价值的创造、衡量与实现,需要全社会的共同参加和全体参与人的共同认可,而不是互联网平台的无偿或低价掠夺。

(二) 区块链技术在数字经济 3.0 中的作用与发展趋势

1. 区块链是数字经济的重要底层技术与基础设施

在数字技术中,如果说互联网技术解决了物与物、人与人之间的连接问题,大数据与云计算解决了现实中的数据、信息等无形资产如何实现数字化转化的问题,5G 技术解决了数字连接与转化中的速度与容量问题,人工智能解决了机器如何在一定程度上替代人类劳动的问题,这些先进技术都主要聚焦于推动生产力发展,聚焦于如何更好更快地实现连接和信息交互。而区块链却是参与生产关系变革的技术。如前所述的数字经济 3.0 时代存在的潜在问题,均需要区块链的参与予以解决与消除,确保数字经济的顺利发展。因此,以"元宇宙"为主要特色的数字经济 3.0 中,区块链是当之无愧的关键基础设施,它的功能包括维护信息安全、增进全网信任和实现数字资产确权这三个方面解决了数字经济发展中的潜在问题,优化网络世界中人与人之间形成的各种关系,改变生产资料与利益分配格局。关于这一问题,本书已经多次论述,在此不再赘述。毫无疑问,这三个方面的积极作用奠定了区块链作为数字经济 3.0 基础设施的地位,它为其他先进的数字技术实施保驾护航,形成新的生产合作关系与新的分配体系,并配之以新的金融、交易、评价等后台保障,确保数字资产的流转、交易与价值实现。

2. 区块链应用场景居各类技术之冠

区块链由于与交易、支付、信用评价的结合必将成为所有数字技术中应用场景最多的底层技术。"元宇宙"的特色就是搭建大大小小不同的虚拟场景,这些场景的维系需要区块链搭建社区信任、实现安全保障和共识机制下的智能合约推动场景运行,用户创造内容的模式与生产与消费相统一的"元宇宙"特征,需要相应的激励机制予以配套,这也离不开区块链下的共识机制予以支持。因此,虽然其他数字技术用途广泛,但区块链作为场景运用基础设施与底层的角色决定了它在数字经济3.0中的使用一定是居各家技术首位。

3. 区块链技术自身实现创新迭代

就区块链技术本身而言,当前它的技术程度不够发达,依然存在一定薄弱之处,尚不能满足全社会范围的大规模使用,更无法立即为数字经济3.0提供强有力的技术支撑,需要不断改进与发展。它的技术薄弱点主要表现在以下几方面:处理速度慢,运行效率低,扩容问题亟须解决;分布式储存存在着一定的重复与资源浪费;各个区块链平台过于封闭不能开放交融,仍需构建更紧密的跨链交互机制。这些技术薄弱点限制了区块链的应用领域和范围,进而影响到它作用的更好发挥。在另一方面,区块链技术本身是多种已经出现很多年的技术的重新组合,例如密码学、分布式数据库等,但这并不意味着它自身没有创新。与此相反,它的技术发展日新月异,不断更新,在共识算法、跨链扩容、降低能耗、提高处理速度等方面不断出现新的迭代,并在与其他新技术融合发展实现跨领域交叉技术方面趋势明显,例如与人工智能技术的结合,实现可信节点下的联邦学习与隐私计算,将会是其中一个典型的丰富自身技术内涵的跨领域技术创新。

4. 区块链与金融的结合趋势不可阻挡

区块链虽然是一种中立的技术,但由于它在隐私安全、信用维系方面的独特作用,与金融有着天然不可割裂的联系,因此区块链发展过程中在金融领域的创新数量众多、创新产品频繁问世,可以说区块链与金融的结合是不可阻挡的趋势,这一趋势只不过是政府主导还是民间主导,是官方合法使用还是地下违法进行而已。所以,它的发展趋势一定会与官方主导的合法领域紧密结合,例如区块链应用于法定数字货币当中将是未来数字货币发展中的重要技术,而应用于一些无价值的"空气币"则会随着这些投机币种而消失;再如区块链下的去中心化金融交易(DeFi)模式将会是传统金融交易的重要补充,但只限于官方认可的交易场所,可拆分代币(NFT)的应用也是如此。与金融结合是区块链技术发展的必然趋势,因而,在官方支持的金融活动中充分运用它,将会自然而然对地下、违法的金融活动产生一定替代,在此基础上的严格监管才能起到更好效果。

四、支持区块链发展的对策建议

(一)大力支持区块链基础研究与底层核心技术开发,提高自主创新能力

虽然我国已经成为全球数一数二的区块链场景应用最多的国家,而且区块链技术在我国有了长足发展,但相比国外的发展,我国区块链技术上还是存在一定程度的落后。

1. 技术的基础研究领域比较薄弱,与欧美国家相比,密码学、数学、计算理论等基础研究尚未出现更明显的领先趋势,在区块链领域专利、论文、教学还落后于发达国家水平。

2. 区块链底层基础技术发展不够,缺乏具有影响力的区块链平台。当前,我国区块链的应用主要以使用国外成熟的底层技术,依靠现有平台,比如以太坊、超级账本等进行应用层开发,底层核心技术并没有掌握在手中,也缺乏在国际范围具有影响力的超级区块链平台。因此,虽然说区块链最重要的价值体现在于应用场景,但底层核心技术是国家经济、信息安全的重要组成部分。从国家战略高度看,政府应当更关注区块链的基础性研究,不断增强自主创新能力。正如习近平总书记要求的"要加强关键核心技术攻关,牵住自主创新这个'牛鼻子',发挥我国社会主义制度优势、新型举国体制优势、超大规模市场优势,提高数字技术基础研发能力,打好关键核心技术攻坚战,尽快实现高水平自立自强,把发展数字经济自主权牢牢掌握在自己手中"。① 因而,需要在自主创新方面加大资金投入与政策扶持力度,从高校与研究所层面入手,大力支持区块链底层技术开发,支持与主导技术与应用自主创新能力,培养更多区块链底层技术领域的高精尖人才。这不仅是区块链行业快速发展的需要,更是行业健康乃至国家经济安全的需要。

(二)培育国内原创区块链平台

在底层技术的支持下,区块链平台能起到承上启下的作用,有助于用户进行私人定制式开发应用场景或者直接选择合适的共识机制和智能合约,使用标准化模块进行数字经济中的各类活动。由于区块链平台开发与维护成本高,如果缺乏用户和规模性应用,很难生存与维系下去,更不用说与国外知名平台相抗衡。当前国内已经研发出不少原创型区块链平台,例如阿里、腾讯、京东都有自己的 Baas 平台,一些研究院也在组织开发区域性的底层平台,但在目前阶段存在的问题均是影响力有限,应用场景还较少,用户二次开发应用的拓展性不足。应当赋予国内原创区块链平台更多发展机遇,有意识有侧重性地培育原创平台,引导各个应用场景立足本地原创平台,帮助其不断完善与拓展新的功能,为数字经济发展蓝图打下坚实基础。

(三)建立跨链协调机制

区块链扩容是推动其在数字经济时代作为底层基础设施而发挥重要作用的关键环节,容量不够将会影响其处理效率与应用规模。区块

---

① 习近平主持中央政治局第三十四次集体学习:把握数字经济发展趋势和规律,推动我国数字经济健康发展[EB/OL]. http://www.rmzxb.com.cn/c/2021 - 10 - 22/2971041.shtml.

第六章　基于数字经济发展逻辑的区块链发展展望

链扩容最大的障碍之一并不是技术上无法满足扩容要求,因为内部实现跨链扩容储存与处理在技术上不难解决。难点在于如何实现不同平台的跨链协调与多平台多场景的同时运行。各个区块链平台都是相互独立的封闭系统,由于参与的节点相互独立,共识机制不尽相同甚至差异很大,有的区块链应用场景还处于不同平台,各个平台的底层技术也相差甚远,导致虽然每个区块链内部信息是畅通的但各个区块链之间存在信息无法交互的孤岛现象。因此,需要建立强有力的跨链协调机制,推动国内重要的区块链平台互联互通,信息共享。这一跨链协调机制并非仅仅是行政指令要求下的互联互通与协调发展,更需要各个平台实现技术上的一致协作,在底层技术不同和共识算法有差异的情况下打通各个平台,实现信息的互通与共享,最后形成数字经济3.0的大底层与大生态。

(四) 形成较为统一的区块链行业标准

国内区块链行业标准正在逐渐出台,当前已经出台《金融分布式账本技术安全规范》《关于发布金融行业标准推动区块链技术规范应用的通知》《区块链技术金融应用评估规则》《多方安全计算金融应用技术规范》等系列标准,相应地也有中国支付清算协会发布的《多方安全计算金融应用评估规范》等,与此同时,工信部也发布了系列标准,包括区块链架构、数据格式、多方安全计算、职业培训等方面。目前存在的问题是,各个部门自行出台标准与认证,虽然应用领域不同,但有可能存在标准不统一,甚至还有一些矛盾之处的问题。未来数字经济3.0的要求应当是平台与信息共享的统一无缝对接,需要尽早做好技术标准的统一,为打通底层做好技术准备。因此,需要尽快推动部委在区块链技术与应用标准上达成共识,步调一致,形成统一的业内标准,推动行业健康、稳定、快速发展。

(五) 构建完善的区块链监管机制

区块链的发展中既产生了优秀领先的技术,也孵育了有利于国民经济的应用场景,但同时也有类似于空气币的过度投机行为。2021年以来,国家加大了对区块链下过度投机空气币、扰乱金融秩序的整治力度,2021年9月24日,央行等十部门发布《关于进一步防范和处置虚拟货币交易炒作风险的通知》,发改委、工信部、公安部等十部门也联合发文,整治虚拟货币"挖矿"活动。发改委等多家机构多次强调要对比特币"挖矿"开展全面整治,充分显示出对区块链发展领域当中的风险和违法行为严加监管的决心。因此,在大力支持区块链技术和应用发展的同时,更要构建完善的区块链监管机制,明确监管部门和其监管职责,对监管做好分工,不留空白地带,同时需要运用数字技术手段提高监管能力,对涉及投机、诈骗、操纵市场等不法行为严加管制,使其走上健康有序的发展轨道。

参考文献

第一章

[1] OECD. Science, technology and innovation outlook 2016[EB/OL]. http：//www. ewi-wlaanderen. be/sites/default/files/bestanden/oecd-science-technology-and-onnovation-outlook-2016.pdf.

[2] Gartner. 2016 Hype cycle fot emerging technologies identifies three key trends that organizations must track to gain competitive advantage [EB/OL]. http：//www. gartner. com/newsroom/id/ 3412017.

[3] Nakamoto. Bitcoin：A Peer-to-Peer Electronic Cash System[EB/OL]. http：//bitcoin.org/bitcoin.pdf.2008.

[4] Pease M, Shostak R, Lamport L. Reaching Agreement in the Presence of Faults [J]. Journal of the ACM. 1980，27（2）：228-234.

[5] Szabo.N. Smart contracts：building blocks for digital markets[EB/OL]. http：//www. fon. hum. uva. nl/rob/courses/InformationInSpeech/COROM/Literatues/LOTwinterschool2006/szabo. best. vwh. net/smart_contracts_2.html.

[6] 习近平.把区块链作为核心技术自主创新重要突破口[N].人民日

报,2019-10-26:1.

[7] 经济学人.区块链,信任的机器[EB/OL]. https://www.sohu.com/a/220214782_453997.

[8] 搜狐网."区块之链 智能之芯"区块链+人工智能高峰论坛 27 日召开[EB/OL]. https://www.sohu.com/a/228993806_664663.

[9] 中国区块链技术和产业发展论坛.中国区块链技术和应用发展白皮书[EB/OL]. http://busi-ness.sohu.com/20161021/n470959114.shtml.

第二章

[1] Akkoyunlu, E. et al. Some constraints and tradeoffs in the design of network communications[C]. In: Proceedings of the Fifth Symposium on Operating System Principles (SOSP'75). ACM, 1975: 67-74.

[2] Babbitt, D. et al. Cryptoeconomic design: A proposed agent-based modeling effort[EB/OL]. http://www3.nd.edu/swarm06/SwarmFest2014/Babbitt.pdf.

[3] Back, A. et al. Enabling blockchain innovations with pegged sidechains[EB/OL]. https://www.blockstream.ca/sidechains.pdf.

[4] Bahack, L. Theoretical bitcoin attack swith less than half of the computational power[J]. arXiv, 2013: 1312.

[5] BIGI, G. et al. Validation of decentralised smart contracts through game theory and formal methods[EB/OL]. http://dspace.stir.ac.uk/bitstream/1893/23914/1/bHalo-Degano2015.pdf.

[6] Brown, R. A simple model for smart contracts[EB/OL]. http://

genda.me/2015/02/10/a-simple-model-for-smart-contracts/.

[7] Brown, R. et al. Corda: an introduction. R3 CEV, August, 2016: 1-15.

[8] Buterin, V. Vision part I: The value of blockchain technology [EB/OL]. http://blog.ethereum.org/2015/04/13/vision-part-1-the-value-of-blochchain-technology.

[9] Castro,M. & Liskov, B. Practical byzantine fault tolerance[C]. In: Proceedings of the Third USENIX Symposium on Operating Systems Design and Implementation (OSDI). New Orleans, LA, USA, February 22-25, 1999: 173-186.

[10] Chan, S. et al. A statistical analysis of cryptocurrencies [J]. Journal of Risk and Financial Management 2017, 10(2): 12-35.

[11] Chepurnoy, A. et al. Twins Coin: A cryptocurrency via proof-of-work and proof-of-stake. IACR Cryptology ePrint Archive, 2017: 232.

[12] Chi Kin, Lee. Blockchain application with health token in medical & health industrials[J]. Advances in Social Science, Education and Humanities Research,2018(196): 233-236.

[13] Christoph G. Schmidt, Stephan M. Wagner. Blockchain and supply chain relations: A transaction cost theory perspective[J]. Journal of Purchasing and Supply Management 2019(25). https://www.sciencedirect.com/science/article/abs/pii/S1478409218301298.

[14] Dagher, G. Ancile: Privacy-preserving framework for access control and interoperability of electronic health records using blockchain technology. Sustainable Cities amd Society, 2018, 39

(1): 197-283.

[15] Dantheman. Dpos consensus algorithm. The Missing White Paper, 2017.

[16] Bentov, I. et al. Proof of activity: extending bitcoin's proof of work via proof of stake. IACR Cryptology ePrint Archive, 2014: 452.

[17] David, B. et al. Ourodoros Praos: An adaptively-secure, semi-synchronous proof-of-stake blockchain[C]. In: Advances in Cryptology- EUROCRYPT 2018, Part I. Springer Cham, 2018: 66-98.

[18] Davidson, S. et al. Economics of blockchain[EB/OL]. http://ssrn.com/abstract=2744751.

[19] Decker C, Wattenhofer R. Information propagation in the bitcoin network[C]. In: IEEE thirteenth international conference on peer-to-peer computing, Trento. IEEE, 2013: 1-10.

[20] Duong T. 2-hop blockchain: Combining proof-of-work and proof-of-stake securely[EB/OL]. https://eprint.iacr.org/2016/716.

[21] Douceur, J. R. The sybil attack[C]. In: Peer-to-Peer Systems—IPTPS 2002. Springer Berlin Heidelberg, 2002: 251-260.

[22] Dwork, C. & Nor, M. Pricing via processing or combatting junk mail[C]. In: Advances in Cryptology-CRYPTO'92, Part II. Springer Berlin Heidelberg, 1993: 139-147.

[23] Eyal, I. et al. Bitcoin-NG: A scalable blockchain protocol[C]. In: Proceedings of the 13th USENIX Symposium on networked Systems Design and Implementation, 2016: 45-59.

[24] Eyal, I. & Sirer, E. Majority is not enough: Bitcoin mning is vulnerable[J]. Communications of the ACM, 2018, 61(7): 95-102.

[25] Gartner. 2016 Hype cycle fot emerging technologies identifies three key trends that organizations must track to gain competitive advantage[EB/OL]. Http://www.gartner.com/newsroom/id/3412017.

[26] Geetanjali Rathee, et al. A blockchain framework for securing connected and autonomous vehicles[J]. MDPI2010(6).

[27] Gary, J. et al. The bitcooin backbone protocol: analysis and applications[C]. In: Advances in Cryptology-EUROCRYPT 2017, Part II. Springer Berlin Heidelberg, 2015: 281-310.

[28] Gary, J. et al. The bitcooin backbone protocol with chains of variable difficulty[C]. In: Advances in Cryptology-CRYPTO 2017, Part I. Springer Cham, 2017: 291-323.

[29] Gilad. Y, etal. Algorand: Scaling byzantine agreements for cryptocurrencies//Proceedings of the 26th Symposium on Operating Systems Principles. Shanghai, China, 2017: 51-68.

[30] Greiner, M & Wang, H. Trust-free systems: A new research and design direction to handle trust issues in P2P systems: the case of bitcoin. In: AMCIS Proceedings, 2015.

[31] Hendrickson, J. R et al. The plolictal economy of bitcoin[J]. Economic Inquiry, 2016, 54(2): 925-939.

[32] Higgins, S. How bitcoin brought electricity to a South African school[EB/OL]. http://www.coindesk.com.

[33] Hine,J.F, et al. Token economies: Using basic experimental research to guide practical applications [J]. Journal of contemporary Psychotherapy,2018, 48(1): 145 – 154.

[34] Imran Makhdoom, et al. PrivySharing: A blockchain-based framework for privacy-preserving and secure data sharing in smart cities [EB/OL]. https: //doi. org/10. 1016/j. cose. 2019.101653.

[35] Jakobsson M, Juels A. Proofs of work and bread pudding protocols[C]. Secure Information Networks. Boston: Springer, 1999: 258.

[36] Juan M, et al. How blockchain technology can change medicine [EB/OL]. https: //doi.org/10.1080/00325481.2018.1472996.

[37] Kiayias, A. et al. Ouroboros: A provably secure proof-of-stake blochchain protocol[C]. In: Advances in Cryptology-CRYPTO 2017, Part I. Springer Cham, 2017: 357 – 388.

[38] Kim, H. Toward an ontology - driven blockchain design for supply - chain provenance. Intelligent Systems in Accounting, Finance and Management, 2018, 25(1): 18 – 27.

[39] King, S&.Nadal, S. Ppcoin: Peer-to-peer crypto-currency with proof-of-stake [EB/OL]. http://peercoin. net/assets/paper/ peercoin-paper.pdf.

[40] Lamport,L. et al. The Byzantine Generals Problem[J]. ACM Transactions on Programming Languages and Systems ,1982, 4 (3): 382 – 401.

[41] Larimer D.Delegated Proof-of-Stake White Paper,2014.

[42] Lee B, Lee J. Blockchain-based secure firmware update for embedded devices in an Internet of Things environment[J]. The Journal of Supercomputing, 2017, 73(3): 1152-1167.

[43] Lewis A. A gentle intorduction to blockchain technology. Retrieved from Bits on blocks[EB/OL]. http: //bitsonblocks. net/2015/09/09/a-gentle-intorduciton-to-blockchaintechnology/.

[44] Lewis, R., McPartland, J. W. and Ranjan, R. Blockchain and Financial Market Innovation[J]. Economic Perspectives, 2017, 41: 1-17.

[45] Lin I C, Liao T C. A survey of blockchain security issues and challenges[J]. Int J Network Security, 2017, 19(5): 653.

[46] Litos, O. et al. Trust is risk: A decentralized financial trust platform[M]. Financial Cryptography and Data Security, Spring International Publishing, 2017.

[47] Lundy, L. Blockchain and the sharing economy 2.0, IBM Developer Works, 2016.

[48] Luu L, Chu D H, Olickel H, et al. Making smart contracts smarter [C]. in: Proceedings of the 2016 ACM SIGSAC Conference on Computer and Communications Security. New York, 2016: 254.

[49] Luu, L. et al. A decure sharding protocol for open blockchains [C]. In: Proceedings of the 2016 ACM SIGSAC Conference on Computer and Communications Security. ACM, 2016: 17-30.

[50] MCKINSEY COMPANY. Blockchain in insurance-opportunity or thread? [EB/OL]. http: //www.mckinsey.com/industries/ financial-services/our-insights/bkockchain-in-insurance-opportunity-

or-thread.

[51] Melanie S.Blockchain: blueprint for a new economy[M].O'Reilly Media,Inc,2015.

[52] Micali,S. The efficient and demoratic ledger[J]. arXiv, 2017(6).

[53] Mistry I. et al. Blockchain for 5G-enabled IoT for industrial automation: A systematic review, solutions, and challenges[J]. Mechanical Systems and Signal Processing,2020.

[54] MOUGAYAR W. Why fragmentation threatens the promise of the blockchain[EB/OL]. http://www.ifca.ai/fc14/papers/fc14-submission-11.pdf.

[55] NICHOLAS J, Szabo. Smart constrcats[EB/OL]. http://w-uh.com/download/WECSmartConstracts.pdf.

[56] Nir Kshetri. Blockchain and the economics of food safety[J]. IEEE2019(5-6):63-66.

[57] OECD. Science, technology and innovation outlook 2016[EB/OL]. http://www.ewi-wlaanderen.be/sites/default/files/bestanden/oecd-science-technology-and-onnovation-outlook-2016.pdf.

[58] Ongaro D,OusterhoutJ.In search of an understandable consensus algorithm [C]. In: 2014 Annual Technical Conference (｛USENIX｝｛ATC｝14).San Diego, 2014: 305.

[59] Pass, R. et al. Analysis of the blockchain protocol in asynchromous networks[C]. In: Advances in Cryptology-EUROCRYPT 2017, Part II. Springer Cham, 2017: 643-673.

[60] Pazaitis, A. Blockchain and value systems in the sharing economy: The illustrative case of backfeed[J]. Technology

Forecasting & Social Change 125(7): 105 – 115.

[61] Pease M, Shostak R, Lamport L. Reaching Agreement in the Presence of Faults[J]. Journal of the ACM, 1980, 27(2): 228 – 234.

[62] Percival, C. Stronger key derivation via sequential memory-hard functions[EB/OL]. http://www.dsdcan.org/2009/schedule/attachments/87_scrypt.pdf.

[63] Proof of Stake[EB/OL]. https://en.bitcoin.it/wiki/Proof of Stake.

[64] Redman, Jamie. Prescript brings medical prescriptions to the blockchain[EB/OL]. https://news.bitcoin.com/prescriptblockchain-prescriptions/.

[65] Reno Varghese George, et al. Food quality traceability prototype for restaurants using blockchain and food quality data index[J]. Journal of Cleaner Production, 2019: 240.

[66] Risius, M et al. A blockchain research framework. Business & Information Systems Engineering, 2017, 59(6): 358 – 409.

[67] Roseenfeild, M. Analysis of hashrate-based double spending[J]. arXiv, 2014: 1402.

[68] Heilman, E. et al. Eclipse attacks on Bitcoin's peer-to-peer network[C]. In: Proceedings of the 24th USENIX Security Symposium. USENIX, 2015: 129 – 144.

[69] Roubini, N. Bitcoin price will crash to zero[EB/OL]. https://www.cnbc.com/2018/02/06/bitcoin-price-will-crash-to-zero-nouriel-roubini-says.html.

[70] Sanjay S. Supply chain finance on the blockchain enables network

collaboration[EB/OL]. https://www.Sdcexec.com/sourcing-procurement/article/12247812/.

[71] Savelyev, A. Some risks of tokenization and blockchainzation of private law[J]. Computer Law & Security Review, 2018, 34(1): 863-869.

[72] Shin, L. Republic of Georgia to pilot land titling on blockchain with economist Hernando De Soto, BitFutry[EB/OL]. http://www.forbes.com.

[73] Spagnuolo, M. er al. Exracting intelligence from the bitcoin network [EB/OL]. https://www.ifca.ai/fc14/papers/fc14-submission-11.pdf.

[74] Stringham, E. Private Governance. Oxford University Press. 2015.

[75] Thomas S., Schwartz E. A Protocol for Interledger Payments[EB/OL]. https://interledger.org/interledger.pdf.

[76] VASEK M, MOORE T. There's no free lunch, even using bitcoin: tracking the popularity and profits of virtual currency scams[EB/OL]. http://fc15.ifca.ai/preproceedings/paper-75.pdf.

[77] WAN, Z. et al. Electronic constract signing witbout using third pairty[EB/OL]. http://skbi.smu.edu.sg/sites/default/files/skbife/pdf/asset%20allocation%20-%20ConstractSignin-CR.pdf.

[78] Wattana Viriyasitavat. When blockchain meets Internet of Things: Characteristics, challenges, and business opportunities[J]. Journal of Industrial Information Integration, 2019(15): 21-28.

[79] WIKIPEDIA. Ethereum[EB/OL]. http://zh.wikipedia.org/wi-

ki/％E4％BB％A5％E5％A4％E5％9D％8A.

[80] Yu Rang Park, et al. Is Blockchain Technology Suitable for Managing Personal Health Records? Mixed-Methods Study to Test Feasibility[J]. Journal of medical internet research2019(21). http：//www.jmir.org/2019/2/e12533/.

[81] 曹国钧,袁振辉.基于区块链打造中药溯源创新体系[J].中国现代中药,2018(20)：1465-1470.

[82] 曹磊.区块链：金融的另一种可能[J].首席财务官,2015(24)：12-13.

[83] 车卉淳,卞启超,许秀江.区块链原理在普惠金融领域的应用前瞻[J].河北经贸大学学报(综合版),2018(18)：77-80.

[84] 陈婧.基于区块链的农产品供应链逻辑架构研究[J].现代农业研究,2019(3)：5-7.

[85] 丁伟,王国成等.能源区块链的关键技术及信息安全问题研究[J].中国电机工程学报,2018,38(4)：1026-1034,1279.

[86] 范一飞.中国法定数字货币的理论依据和架构选择[J].中国金融,2016(17)：10-12.

[87] 龚鸣.从证券的角度开始讲,区块链为什么能成为一种颠覆性的技术[J].港澳经济,2016(19)：84-86.

[88] 韩璇,刘亚敏.区块链技术中的共识机制研究[J].信息网络安全,2017(9)：147-152.

[89] 何飞,傅继晗.基于区块链技术的慈善捐助系统设计[J].信息系统工程,2019(3)：44-46.

[90] 何蒲,于戈,张岩峰等.区块链技术与应用前瞻综述[J].计算机科学,2017(4)：1-7.

[91] 冀宣奇.基于区块链技术的碳金融市场发展模式初探[J].价值工程,2019(7):193-196.

[92] 焦瑾璞,孙天琦等.数字货币与普惠金融发展——理论框架、国际实践与监管体系[J].金融监管研究,2017(7):19-35.

[93] 兰秀文,胡宝力高.基于区块链技术构建食用菌质量安全追溯体系[J].中国食用菌,2019,38(8):71-73.

[94] 李贺.基于区块链技术的慈善系统模型研究[J].电脑与信息技术,2019(8):40-44.

[95] 李扬.关于互联网金融的若干问题[R].中国互联网金融创新与风险管理高峰论坛:长沙,2016.

[96] 林小驰,胡叶倩雯.关于区块链技术的研究综述[J].金融市场研究,2016(2):97-109.

[97] 吕芙蓉,陈莎.基于区块链技术构建我国农产品质量安全追溯体系的研究[J].农村金融研究,2016(12).

[98] 马骋宇.区块链在医疗信息资源利用和知识产权保护中的研究[J].电子知识产权,2018(8):69-73.

[99] 马昂等.区块链技术基础及应用研究综述[J].信息安全研究,2017(11):968-980.

[100] 马小峰,林明晓,余文兵等.基于区块链的供应链金融服务平台[J].大数据,2018(1):13-21.

[101] 梅海涛,刘洁.区块链的产业现状、存在问题和政策建议[J].电信科学,2016(11):134-138.

[102] 梅兰妮·斯万.区块链——新经济蓝图及导读[M].龚鸣等译.北京:新星出版社,2016.

[103] 梅颖.安全存储医疗记录的区块链方法研究[J].江西师范大学学

报(自然版),2017,61(5):484-490.

[104] 聂舒,张一锋.从SDDS看区块链技术的应用[J].中国金融,2016(17):35-36.

[105] 彭坤等.区块链技术在医疗领域的应用展望[J].中国卫生信息管理,2018(6):339-343.

[106] 沈友恭等.基于区块链技术的阳澄湖大闸蟹溯源模式研究[J].海峡科学,2019(1):41-43.

[107] 史亮,张复宏,刘文军.基于区块链的果蔬农产品追溯体系研究[J].农村经济与科技,2019(30):166-169.

[108] 孙柏林.国内外区块链技术概况及其在制造业中的应用[J].自动化博览,2018(7):48-53.

[109] 孙皓原.数字货币发展思考[J].中国金融,2016(16):80-81.

[110] 谭文安,王慧.基于智能合约的可信捐款捐赠方案与平台[J].计算机应用,2019(12):1-6.

[111] 托尼.货币的未来[J].中国金融,2018(12).

[112] 童慧,张成岩,严斌峰.区块链技术应用研究与展望[J].互联网天地,2016(11):14-19.

[113] 泰普斯科特.数字经济蓝图[M].陈劲等译.大连:东北财经大学出版社.1999.

[114] 王海隆.区块链技术在中医药领域中的应用展望[J].贵阳中医学院学报,2017,39(3):1-4.

[115] 王娟娟,宋宝磊.区块链技术在"一带一路"区域跨境支付领域的应用[J].当代经济管理,2018,40(7):84-91.

[116] 王毛路,陆静怡.区块链技术及其在政府治理中的应用研究[J].电子政务,2018(2):2-14.

[117] 王永红.数字货币技术实现框架[J].中国金融,2016(17):15-16.

[118] 王志铧等.基于区块链的农产品柔性可信溯源系统研究[EB/OL].http://kns.cnki.net/kcms/detail/31.1289.TP.20191225.1007.001.html.

[119] 闻骏,梁彬.基于区块链技术的国家治理创新研究[J].昆明理工大学学报(社会科学版),2017(11):32-36.

[120] 温信祥.数字货币对货币政策的影响[J].中国金融,2016(17):24-26.

[121] 温远征.基于区块链技术供应链金融发展的思考[J].三峡大学学报(人文社会科学版),2017(51):106-108.

[122] 吴桐,李家骐.区块链和金融的融合发展研究[J].金融监管研究,2018(12):98-108.

[123] 吴银海等.区块链技术在碳交易市场中的应用设想[J].全国流通经济,2019(6):99-100.

[124] 肖风.区块链与加密经济学[EB/OL].http://www.sohu.com/a/225437321_774221.

[125] 肖丽等.基于区块链的中医云健康系统[J].成都中医药大学学报,2018(9):108-111.

[126] 谢平,石午光.数字货币新论[M].北京:中国人民大学出版社,2019.

[127] 徐健等.基于区块链的食品信息透明度博弈分析[J].新疆农垦经济,2019(4):54-59.

[128] 徐科,梁泽华,孙媛.基于区块链技术的中药材质量追溯研究与体系构建[J].现代计算机,2018(11):67-72.

[129] 徐特等.区块链技术在黄芪产业上的应用展望[J].中国种业,2019(2):46-50.

[130] 徐明星等.区块链重塑世界经济[M].北京:中信出版社,2016.

[131] 许岩.论引入区块链技术促进"互联网+医疗健康"发展[J].中国医疗管理科学,2018(7):40-44.

[132] 徐忠,姚前.数字票据交易平台初步方案[J].中国金融,2016(17):31-33.

[133] 徐忠,汤莹玮,林雪.央行数字货币理论探讨[J].中国金融,2016(17):33-34.

[134] 颜拥等.能源系统中的区块链:概念、应用与展望[J].电力建设,2017(2):12-20.

[135] 杨东.共票经济学:"票改"的意义[N].金融时报,2018-8-27:12.

[136] 杨晓晨,张明.比特币:运行原理、典型特征与前景展望[J].金融评论,2014,6(1):38-53.

[137] 姚前.中国版数字货币设计考量[J].中国金融,2016(12):26-27.

[138] 姚前.中国法定数字货币原型构想[J].中国金融,2016(17):13-15.

[139] 姚前.数字货币与银行账户[J].清华金融评论,2017(7):63-67.

[140] 姚前.区块链研究进展综述[J].网域前沿,2018(3):92-95.

[141] 袁勇,倪晓春,曾帅等.区块链共识算法的发展现状与展望[J].自动化学报,2018,44(11):2011-2022.

[142] 张冠湘等.基于区块链的有机蔬菜认证与溯源方案研究[J].安徽农业科学,2019(12):222-225.

[143] 张健.区块链[M].北京:机械工业出版社,2017.

[144] 张礼卿,吴桐.区块链在金融领域的应用院理论依据、现实困境与破解策略[J].改革,2019(12)：360-370.

[145] 张路.博弈视角下区块链驱动供应链金融创新研究[J].经济问题,2019(4)：48-54.

[146] 湛麟艳.区块链：金融业即将面临的一场革命？[J].银行家,2016(7)：14-16.

[147] 赵增奎.区块链开创国际贸易跨境支付新模式[J].企业经济,2017,36(9)：163-168.

[148] 周雄,郑芳.基于区块链技术的农产品质量安全溯源体系构建探究[J].中共福建省委党校学报,2019(3)：113-117.

[149] 周永林.区块链金融：若隐若现的新金融蓝图[J].金融电子化,2016(1)：27-29.

[150] 朱立峰.工业互联网与区块链融通发展的探索实践[N].人民邮电,2019-12-9：1.

[151] 朱兴雄等.区块链技术在供应链金融中的应用[J].中国流通经济,2018(3)：111-119.

[152] 朱岩等.基于安全多方计算的区块链智能合约执行系统[J].密码学报,2018,6(2)：246-257.

第三章

[1] Carbonneau, R., Laframboise, K., Vahidov, R. Application of machine learning techniques for supply chain demand forecasting[J]. Operation Research,2008, 184 (3)：1140-1154.

[2] Christoph, G. et al. Blockchain and supply chain relations：A transaction cost theory perspective[J]. Journal of Purchasing and

Supply Management,2019(25): 56-58.

[3] Davidson, S. et al. Economics of blockchain[EB/OL]. http://ssrn.com/abstract=2744751. Elmasri, R., Navathe, S.Fundamentals of Database Systems[M]. Pearson, New York,2015.

[4] Greiner, M & Wang, H. Trust-free systems: A new research and design direction to handle trust issues in P2P systems: the case of bitcoin. In: AMCIS Proceedings (2015).

[5] Hardin, G.The Tragedy of the Commons[J].Science 162,1968.

[6] Hendrickson, J.R. et al. The plolictal economy of bitcoin[J]. Economic Inquiry,2016,54(2): 925-939.

[7] Hirshleifer, J. Natural Economy Venus Political Economy[J]. Journal of Social Biology 1978(1): 319-337.

[8] Hobbs, J.E. A transaction cost approach to supply chain management[J]. Supply Chain Management,1996, 1 (2): 15-27.

[9] Ophlus, W. Leviathan or Oblivion. In Toward a Steady State Economy[M].ed.H.E.Daly, San Francisco: Freeman,1973.

[10] Terranova.T.Free Labor: Producing Culture for the Digital Economy [J].Social Text,2000(2).

[11] Wagner, S.M., Bode, C. An empirical examination of supply chain performance along several dimensions of risk[J].Bussiness Logist,2008,29 (1): 307-325.

[12] Welch, W. The Political Feasibility of Full Qwnership Property Rights: The Ceses of Pollution and Fisheries[J]. Policy Sciences 1973(15): 155-180.

[13] Williamson, O.E.Transaction cost economics: The comparative

contracting perspective [J]. Econmic Behavior Organization, 1987, 8 (4), 617-625.

[14] Clovr.巨鲸最能在哪些区块链项目掀起惊涛骇浪?[EB/OL]. https://www.qukuaiwang.com.cn/news/145718.html.

[15] 奥斯特罗姆.公共事物的治理之道:集体行动制度的演进[M].余逊达,陈旭东译.上海:上海译文出版社,2012.

[16] 赫拉利.人类简史[M].林俊宏译.北京:中信出版社,2017.

[17] 胡浩志,吴梦娇.资产专用性的度量研究[J].中南财经政法大学学报,2013(1):38-46.

[18] 花旗.比特币财富不均,基尼系数等于朝鲜[EB/OL]. https://www.8btc.com/article/7338.

[19] 凯文·凯利.失控[M].张行舟等译.北京:电子工业出版社,2016.

[20] 列宁专题文集:资本主义部分[M].北京:人民出版社,2009.

[21] 列宁全集:第2卷[M].北京:人民出版社,1985.

[22] 列宁全集:第27卷[M].北京:人民出版社,1985.

[23] 萨缪尔森.经济学(第19版)[M].萧琛译.北京:商务印书馆,2012.

[24] 马克思恩格斯选集:第1卷[M].北京:人民出版社,2012.

[25] 马克思恩格斯选集:第3卷[M].北京:人民出版社,1972.

[26] 马克思恩格斯文集:第2卷[M].北京:人民出版社,2009.

[27] 马克思恩格斯文集:第5卷[M].北京:人民出版社,2009.

[28] 马克思恩格斯文集:第7卷[M].北京:人民出版社,2009.

[29] 马克思.资本论:第1卷[M].北京:人民出版社,1975.

第四章

[1] BIS and the Group of Computer Experts. Survey of Electronic

Money[R]. BIS and the Group of Computer Experts press, August 1998.

[2] Broadbent B. Central banks and digital currencies, 2016[EB/OL]. http://www.bankofengland.co.uk/publications/pages/speeches/2016/886.aspx.

[3] Cowen, T& Tabarrok, A. Modern Principles: Microeconomics[M]. Worth Publishers, 2018.

[4] Cowling B, et al. Community Psychological and Behavioral Responses through the First Wave of the 2009 Influenza A (H1N1) Pandemic in Hong Kong[J]. Journal of Infectious Diseases, 2010(6): 867–876.

[5] European Central Bank(ECB). Report on Electronic Money[R]. European Central Bank Press, 1998.

[6] Friedman B M. The future of monetary policy: the central bank as an army with only a signal corps? [J]. International Finance, 1999, 2(3): 321–338.

[7] Goodhart C. Can central banking survive the IT revolution? [J]. International Finance, 2000, 3(2): 189–209.

[8] Hart, H. The Concept of Law[M]. Clarendon Press, 1961.

[9] Olson, M. The logic of Collective Action. Public Goods and the Theory of Groups[M]. Cambridge, Mass.: Harvard University Press, 1965.

[10] Lipton, P. The Evolution of the Joint Stock Company to 1800: An Institutional Perspective. Monash U. Department of Business Law & Taxation Research Paper No. 19, 2016. https://ssrn.

com/abstract=1413502.

[11] Olson, M. The logic of Collective Action. Public Goods and the Theory of Groups[M]. Cambridge, Mass. Harvard University Press,1965.

[12] Shin, L. Republic of Georgia to pilot land titling on blockchain with economist Hernando De Soto, BitFutry, 2016. http://www.forbes.com.

[13] G20.二十国集团数字经济发展与合作倡议,2016.

[14] Lober & Houben.中央银行数字货币研究[J].国际金融,2018(5):69-76.

[15] We Are Social.2020年中国地区数字报告,https://tech.sina.com.cn/roll/2020-03-13/doc-iimxxstf8590329.shtml.

[16] 奥斯特罗姆.公共事物的治理之道:集体行动制度的演进[M].余逊达,陈旭东译.上海:上海译文出版社,2019.

[17] 布伦南.宪政经济学之规则的理由[M].冯克利等,译.北京:中国社会科学出版社,2004.

[18] 布坎南,塔洛克.同意的计算——立宪民主的逻辑基础[M].陈光金译.北京:中国社会科学出版社,2000.

[19] 蔡晓晴等.区块链原理及其核心技术[J].计算机学报,2019(11).

[20] 陈一稀.区块链技术的"不可能三角"及需要注意的问题研究[J].浙江金融,2016(2):17-20.

[21] 陈雨露,边卫红.电子货币发展与中央银行面临的风险分析[J].国际金融研究,2002(1):53-58.

[22] 范一飞.中国法定数字货币的理论依据和架构选择[J].中国金融,2016(17):10-12.

[23] 樊玉红.银行卡对货币流通速度的影响[J].生产力研究,2010(5):95-96.

[24] 冯静.货币演化中的数字货币[J].金融评论,2019(4):67-82,125-126.

[25] 哈维.后现代的状况:对文化变迁之缘起的研究[M].阎嘉译.北京:商务印书馆,2004.

[26] 哈耶克.致命的自负[M].冯克利等译.北京:中国社会科学出版社,2000.

[27] 赫尔曼·哈肯.高等协同学[M].郭治安译.北京:科学出版社,1989.

[28] 赫尔曼·哈肯.协同学——大自然构成的奥秘[M].凌复华译.上海:上海译文出版社,2005.

[29] 胡象明,唐波勇.整体性治理:公共管理的新范式[J].华中师范大学学报(人文社会科学版)2010(1).

[30] 黄成,余天星,赵文龙.社会网络环境下健康舆情关键词幂律特性及信息服务干预研究[J].情报杂志,2015(6).

[31] 黄再胜.数字劳动与马克思劳动价值论的当代拓展[N].中国社会科学报,2017-04-27:4.

[32] 洪泽强.电子支付对我国货币供给和货币流通速度的影响研究[D].北京理工大学,2016.

[33] 黑格尔.法哲学原理[M].范扬,张企泰译.北京:商务印书馆,1995.

[34] 贾丽平.比特币的理论、实践与影响[J].国际金融研究,2013(12):14-25.

[35] 蒋少华.电子支付发展对中央银行货币政策的影响研究[D].中国社会科学院研究生院,2013.

[36] 勒庞.乌合之众：大众心理研究[M].赵丽慧译.北京：中国妇女出版社,2017.

[37] 李志宏等.突发性公共危机信息传播模式的时段性特征及管理对策[J].图书情报工作,2007(10).

[38] 梁强,唐安宝.电子货币对货币乘数的影响——基于中国数据的动态分析[J].金融与经济,2010(5)：10-12.

[39] 刘新华,郝杰.货币的债务内涵与国家属性——兼论私人数字货币的本质[J].经济社会体制比较,2019(3)：58-70.

[40] 麦克莱,拉迪亚,托马斯等.现代经济中的货币[J].中国金融,2018(8)：26-28.

[41] 孟德斯鸠.论法的精神[M].张雁深译.北京：商务印书馆,2006.

[42] 米什金.货币金融学：第6版[M].北京：中国人民大学出版社,2015.

[43] 庞贞燕,王桓.支付体系与货币和货币政策基本关系研究[J].金融研究,2009(3)：97-105.

[44] 潘石.马克思主义经典作家论私有制[M].吉林大学社会科学学报,1997(5).

[45] 蒲成毅.数字现金对货币供应量与货币流通速度的影响[J].金融研究,2002(5)：81-89.

[46] 施瓦布.第四次工业革命：转型的力量[M].李菁译.北京：中信出版,2016.

[47] 孙皓原.数字货币发展思考[J].中国金融,2016(16)：80-81.

[48] 腾讯研究院.从疫苗风波看区块链在药品溯源上的应用及挑战[EB/OL].https：//m.sohu.com/a/242879696_455313.

[49] 托尼,马克等.货币的未来[J].中国金融,2018(12)：14-16.

[50] 托克维尔.论美国的民主[M].董果良译.北京：商务印书馆，1988.

[51] 王亮,刘瑞娜.电子货币使用、货币乘数变动与货币政策有效性[J].金融发展研究,2012(7)：24－28.

[52] 王倩,杜莉.电子支付科技影响货币乘数的实证分析[J].社会科学战线,2008(12)：225－228.

[53] 王信,任哲.虚拟货币及其监管应对[J].中国金融,2016(17)：22－23.

[54] 温信祥,张蓓.数字货币对货币政策的影响[J].中国金融,2016(17)：24－26.

[55] 习近平.在纪念马克思诞辰200周年大会上的讲话[EB/OL].http://www.xinhuanet.com/politics/2018－05/04/c_1122783997.htm.

[56] 习近平.把区块链作为核心技术自主创新重要突破口[N].人民日报,2019－10－26：1.

[57] 习近平.在"不忘初心、牢记使命"主题教育工作会议上的讲话[J].求知 2019(8)：4－8.

[58] 肖鹏军.公共危机管理导论[M].北京：中国人民大学出版社,2006.

[59] 谢平,石午光.数字加密货币研究：一个文献综述[J].金融研究,2015(1)：1－15.

[60] 肖赛君.电子货币对货币政策影响的研究[D].中南大学,2006.

[61] 熊俊.非法定数字货币的界定与监管[J].中国金融,2016(17)：26－27.

[62] 休谟.人性论[M].关文运译.北京：商务印书馆,1980.

[63] 杨力.试论金融全球化条件下的网络金融发展对货币政策的影响[J].世界经济研究,2007(3)：29－34＋88.

[64] 姚前.理解央行数字货币：一个系统性框架[J].中国科学：信息科学,2017(11)：1592-1600.

[65] 尹龙.电子货币对中央银行的影响[J].金融研究,2000(4)：34-41.

[66] 伊夫·默什,何乐,厉鹏.数字基础货币的央行视角[J].中国金融,2017(8)：12-13.

[67] 赵海华.电子货币对货币政策的影响研究[D].武汉大学,2005.

[68] 赵家敏.论电子货币对货币政策的影响[J].国际金融研究,2000(11)：19-24.

[69] 庄雷,赵成国.区块链技术创新下数字货币的演化研究：理论与框架[J].经济学家,2017(5)：76-83.

[70] 中国共产党第十九届中央委员会第四次全体会议公报[N].人民日报,2019-11-1：1.

[71] 钟伟,郝博韬.负利率时代：能走多远？离中国有多远？[J].国际金融.2016(11)：3-8.

[72] 邹宇春,周晓春.以制度建设提高社会信任度[N].中国社会科学报,2016-6-1.

第五章、第六章

[1] 习近平主持中央政治局第三十四次集体学习：把握数字经济发展趋势和规律,推动我国数字经济健康发展[EB/OL].http：//www.rmzxb.com.cn/c/2021-10-22/2971041.shtml.

[2] Nakamoto. Bitcoin：A Peer-to-Peer Electronic Cash System[EB/OL]. http：//bitcoin.org/bitcoin.pdf.2008.

[3] Stuart Haber & W. Scott Stornetta. How to time-stamp a digital document[J]. Journal of Cryptology, 1991(3)：99-111.

［4］李伟.中国区块链发展报告(2018)[M].北京：社会科学文献出版社,2018.

［5］施瓦布.第四次工业革命：转型的力量[M].李菁译.北京：中信出版社,2016.

［6］姚前.中国区块链发展报告(2019)[M].北京：社会科学文献出版社,2018.

图书在版编目(CIP)数据

经济理论视角下的区块链作用机理与发展逻辑研究 / 杨继著 . — 上海 : 上海社会科学院出版社,2022
 ISBN 978 - 7 - 5520 - 3880 - 4

Ⅰ.经… Ⅱ.①杨… Ⅲ.①区块链技术—研究
Ⅳ.①F713.361.3

中国版本图书馆 CIP 数据核字(2022)第 094296 号

经济理论视角下的区块链作用机理与发展逻辑研究

著　　者：杨　继
责任编辑：董汉玲
封面设计：陈雪莲
出版发行：上海社会科学院出版社
　　　　　上海顺昌路 622 号　　邮编 200025
　　　　　电话总机 021 - 63315947　　销售热线 021 - 53063735
　　　　　http://www.sassp.cn　　E-mail:sassp@sassp.cn
排　　版：南京展望文化发展有限公司
印　　刷：上海信老印刷厂
开　　本：710 毫米×1010 毫米　1/16
印　　张：19.75
插　　页：2
字　　数：246 千
版　　次：2022 年 5 月第 1 版　　2022 年 5 月第 1 次印刷

ISBN 978 - 7 - 5520 - 3880 - 4/F・696　　　　　　　　定价：88.00 元

版权所有　　翻印必究